Vollmar
Das Arbeitsbuch zum Enneagramm

Klausbernd Vollmar

Das Arbeitsbuch zum Enneagramm

KAILASH

KAILASH

Eine Buchreihe herausgegeben von Hajo Banzhaf

*»I wonder if I am waking –
it's just there is so much to do
when I am tired of sleeping«*
Susan Vega

Die Deutsche Bibliothek – CIP-Einheitsaufnahme
Vollmar, Klausbernd:
Das Arbeitsbuch zum Enneagramm / Klausbernd Vollmar. –
München : Hugendubel, 1994
   (Kailash)
   ISBN 3-88034-802-2

© Klausbernd Vollmar
© der deutschsprachigen Ausgabe
Heinrich Hugendubel Verlag, München 1994
Alle Rechte vorbehalten

Umschlaggestaltung: Zembsch' Werkstatt, München
Produktion: Tillmann Roeder, München
Satz: Uhl+Massopust, Aalen
Papier: Enviro plus mit 50% Recycling, Schleipen
Druck und Bindung: Huber, Dießen
Printed in Germany

ISBN 3-88034-802-2

Inhalt

Das Enneagramm, ein kosmisches Symbol   7

Das Enneagramm als Urbild   7
Das Enneagramm – ein bewegliches Diagramm   7
Gurdjieff oder Ichazo?   8
Hinweise zur Benutzung dieses Buches   9

Woher stammt das Enneagramm?   13

Gurdjieff und seine Quellen   13
Ichazo und seine Nachfolger   15
Der Unterschied zwischen Gurdjieff und Ichazo in der Benutzung des
     Enneagramms   16
Parallelen zwischen Gurdjieff und Ichazo   17

Das Enneagramm als Ordnungsschema   21

Der Sinn von Einordnungen und Typologien   21
     Die Typologie als Erkenntnismodell   21
Die Typen des Enneagramms als psychische Programme   24
Das Enneagramm als Symbol   28
Was man mit dem Enneagramm verstehen kann   30
     Wachstumsprozesse   30
     Prozesse in ihrem gesetzmäßigen Ablauf   32
     Die Ordnung der menschlichen Energiezentren (Chakras)   37
     Ordnung der Farben   39
     Kosmologische Zusammenhänge   39
Wie findet man seinen Enneagramm-Typ?   41

Die Struktur des Enneagramms   45

Der Aufbau des Enneagramms   45
     Die einzelnen Linien   45
Weitere Übungen zum Enneagramm   50
Die Zahl Neun als wesentliches Strukturmerkmal des Enneagramms   52
Das Enneagramm des niederen und das Enneagramm des höheren Menschen   56

Inhalt

Die einzelnen Punkte des Enneagramms 59

Zur Typenlehre 59
Wie kann man diese Typenlehre des Enneagramms für sich fruchtbar machen? 60
    Enneagramm-Punkt 1 61
    Enneagramm-Punkt 2 70
    Enneagramm-Punkt 3 79
    Enneagramm-Punkt 4 88
    Enneagramm-Punkt 5 98
    Enneagramm-Punkt 6 107
    Enneagramm-Punkt 7 116
    Enneagramm-Punkt 8 125
    Enneagramm-Punkt 9 134

Die Dynamik des Modells 144

Bewegungsrichtungen im Enneagramm 144
Streßpunkte als Schattenprojektion 146
Streßpunkte und Partnerwahl 147
Entlastungspunkte 166
Die Kombination der einzelnen Punkte 184

Enneagramm-Übungen 219

Das Erzählen oder Aufschreiben der eigenen Biographie unter dem Aspekt verschiedener Enneagramm-Punkte 219
Den eigenen Lebensweg in das Enneagramm einzeichnen 220
Wichtige Menschen in meinem Leben 223
Traum-Übung 223
Abend-Übung 224
Kreativ-Übung 224
Gruppenübungen zum Enneagramm 225
    Den eigenen Enneagramm-Typ finden 225
    Ein Experiment mit Enneagramm-Typen 226

Die Quintessenz der Enneagramm-Arbeit 227

Freiheit und Entscheidung 227
Das Wesen der Enneagramm-Arbeit 228

Literatur 235

Das Enneagramm, ein kosmisches Symbol

»Wir halten das Enneagramm einfach für eine intelligente Zusammenfassung einer Einsicht in die Funktion des Universums.«
Anthony G.E. Blake

Das Enneagramm als Urbild

Schon als Kind fand ich es aufregend, mich mit Mustern und Diagrammen auseinanderzusetzen, die ich mit Farbstiften ausmalte. Heutzutage beginne ich noch jeden längeren Text, den ich schreiben möchte, mit einem Diagramm. Auch dieses Buch ist aus einem solchen Diagramm entstanden, das während des Schreibens an der Wand hing und den Fluß meiner Gedanken leitete.

Ich glaube, daß wir in Diagrammen und Mustern denken. Wenn ich mit verschiedenen Diagrammen herumspiele, um mein Denken zu ordnen, bemerke ich, daß ich erst dann einen Sachverhalt richtig verstanden habe, wenn er in einem ästhetisch befriedigenden Diagramm darstellbar ist.

Mit solchen Mustern und Diagrammen wie dem Enneagramm begeben wir uns auf die Stufe der Archetypen, denn auf dieser Ebene herrschen weniger Inhalte als geometrische Formen vor. Der Schweizer Psychologe Carl Gustav Jung (1875-1961) betonte immer wieder in seinem Werk, daß es ein Mißverständnis sei zu glauben, daß die Archetypen inhaltlich bestimmt seien. Er schrieb:

»Es muß nochmals hervorgehoben werden, daß die Archetypen nicht inhaltlich, sondern bloß formal bestimmt sind, und letzteres nur in sehr bedingter Weise. Inhaltlich bestimmt ist ein Urbild nachweisbar nur, wenn es bewußt und daher mit dem Material bewußter Erfahrung ausgefüllt ist. Seine Form dagegen ist [...] etwa dem Achsensystem eines Kristalls zu vergleichen, welches die Kristallbildung in der Mutterlauge gewissermaßen präformiert, ohne selber eine stoffliche Existenz zu besitzen.«[1]

Mir scheint, die Grundlage unseres Denkens ist in geometrischen Mustern und Formen zu suchen. Deswegen war die Geometrie bei den Griechen im klassischen Altertum eine der wichtigsten Disziplinen zur Selbsterkenntnis.

In diesem Buch möchte ich Ihnen in spielerischer Weise ein ganz spezielles Diagramm vorstellen, mit dessen Hilfe die Selbsterkenntnis, aber auch die Kenntnis der Welt und des gesamten Kosmos zu strukturieren ist. Es handelt sich hierbei um das von dem armenischen Weisheitslehrer Georg Iwanowitsch Gurdjieff (1865-1949) in die spirituelle Diskussion eingeführte Enneagramm. Für mich stellt dieses Enneagramm eine Art archetypisches Muster dar, das bestimmte Vorstellungsbilder erzeugt und als Landkarte für unser Bewußtsein benutzt werden kann.

Das Enneagramm – ein bewegliches Diagramm

Was mich am Enneagramm besonders fasziniert, ist seine Offenheit oder Beweglichkeit. Wie Jung in dem oben angeführten Zitat darlegt, wird das Urbild des Archetyps mit bewußter Erfahrung gefüllt. Genauso wird das Enneagramm mit Inhalten gefüllt, je

---

[1] Carl Gustav Jung: Gesammelte Werke, Bd. 9/I. Olten, Freiburg 1976, S. 95 (Paragraph 155).

nachdem auf welcher Bewußtseinsstufe man steht.

Es wird erzählt, wenn sich zwei unbekannte Menschen in der Wüste treffen und jeder ein Enneagramm in den Sand malt, kann man – je nachdem wie das Enneagramm inhaltlich gefüllt wird – deutlich erkennen, wer die weiterentwickelte Person ist.

Diese in Gurdjieff-Kreisen beliebte Geschichte zeigt, daß man das Enneagramm auf ganz unterschiedliche Weise mit seinem Wissen füllen kann. Ich gebe hier nur einige Möglichkeiten an und hoffe, Sie damit anzuregen, zu einem eigenen, kreativen Umgang mit diesem kosmischen Symbol zu kommen. Allerdings muß man erst die Gesetze der inhaltlichen Füllung des Enneagramms verstanden haben, um eigene Zuordnungen zu den einzelnen Enneagramm-Punkten machen zu können.

Leider wird in letzter Zeit das Enneagramm hauptsächlich als eine starre Struktur für verschiedene Charaktertypen gesehen. Das ist nur eine Ebene des Enneagramms. Über dieser Ebene bauen sich meines Erachtens noch viele weitaus interessantere Ebenen auf, die soziale und ökonomische Prozesse betrachten. Hier beginnt das Enneagramm zu tanzen, es gerät in Bewegung. Nach Gurdjieff ist das Enneagramm erst dann richtig verstanden, wenn man es sich in Bewegung vorstellen kann.

Die Dynamik des Enneagramms kann auch in der Kombination der einzelnen Enneagramm-Punkte gesehen werden. Letztlich kann jeder Punkt des Enneagramms mit jedem anderen Enneagramm-Punkt verbunden werden. Dadurch ergibt sich eine Vielfalt von Persönlichkeitstypen und Schritten eines Prozesses, die ich ausführlich im Kapitel »Die Dynamik des Modells« beschreibe.

Gurdjieff oder Ichazo?

Hier verbinde ich zwei Lehrmeinungen in einer Weise, die viele vielleicht für eine Sackgasse halten werden: Georg Iwanowitsch Gurdjieff und Oscar Ichazo, zwei bedeutende Lehrer dieses Jahrhunderts, auf die wir noch häufig in diesem Buch zu sprechen kommen werden. Sie können als die beiden »Väter des Enneagramms« angesehen werden.

Gurdjieff hätte sich sicherlich angesichts dieses Arbeitsbuchs im Grabe umgedreht. Der Zugang zu seiner Lehre sollte so schwierig wie möglich gestaltet werden, so daß man sich ihr nur mit gehöriger Anstrengung nähern kann. Ich bemühe mich, das Ganze leicht verdaulich darzustellen. Gurdjieff war ein unsystematischer Denker: Er änderte bisweilen sein System, ließ viele Aspekte seiner Lehre unvollständig und deutet häufig nur an. Das Enneagramm hat er in seinem Werk nie vollständig erklärt. Es ist die Aufgabe seiner Schüler, seine Lehren genau auszuarbeiten, und diese Aufgabe habe ich mit diesem Buch übernommen. – Ebenso würde Ichazo sich mißverstanden fühlen, da ich seine nicht gerade originelle Typenlehre mit etwas Salz und Pfeffer und Gurdjieffscher Schärfe würze.

Die Stärke des Enneagramms liegt nicht in seiner Typenzuordnung. Diese ist für mich nur ein Nebenprodukt der Enneagramm-Studien – allerdings ein sehr nützliches und praktisches.

So sitze ich zwischen den Stühlen, eine zwar unbequeme, aber bei Gurdjieff-Schülern äußerst beliebte Sitzposition – denn schon seine Großmutter sagte:

»Tue nie etwas, wie andere es tun!«

Nur so ist Erkenntnis möglich, wie ich meine. Ich glaube auch, daß wir den Einfluß Gurdjieffs noch überall spüren können, wo das Enneagramm – »sein Enneagramm«, auf das er sehr stolz war – benutzt wird. Seine Spuren, aber auch denen Ichazos möchte ich folgen, auch wenn ich große Schwierigkeiten hatte, so unterschiedliche Weltsichten wie die von Gurdjieff und Ichazo zu verbinden. Aber die Anstrengung lohnt sich: Das Enneagramm wird lebendiger und klarer, wenn man es von seinen Ursprüngen her betrachtet.

Es verwundert viele Menschen bei ihren Enneagramm-Studien, daß bei der Beschreibung der neun Typen nach Ichazo und seinen Nachfolgern das Negative und der Schatten in den Vordergrund treten. Da scheint noch deutlich Gurdjieffs Ansatz hindurch, der – ganz im Gegensatz zur heutigen Mode in spirituellen Kreisen – die negative Seite eines Menschen betonte. Dadurch sollte der Betreffende dazu gebracht werden, sich nicht mehr ständig etwas selbst vorzumachen, und zugleich sollte eine Motivation zur ernsthaften Arbeit an sich selbst erzeugt werden.

Die Typenlehre des Enneagramms will uns lehren, über die begrenzte Betrachtungsweise unseres Ich hinauszugehen, um zu einem umfassenderen Verständnis unseres Daseins zu gelangen. So etwa drückt es die zeitgenössische amerikanische Psychotherapeutin Margaret Frings Keyes, stellvertretend für viele andere Anhänger der Typenlehre, aus. Genau das versuchte Gurdjieff mit seiner Benutzung des Enneagramms zu bewirken: Vom eigenen Ich wegzukommen, hin zu einem kosmischen Verständnis der Persönlichkeit zu gelangen. Dennoch ist bei Gurdjieff von solch einer Typenlehre keine Rede. Gurdjieff wandte sich unter anderem in seiner Lehre dem wesentlichsten Charakterzug eines Menschen zu, den er für Selbsttäuschung hielt; diese Täuschung, die durch Einseitigkeit verursacht wird, behindert die Arbeit an sich selbst. Ichazo kam, wahrscheinlich von diesem Ansatz inspiriert, zu seiner Typenlehre, die auf solchen Selbsttäuschungen aufbaut, welche der einzelne als seinen Charakter ansieht. Damit steht Ichazo dem Freud-Schüler Wilhelm Reich (1897-1957) sehr nahe, der eine Erweichung des verhärteten menschlichen Charakterpanzers anstrebte.

Da das Enneagramm wie Fast food in spirituellen Kreisen konsumiert wird, möchte ich ihm wieder zu pragmatischer Tiefe verhelfen. Übersichtlich und überschaubar möchte ich Ihnen Anregungen geben, wie Sie sich mit dem vielgestaltigen Enneagramm anfreunden und mit ihm umgehen können.

Sie haben wahrscheinlich schon vermutet, daß ich von der Gurdjieff-Lehre herkomme, einer Lehre, in die man viel Biß und Eigenwilligkeit projiziert. Doch als Psychologe und Psychotherapeut bewundere ich auch Ichazos klar konzipierte Typenlehre, die ich als psychologisches Handwerkszeug gerne anwende. Mir geht es darum, das Enneagramm in seiner Ganzheit zu vermitteln, denn ich finde es schade, wie oberflächlich dieses Symbol oft – besonders in Amerika – verwendet wird. Es hat Besseres verdient!

Das Enneagramm ist so komplex und paradox wie das menschliche Leben, und das ist es, was mich an diesem Symbol fasziniert und was ich Ihnen spielerisch, übersichtlich und manchmal auch mit Augenzwinkern in diesem Arbeitsbuch mit Übungen und Tabellen vermitteln möchte.

Hinweise zur Benutzung dieses Buches

Dieses Buch wird Ihnen helfen, die Sprache des Enneagramms wie eine Fremdsprache zu lernen – allerdings ohne den Leistungsdruck der Schule. In unterhaltsamer Weise werden Sie in die Bedeutung und Grammatik des Enneagramms eingeführt. Um jedoch wirklich die Feinheiten dieser Sprache zu lernen, müssen Sie das Enneagramm kontinuierlich anwenden, und auf einmal wird sich Ihnen eine neue Welt ungeahnter Bezüge und Bedeutungen auftun – und genau zu diesem Erlebnis möchte Ihnen dieses Buch verhelfen. Sie brauchen sich nur auf den Text einzulassen, und schon wird Sie die Welt des Enneagramms umfangen.

Der Aufbau dieses Buches

Alle Kapitel dieses Buchs können für sich und in beliebiger Reihenfolge gelesen werden – ganz nach Ihrem eigenen Interesse.

Ich würde Ihnen empfehlen, alle von mir vorgeschlagenen Übungen zumindest einmal auszuprobieren, denn das Enneagramm erfaßt man nicht nur mit dem Kopf, sondern zu seinem tieferen Verständnis braucht man Erfahrung, die diese Übungen ermöglichen.

Gurdjieff betonte zeit seines Lebens, daß man das Enneagramm nur mit dem Herzen verstehen könne. Allerdings muß ich hinzusetzen, daß für Gurdjieff wahres Denken nicht im Kopf, sondern im Herzen stattfindet.

Das erste Kapitel dieses Arbeitsbuchs setzt sich mit den Quellen des Enneagramms auseinander. Hier sind besonders die Positionen von Gurdjieff und Ichazo wichtig, denn Sie waren die ersten, die wissenschaftliche Ansätze zur Anwendung des Enneagramms entwickelten. In diesem Kapitel finden Sie

- Informationen zur Geschichte des Enneagramms,
- die Darstellung der Positionen Gurdjieffs und Ichazos,
- philosophische Hintergründe zum Enneagramm.

Das zweite Kapitel über das Enneagramm als allgemeines Ordnungsschema führt Sie in die Welt der Persönlichkeitstypen ein und betrachtet das Enneagramm als ein Symbol, das kosmische Zusammenhänge verdeutlicht. In diesem Kapitel lesen Sie, was das Enneagramm erklären kann und in welchen Bereichen Sie das Enneagramm anwenden können. Und die beliebte Frage, wie Sie Ihren persönlichen Enneagramm-Typ finden, wird hier mit verschiedenen Testmöglichkeiten beantwortet.

Ferner wird in diesem Kapitel die zentrale Übung der Selbsterinnerung ausführlich beschrieben, welche die Grundlage der Gurdjieffschen Bewußtseinsarbeit bildet. Hier finden Sie:

- Enneagramm-Typen-Tests und deren Kritik,
- wie man das Enneagramm auf Prozesse aller Art beziehen kann,
- das Enneagramm und seine Beziehung zu den Chakras,
- das Enneagramm und seine Beziehung zur Ordnung der Farben,
- das Enneagramm und seine Beziehung zur Astronomie und Astrologie.

Das dritte Kapitel fordert Sie auf, zu Lineal und Zirkel zu greifen und Erfahrungen mit der Konstruktion von regelmäßigen und unregelmäßigen Neunsternen zu machen. Dies ist der anschauliche Zugang zum Enneagramm über die Geometrie, durch den Sie die mathematischen Geheimnisse des Enneagramms kennenlernen und die besondere Rolle, die die Zahl Neun in unterschiedlichen Kulturen spielt. Im dritten Kapitel finden Sie:

- alle mathematischen und geometrischen Bezüge des Enneagramms,
- eine Vielfalt von Zeichenübungen,
- alles über die Zahl Neun,
- die Beziehungen zwischen dem Enneagramm und der Kabbala.

Im vierten Kapitel werden die neun Punkte des Enneagramms systematisch beschrieben. Diesen und den folgenden Buchteil können Sie wegen seiner Übersichtlichkeit auch gut als Nachschlagewerk zu den verschiedenen Aspekten eines Enneagramm-Punkts benutzen. Jeder Enneagramm-Punkt wird wie folgt aufgeschlüsselt:

- allgemeine Charakterisierung dieses Enneagramm-Punkts,
- Charakterisierung des Prozesses, der von diesem Enneagramm-Punkt symbolisiert wird
    a) soziale Prozesse
    b) ökonomische Prozesse
    c) persönliches Wachstum,
- allgemeine Charakterisierung des Enneagramm-Typs

a) dessen Stärken
   b) dessen Schwächen,
- die Zuordnung der Chakras zu diesem Enneagramm-Punkt,
- die Zuordnung der Farben zu diesem Enneagramm-Punkt,
- kosmologische Zuordnungen zu diesem Enneagramm-Punkt
   a) Astronomie
   b) Astrologie,
- Symbole, die diesen Enneagramm-Punkt charakterisieren
   a) Symboltiere
   b) Land
   c) bekannte Persönlichkeiten,
- eine Überblickstabelle zu den verschiedenen Enneagramm-Zuordnungen,
- Schlüsselfragen zu diesem Enneagramm-Punkt.

Nachdem das vierte Kapitel die eher statische Grundstruktur des Modells ausführlich beschrieben hat, betrachtet das fünfte Kapitel die Dynamik des Modells. Hier geht es zum einen um die beiden unterschiedlichen Bewegungsrichtungen im Enneagramm und damit um die Streß- und Entlastungspunkte, und zum anderen um die Kombination der einzelnen Enneagramm-Punkte.

Jeder Streß- und jeder Entlastungspunkt wird wie folgt systematisch aufgeschlüsselt:

- die Bewegung als Blickrichtung bei Prozessen,
- Charakterisierung des Punkts,
- was kommt vom Ursprungspunkt,
- was kommt vom neuen Punkt,
- das Resultat dieser Bewegung.

Bei den dreiunddreißig verschiedenen Kombinationen der einzelnen Enneagramm-Punkte wird jede Kombination übersichtlich unter folgendem Aspekt dargestellt:

- was verstärkt sich bei den beiden Punkten,
- was widerspricht sich bei den beiden Punkten,
- das Resultat aus dieser Verbindung,
- mit welcher Häufigkeit tritt sie auf.

Auch dieses Kapitel kann gut als Nachschlagewerk benutzt werden.

Das sechste Kapitel besteht aus einer Sammlung von unterschiedlichen Übungen zum Enneagramm, die verschiedene Sinne und Erfahrungen bei Ihnen ansprechen, um das Enneagramm aus verschiedenen Blickwinkeln zu erleben. Die meisten dieser Übungen können öfter durchgeführt werden und führen bei wiederholter Anwendung immer wieder zu einem neuen Ergebnis.

Im Schlußkapitel stelle ich meine eigene Auffassung des Enneagramms dar, die die Typenlehre Ichazos mit dem Prozeßmodell Gurdjieffs verbindet. Dabei werden die Ergebnisse dieses Buches aus einer eher theoretischen Sichtweise zusammengefaßt.

Woher stammt das Enneagramm?

Gurdjieff und seine Quellen

Der armenische Weisheitslehrer Georg Iwanowitsch Gurdjieff stellt 1916 das Enneagramm zum ersten Mal in seiner Petersburger Studiengruppe öffentlich vor. Das Enneagramm wird nun zur Grundlage seines Lehrsystems. Gurdjieff sagt, daß das Enneagramm seine gesamte Lehre in komprimierter Form enthält, und er betont, daß dieses Symbol nur in seinem Lehrsystem benutzt wird – vor ihm wurde das Enneagramm in keiner esoterischen Schule gelehrt. Trotz dieser Wichtigkeit des Enneagramms taucht es erstaunlicherweise in keinem von Gurdjieffs Büchern direkt auf, doch indirekt finden wir es in allen Veröffentlichungen Gurdjieffs wieder.

Die Arbeit mit diesem Symbol ist für Gurdjieff und seine Nachfolger an eine Gruppe und an praktische Arbeit gebunden. Arbeiten mit dem Enneagramm bedeutet, zu experimentieren und durch den praktischen Umgang mit diesem kosmischen Symbol zu lernen. Auch Gurdjieff selbst lernte im Umgang mit dem Enneagramm ständig Neues, was sich in einer immer wieder abgewandelten Darstellung des Enneagramms niederschlug. Gurdjieff selbst arbeitete mit dem Enneagramm speziell in seinen »Movements«.

Definition Movement:
Viele Anhänger Gurdjieffs sind der Ansicht, daß die »Movements« genannten Körperübungen oder heiligen Tänze den Kern der Lehre Gurdjieffs darstellen. Diese Movements bestehen aus über einhundert äußerst komplizierten, meist gegenläufigen Körperbewegungen, die den Übenden zu größerer Bewußtheit verhelfen sollen. Die Movements stellen Bewegungsübungen dar, »bei denen nicht nur die verschiedenen Körperteile zu einer Musik koordiniert bewegt werden mußten, sondern auch manchmal gegen den Rhythmus der Musik. Gleichzeitig mußten die Schüler sich auf die Bewegung der anderen Tänzer einstellen und mit ihnen koordinieren. [...] Bei Gurdjieff kamen nun komplizierte Wort- und Zahlenfolgen dazu, die im Kopf gedacht oder laut ausgesprochen wurden; desweiteren mußte der Schüler bestimmte Stellen seines Körpers in einer bestimmten Reihenfolge spüren und gewisse Gefühle aktivieren.«[1]

Diejenigen, die an Movements als Tänzer oder Zuschauer teilnahmen, bemerkten sogleich, daß in diesen Bewegungen Gurdjieffs Vision vom Menschen und seiner Stellung im Kosmos vermittelt wurde. Die Bewegungen der Movements beruhen zum größten Teil auf dem Enneagramm. Dabei beschreibt die Tanzbewegung nicht nur äußerlich die Figur des Enneagramms, sondern die Tänzer versuchen zugleich, innerlich die Gesetze des Enneagramms in ihrem Körper zu spüren, wozu bestimmte Konzentrationsübungen helfen. Diese Movements als Kern der Lehre Gurdjieffs werden derart geheimgehalten, daß sie bislang noch nie allgemein zugänglich gemacht wurden. Was in der Sannyasin-Bewegung Oshos (vormals Baghwan) als Movements angeboten wird, stellt eine unzureichende Kopie der eigentlichen Movements dar.

Diese Movements oder heiligen Tänze sollen dem Schüler auf nonverbale Weise den Rhythmus und die Phasen von Prozessen vermitteln. Schüler von Movement-Klassen berichten immer wieder, daß sie durch die Movements körperlich das Enneagramm ver-

---
1 Bruno Martin: Handbuch der spirituellen Wege. Eine Entdeckungsreise, Basel 1993, S. 88.

stehen lernten. So wurde für sie zum Beispiel körperlich erspürbar, wann ein Prozeß einen neuen Energieschub von außen benötigte, um in Gang zu bleiben (die sogenannten Schockpunkte im Enneagramm, auf die wir noch ausführlich zu sprechen kommen werden). Auch ich gewann ein tieferes Verständnis des Enneagramms erst durch diese sonderbar schwierigen Körperbewegungen, die man etwas ironisierend auch »heilige Gymnastik« nennt.

Als Gurdjieffs Quellen werden die Sufis und die sagenhafte Sarmoun-Bruderschaft (vermutlich um 2500 v.Chr. in Babylon) angesehen, die Gurdjieff in seinem als Autobiographie verschlüsselten Lehrroman »Begegnungen mit bemerkenswerten Menschen«[2] als seine Quelle für das Enneagramm und die Movements angibt. Allerdings wird diese Sarmoun-Bruderschaft in der gesamten esoterischen Literatur nur bei Gurdjieff erwähnt und ist eher als Symbol für eine Weisheitsschule oder den inneren Lehrer zu deuten. Dies wird deutlich durch die Schilderung des Hauptklosters dieser Bruderschaft, bei der fast kein Symbol ausgelassen wird, mit dem für gewöhnlich Esoteriker den Ort ihrer inneren Einsicht und Stimme charakterisieren.

Nach dem Gurdjieff Schüler John Godolphin Bennett (1897-1974) geht die Sarmoun-Bruderschaft auf die gelehrte Achaldan-Gesellschaft aus Atlantis zurück, die Gurdjieff in seinem Hauptwerk »Beelzebubs Erzählungen für seinen Enkel«[3] immer wieder lobend als Vorbild für die rechte Lebensführung anführt. Der Verweis auf diese atlantische Gesellschaft bringt uns allerdings nicht weiter, denn ganz offensichtlich handelt es sich hierbei ebenfalls um ein Symbol.

Falls Gurdjieff das Enneagramm von einer esoterischen Gruppierung übernommen hat, dann scheint mir am ehesten der Sufi-Orden der Naqschbandi dafür in Frage zu kommen. Dieser Orden, mit dem Gurdjieff nachweislich Kontakt hatte, greift nicht nur auf arabische, sondern auch auf babylonische und mesopotamische Zahlenmystik zurück. In diesen Systemen spielte die Zahl Neun eine hervorragende Rolle.

Auf der anderen Seite erinnert mich das Enneagramm an Mandalas, wie sie im tibetischen Buddhismus üblich sind und eine »Karte« der inneren Welten des Menschen und zugleich des Kosmos darstellen. Gurdjieff besuchte als Agent des russischen Zaren 1897 Tibet, wo er mit Sicherheit Mandalas gesehen hat.

Im tibetischen Schamanismus spielt die Zahl Neun ebenfalls eine tragende Rolle. So gibt der Schamane zum Beispiel neun Opfergaben für die neun Gefahren und geht daraufhin einen Handel mit den neun Schwestern ein, den Hexen der Unterwelt, die ihm helfen sollen, die verirrte oder entführte Seele an neun verschiedenen Orten zu finden. Bei ihren Ritualen schützen sich noch heute tibetische und nepalesische Schamanen mit neun Glocken aus Eisen und neun Sonnen- und neun Mondsymbolen.[4]

Gurdjieff besaß ferner fundierte Kenntnisse über die spirituellen Systeme der Ägypter. In der ägyptischen Mythologie spielt der Weltschöpfer und Urgott Atum eine wichtige Rolle, der besonders in Heliopolis verehrt wurde. In den Pyramidentexten erscheint er als das erste Prinzip, das aus dem Urchaos hervorging. Dieser männliche Urgott Atum wird selbstversunken und masturbierend dargestellt. Er verschluckt seinen eigenen Samen, den er wieder ausspuckt und aus dem sich die neun Prinzipien der Schöpfung formen. Diese neun Prinzipien der Schöpfung können mit den neun Punkten des Enneagramms verglichen werden, welche die

---

2 Georg Iwanowitsch Gurdjieff: Begegnungen mit bemerkenswerten Menschen, Basel 1992, besonders S. 190ff.
3 Georg Iwanowitsch Gurdjieff: Beelzebubs Erzählungen für seinen Enkel. 3 Bände, Basel [4]1991.
4 Vgl. dazu: Michael Oppitz: Schamanen im Blinden Land, Frankfurt/Main 1981, besonders S. 31, 39, 41, 120, 136 und 166. Hier finden Sie auch noch viele weitere Belege zur Bedeutung der Zahl Neun im zeitgenössischen nepalesischen Schamanismus.

grundlegenden Prinzipien eines jeden Prozesses verdeutlichen.

In einer anderen Variation dieses ägyptischen Schöpfungsmythos entsprangen dem Schoß der Großen Mutter Ma-Nu die vier Elemente, die in Paaren auftraten. Zusammen mit der Kraft der Großen Mutter bildete sich so die Schöpfung aus neun Grundprinzipien oder Enneaden. Diese Enneaden stellen zugleich die ältesten Großen Götter Ägyptens dar.

In der germanischen Mythologie, die Gurdjieff jedoch nicht gut kannte, ist ebenfalls die Zahl Neun von herausragender Bedeutung. Ich führe das hier nur kurz an, um zu zeigen, daß die Bedeutung der Zahl Neun als magische Zahl archetypisch ist – wahrscheinlich ist das auf die neun Körperöffnungen des Menschen zurückzuführen.

Vor der Christianisierung gab es bei den Germanen neun namentlich erwähnte Frauen, die Skalden waren; ein Skalde zu sein hieß, den Mythos zu tradieren. Allein in dem einzigen vollständig überlieferten Mythos von Odin, »Der Raub des Skaldenmets«, tritt immer wieder die Zahl Neun auf. Außerdem hängt Odin neun windige Nächte im Baum, wo er neun Zaubersprüche (Runen) lernt; und ferner ist der Wächtergott Heimdall das Kind von neun Müttern.

Diese Beispiele mögen genügen, um die Sonderstellung der Neun in der germanischen Mythologie zu belegen. Es zeigt sich bei näherer Betrachtung, daß die Zahl Neun ein germanisches Symbol für die Vollkommenheit darstellt. So steht beispielsweise Heimdall als Kind von neun Müttern für ein ganzheitliches Menschenbild, und Odins neun Zaubersprüche symbolisieren das vollkommene Wissen.

Die Neun scheint also ein archetypisches Symbol für die Vollkommenheit darzustellen, und in die Reihe des germanischen, griechischen[5], chinesischen[6], babylonischen und chaldäischen Gebrauchs der Zahl Neun läßt sich auch das Enneagramm einfügen, das neun Schritte zur Vollendung und Vervollkommnung eines Prozesses kennt.

Das Enneagramm wird über Gurdjieffs Studiengruppen seit 1916 einem kleinen Kreis seiner Anhänger nahegebracht, zu denen Peter Demian[owitsch] Ouspensky (1878-1947), John Godolphin Bennett und Iwan B. Popoff gehörten, die dann das Enneagramm einer größeren Gruppe von Studierenden des Vierten Weges durch Buchveröffentlichungen bekannt machten. Die erste umfangreiche Kunde vom Enneagramm ist in Ouspenskys Buch »Auf der Suche nach dem Wunderbaren«[7] zu finden.

Ichazo und seine Nachfolger

Oscar Ichazo (geboren 1930) gibt an, die psychologische Typenlehre des Enneagramms von Sufi-Lehrern im Pamir (Afghanistan) übernommen zu haben. Das war jedoch etwa vierzig Jahre, nachdem Gurdjieff das Enneagramm erstmalig erwähnte. Die Vermutung, daß Ichazo das Enneagramm von Gurdjieff »abgeschaut« hat, scheint mir nicht abwegig, zumal er nie seinen Lehrer nennen wollte. Aus der Sicht Gurdjieffs verwässerte Ichazo das Enneagramm, indem er es von einem kosmologischen Modell zu einer leicht zu handhabenden psychologischen Typenlehre degradierte.

Oscar Ichazo arbeitet mit dem Enneagramm in Chile im Arica-Institut etwa ab 1970 und in dessen 1971 gegründetem Tochterinstitut in den USA (zuerst in New York). Vom Arica-Institut aus wandert die Typenlehre des Enneagramms mit dem humanisti-

---

5 Die neun Musen, Töchter des Zeus, schützen die Vollkommenheit des Geistes in Kunst und in Wissenschaft des klassischen Griechenlands.
6 In China gilt die neunstufige Pagode als Symbol der Vollkommenheit.
7 Peter Demianowitsch Ouspensky: Auf der Suche nach dem Wunderbaren, Freiburg 1988 (erste englische Auflage 1950).

schen Psychologen Claudio Naranjo ans Esalen Institut (Kalifornien), wo sie Jesuitenpater Robert Ochs von der Loyola University in Chicago aufnimmt und mit Vehemenz und großem Erfolg in kirchlichen Kreisen verbreitet (Gurdjieff bemerkte zu Beginn dieses Jahrhunderts, daß er hoffe, der Papst würde eines Tages sein Werk lesen, und wenn die Jesuiten das Enneagramm weiterhin mit derartiger Überzeugung verbreiten, wird dieser Tag nicht mehr fern sein).

Das Enneagramm macht nun seinen Weg von der humanistischen Psychologie und über die Jesuiten zur kirchlichen Gemeindearbeit beider Konfessionen. Dabei spielt in Deutschland als Vermittler der jesuitischen Tradition der amerikanische Franziskaner Richard Rohr eine wesentliche Rolle. Er tut sich mit dem bayerischen, lutherischen Pfarrer Andreas Ebert zusammen, um mit ihm 1989 ein christliches Enneagramm-Buch zu publizieren, das mit der Lehre Gurdjieffs fast nichts mehr gemein hat.

Als bedeutender Vermittler der Typenlehre des Enneagramms in der Tradition der humanistischen Psychologie tritt Eli Jaxon-Bear auf, der zugleich mit Rohr und Ebert in Deutschland ein psychologisches Enneagramm-Buch veröffentlicht.

Der Unterschied zwischen Gurdjieff und Ichazo in der Benutzung des Enneagramms

Gurdjieff beschreitet mit seiner Lehre vom Enneagramm den traditionellen Weg der Selbsterkenntnis durch einen Lehrer. Ohne einen autorisierten Lehrer zu haben und einer Studiengruppe angeschlossen zu sein, kann man nach Gurdjieffs Auffassung nur schlecht mit dem Enneagramm arbeiten, da eine solche Gruppe das richtige Verständnis des Enneagramms bei ihren Mitgliedern ausbildet. Der Umgang mit dem Enneagramm ist bei Gurdjieff an die *Arbeit*[8] gebunden, und *Arbeit* heißt im Sinne Gurdjieffs: Arbeit an sich selbst in einer Studiengruppe, um größere Bewußtheit zu erreichen. Bei dieser *Arbeit* mit dem Enneagramm in der Tradition Gurdjieffs und seiner Nachfolger geht es um einen Entwicklungsweg- das heißt, vom ersten bis zum neunten Enneagramm-Punkt entwickelt sich der Schüler des Enneagramms zu einem erweiterten Bewußtsein und zunehmender Klarheit. Außerdem ist bei Gurdjieff und dessen Nachfolgern wie Ouspensky, Bennett und Popoff[9] der Blickwinkel bei der Arbeit mit dem Enneagramm viel größer als bei Ichazo und dessen Nachfolgern. Bei diesen Lehrern des sogenannten Vierten Wegs wird das Enneagramm als kosmologisches Modell angesehen, das wie der Zodiak in der Astrologie die Gesetze unseres Kosmos abbildet.

In der Tradition von Ichazo und den Jesuiten wird das Enneagramm im Vergleich zu Gurdjieff viel kürzer gefaßt und nur als ein psychologisches Modell einer dynamischen Typenlehre angesehen. Im Umgang mit diesem griffigen Modell ist die Unterweisung durch einen Lehrer nicht unbedingt nötig. Es geht hier um neun gleichberechtigte Typen, die durch die Programmierung von Reaktionen und Sichtweisen gebildet werden und die nicht im Sinne eines »Erleuchtungsweges« aufeinander aufbauen.

Definition Erleuchtungsweg:
Unter einem Erleuchtungsweg verstehe ich den Weg vom unbewußten mechanischen Menschen zum bewußten Individuum.

Ironischerweise unterscheiden sich Gurdjieff und die Christen in der Anwendung des Enneagramms darin, daß die Gurdjieffsche Sicht den ganzheitlichen und spirituellen Charakter dieses Symbols betont, die christliche Sicht dagegen den psychotherapeuti-

---

8 Wenn ich *Arbeit* [kursiv] schreibe, beziehe ich mich immer auf den Gurdjieffschen Begriff der Arbeit als Bemühung, aus seinem Schlaf zu erwachen.
9 Iwan B. Popoff veröffentlichte 1978 das Buch »The Enneagramma of the Man of Unity«.

schen Aspekt in den Vordergrund stellt. Das Erkenntnisinteresse der Schulen des Vierten Weges ist auf Bewußtseinsschulung und die Erkenntnis kosmischer Zusammenhänge gerichtet, dasjenige der christlichen Enneagramm-Benutzer auf die psychologische Erkenntnis des anderen und ihrer selbst. Dennoch führt uns der Gurdjieffsche und der christliche Weg bei der Anwendung des Enneagramms zum gleichen Ziel: nämlich dem bewußten Dienen innerhalb der Harmonie unseres Kosmos. Was für die einen die *Arbeit* ist, ist für die anderen die Gemeindearbeit: Das Ziel ist gleich, aber die Methode völlig verschieden.

Schulen des Vierten Weges
Das Enneagramm ist ein Symbol kosmischer Zusammenhänge;
es hat mit Prozessen aller Art zu tun;
es symbolisiert unter anderem einen »Erleuchtungsweg«;
die Auseinandersetzung mit dem Enneagramm stellt eine spirituelle Schulung dar.

Ichazo und die christliche Tradition
Das Enneagramm ist ein Symbol für die verschiedenen gleichberechtigten menschlichen Typen;
es geht bei ihm um eine Erkenntnis sozialisierter Sicht- und Reaktionsweisen;
die Auseinandersetzung mit dem Enneagramm läßt uns uns selbst und den anderen genauer erkennen.

---

10 Helen Palmer: Das Enneagramm. Sich selbst und andere verstehen lernen, München 1991.

Parallelen zwischen Gurdjieff und Ichazo

Auffallend ist bei der Betrachtung der historischen Quellen des Enneagramms, daß sowohl Gurdjieff als auch Ichazo ein großes Geheimnis um ihre Lehrer machten.

Trotz all der hier angeführten Unterschiede zwischen Gurdjieff und Ichazo gibt es auch Parallelen zwischen beiden. Die amerikanische Psychologin Helen Palmer[10] nimmt an, daß Gurdjieff die Typenlehre des Enneagramms kannte und diese auch in seiner Arbeit benutzte. Da er jedoch seine Schüler nicht reif genug dafür fand, diese Lehre akzeptieren, hielt er sie vor ihnen zurück. Diese in Kreisen amerikanischer Psychologen verbreitete Meinung findet ihre Unterstützung darin, daß Gurdjieff davon ausging, daß die Menschen wegen eines dunklen Punktes in ihrem Charakter nutzlos leiden. Jeder wird durch seine »falsche Persönlichkeit« (wie Gurdjieff diesen dunklen Punkt nannte) in seinem Leben behindert. Das Enneagramm kann als ein Modell gesehen werden, das neun unterschiedliche Typen dieser falschen Persönlichkeit aufzeigt. Wenn wir durch die Selbstbeobachtung, wie Gurdjieff sie lehrte, unsere falschen Persönlichkeitsanteile erkennen können, dann sind wir in der Lage, unser volles Potential zu leben. Die Erkenntnis dieses Persönlichkeitsanteils, der durch die neun Enneagramm-Typen wiedergegeben wird, setzt uns in die Lage, diesen aufzulösen und somit den wichtigsten Schritt auf die Arbeit mit unserem höheren Bewußtsein hin zu unternehmen.

Gurdjieff pflegte in seiner ruppigen Art bei jedem sofort dessen falsche Persönlichkeit zu erkennen, auf der er dann ohne Unterlaß herumhackte. Er beabsichtigte damit, die sogenannten »Puffer« zu zerstören. Als Puffer bezeichnete Gurdjieff das, was in der Freudschen Terminologie «Abwehrmechanismus» genannt wird. Interessant ist hierbei, daß Sigmund Freud sein System der Abwehrmechanismen etwa zur gleichen Zeit entwickelte wie Gurdjieff seine Vorstellung von den Puffern.

Die Puffer haben die Eigenschaft, unsere negativen Charakterzüge zu verschleiern, indem sie die innere Reibung durch Rationalisierungen, Verzerrungen etc. verringern und uns so unsere Fehler unbewußt leben lassen. Diese innere Reibung ist aber für die *Arbeit* im Sinne Gurdjieffs absolut notwendig. Das Enneagramm zeigt deutlich, mit welchen neun Strategien Menschen sich etwas vormachen – sie reagieren mechanisch und völlig unbewußt ihren Persönlichkeitstyp ab.

Diese Idee der Abwehrmechanismen war zu Beginn dieses Jahrhunderts derart neu und fand solch scharfe Ablehnung, daß Gurdjieff – so vermuten amerikanische Psychologen – sie von seinen Schülern fernhielt. Dennoch könnte man aus Gurdjieffs praktischer Arbeit ableiten, daß er eine Methode anwandte, die ihm die Hauptschwächen seiner Schüler klar vor Augen führte. Um ihnen selbst diese Hauptschwäche oder falsche Persönlichkeit, auf der die neun Enneagramm-Typen aufbauen, bewußtzumachen, legte Gurdjieff erbarmungslos die Schwachpunkte seiner Schüler bloß. Er setzte sie bei den berüchtigten »Toasts auf die Idioten« unter Alkohol und pflegte ihnen stets diejenigen Aufgaben zuzuteilen, für die sie am wenigsten geeignet waren.

Ob nun Gurdjieff die Typenlehre des Enneagramms bei seiner Arbeit im Hinterkopf hatte oder nicht, wird man schwerlich feststellen können. Auf jeden Fall ging Gurdjieff von der Grundvoraussetzung des Typen-Enneagramms aus, davon nämlich, daß jeder Mensch eine bestimmte Haupteigenschaft besitzt, die er selbst nicht sieht, die seinen Mitmenschen jedoch nicht verborgen bleibt. Als Ichazo in der Arica-Schule die Vorstellungen des Enneagramms der Typenlehre ausarbeitete, kannten die meisten seiner Mitarbeiter die Arbeit Gurdjieffs. Ob sie nun Gurdjieffs Ansichten geschickt in ihr Enneagramm einbauten oder ob Gurdjieff wirklich von einem Enneagramm der neun Typen ausging, ist nicht mehr feststellbar und auch unerheblich. Es scheint mir einzig wichtig zu sehen, daß es trotz aller Unterschiede zwischen Gurdjieffs Arbeit und Ichazos Typenlehre Berührungspunkte zwischen beiden Systemen gibt, die übrigens von den meisten Gurdjieff-Schülern hartnäckig geleugnet werden.

Die Erfahrung aus meiner Gurdjieff-Gruppe zeigt mir deutlich, daß es sozusagen zweierlei Gebrauch des Enneagramms in einer Gurdjieff-Gruppe gibt:

1. Der Lehrer benutzt das Enneagramm der Typen, um seinem Schüler dessen blinde Flecken, das heißt, dessen falsche Persönlichkeit klarzumachen. Mein Lehrer, der Ichazos Typenlehre nicht kennt, tut das zumindest fortwährend.
2. Das Enneagramm wird benutzt, um Bewußtseinsprozesse zu verdeutlichen. Diese Benutzung des Enneagramms liegt zur Zeit noch völlig in den Händen der Lehrer des Vierten Weges.

Die Tradition des Enneagramms

Gurdjieff-Tradition	Naranjo-Tradition
symbolische Vorläufer: Achaldan-Gesellschaft (Atlantis) Sarmoun-Bruderschaft (Babylon, etwa 2500 v. Chr.)	geheimnisvoller Sufi-Lehrer (Afghanistan, Anfang des 20. Jahrhunderts) [?] Gurdjieffs Lehre
historische Vorläufer: Sufi-Orden der Naqschbandi (etwa ab 15./16. Jahrhundert) Sufis in Buchara und dem Nahen und Mittleren Osten [?] am Ende des 19. Jahrhunderts	Arica-Institut ab 1970 in Chile, ab 1971 in den USA Esalen-Institut ab Anfang der siebziger Jahre in Kalifornien (Vermittler Claudio Naranjo)
Georg Iwanowitsch Gurdjieff erstmalig historisch belegte Erwähnung des Enneagramms in Gurdjieffs Petersburger Studiengruppe 1916	christlicher Weg: Pater Robert Ochs SJ (Jesuitische Loyola Universität, Chicago) Richard Riso (Jesuit, der an der klassischen Psychoanalyse[12] orientiert ist) Richard Rohr Andreas Ebert (brachte zusammen mit dem Amerikaner Rohr die Typenlehre des Enneagramms nach Deutschland)
Gurdjieff Schüler, die das Enneagramm verbreiteten: Peter Demian Ouspensky 1950[11] John Godolphin Bennett 1974 Iwan B. Popoff 1978 Anthony G. E. Blake 1993 Klausbernd Vollmar 1993	Weg der humanistischen Psychologie: Eli Jaxon-Bear (jüdische Einflüsse) Helen Palmer Magaret Frings Keyes (teilweise an C.G. Jung und Transaktionsanalyse [Skript-Theorie] ausgerichtet)

---

11 Es handelt sich hierbei um das jeweilige Veröffentlichungsjahr der Schriften der direkten und indirekten Gurdjieff-Schüler zum Enneagramm.

12 Richard Riso geht ausgesprochen freizügig mit der Begrifflichkeit von Freud und Jung um, wenn er deren Begriffe auf das Enneagramm bezieht. Meines Erachtens steht Riso der Psychoanalytikerin Karen Horney am nächsten.

Das Enneagramm als Ordnungsschema

»Das Enneagramm ist nicht etwas, das passiv verstanden werden kann. Es soll damit gerungen werden, wie Jakob mit dem ›Engel‹ gerungen haben könnte.«
Anthony G.E. Blake

Der Sinn von Einordnungen und Typologien

Die Typologie als Erkenntnismodell

Typologien stellen eine Abstraktion des Menschen dar. Sie werden geschaffen, um die verwirrende Vielfalt menschlicher und anderer Eigenschaften übersichtlicher werden zu lassen. Zur psychologischen Erkenntnisfindung bei Menschen helfen solche Ordnungsschemata, wie sie Typologien darstellen, da die Gesamtheit aller Eigenschaften eines Menschen zu komplex ist, um überschaut zu werden. Das Ziel solch einer Typologie wie der des Enneagramms besteht darin, eine klare Differenzierung einzelner Menschentypen zu schaffen, um diese genauer in ihren Gemeinsamkeiten erkennen zu können. Typologien stellen eine Art Landkarte dar, die auf das menschliche Leben projiziert wird, um sich besser orientieren zu können.

Daß das Enneagramm eine Abbildung der Gesetzmäßigkeit psychischer Vorgänge im Menschen ist, darin stimmen Gurdjieff und Ichazo überein. Allerdings unterscheiden sich die beiden Pioniere des Enneagramms darin, wie sie die Konstanz menschlichen Verhaltens einschätzen.

Für Gurdjieff ist menschliches Verhalten schon über einen kurzen Zeitraum hinweg und in unterschiedlichen Situationen kaum konstant; es sind von der Situation abhängige, verschiedene Persönlichkeitsanteile oder »Ichs« - wie Gurdjieff sie nennt –, die den Menschen beherrschen.

Es ist die zentrale Lehre Gurdjieffs, daß das einheitliche und konstante Ich illusionär ist. Es besteht statt dessen aus einer Ansammlung relativ chaotischer, ungeordneter Ichs. Da wir uns aber mit der Illusion eines Ich identifizieren, machen wir uns etwas vor und leben nicht uns selbst. Wir meinen in der äußeren Welt etwas darstellen zu müssen und sind so abhängig von unserem Image statt von unserem inneren Wesen. Das macht uns unglücklich und läßt uns in Unfreiheit leben.

Beobachten Sie sich einmal selbst einen ganzen Tag lang, ohne sich dabei ändern zu wollen. Sie werden bemerken, wie abhängig Sie von verschiedenen Außenimpulsen Ihre Gefühle und damit Ihre Stimmungen mehrmals am Tag ändern. Eben noch waren Sie freundlich und geduldig und gleich darauf reagieren Sie unwirsch, gestreßt und aggressiv.

Gurdjieff stellt aus solchen Beobachtungen die Grundannahme von Typologien, nämlich daß es ein relativ einheitliches Ich im Menschen gibt, in Frage und hält es mehr mit Johann Wolfgang von Goethe, der schon Faust klagen läßt, daß zwei Seelen in seiner Brust wohnen – und nach Gurdjieff und Ouspensky sind es noch viel mehr Seelen, die sich dort tummeln.

Für den philosophisch interessierten Leser sei noch angeführt, daß Gurdjieff sich in seiner Ablehnung einer unveränderlichen Persönlichkeit des Menschen in der erlauchten Gesellschaft Buddhas und des britischen Philosophen David Hume (1711-1776) befindet. Buddha betrachtet das Menschenleben als einen Prozeß, in dem der Mensch sich permanent verändert. Für Buddha gibt es kein Ich und keine unveränderliche Persönlichkeit. Etwa 2500 Jahre später leugnet David Hume aufgrund seiner Analysen des menschlichen Bewußtseins, daß der Mensch eine stabile Grundpersönlichkeit besitzt. Der Mensch befindet sich für ihn im Fluß verschiedener Persönlichkeiten, die wie Launen kommen und gehen. Dieser Satz könnte ebenso von Gurdjieff stammen.

Ichazo und die christliche Tradition des Umgangs mit dem Enneagramm hingegen gehen davon aus, daß menschliches Verhalten und persönliche Einstellungen in verschiedenen Situationen und über längere Zeiträume hinweg relativ konstant sind. Das können Sie bei sich gut beobachten, wenn Sie ein Tagebuch führen. Lesen Sie in Ihrem Tagebuch, was Sie vor einem oder zwei Jahren bewegte, und Sie werden womöglich erschrocken sein, wie wenig Sie sich verändert haben – man macht sich oft Illusionen über seine eigene Wandlungsfähigkeit.

Ich persönlich halte beide Ansichten für richtig. Es kommt auf mein Interesse an, was ich beobachten und beschreiben möchte. Gurdjieffs Ansicht der inkonsistenten wankelmütigen Persönlichkeit des Menschen mündet in eine Schulung, die mehr Bewußtseinskraft, Wachheit und Willen im einzelnen erzeugt, Ichazos Ansicht der relativ konsistenten stabilen Persönlichkeit dagegen mündet in eine psychologische Typenlehre.

Solche Typenlehren hat es schon immer gegeben. Die bekannteste und eine der ältesten stammt von dem griechischen Arzt Hippokrates (ca. 460-377 v. Chr.), der die vier Temperamente Sanguiniker, Phlegmatiker, Choleriker und Melancholiker gemäß dem Vorherrschen der Körpersäfte im Menschen unterschied. Galen (ca. 200-130 v. Chr.), der letzte große Arzt der griechischen Antike, baute diese Vierer-Einteilung weiter aus.

Überhaupt waren Vierer-Einteilungen bei den Typologien sehr beliebt, weil sie auf die Archetypen der vier Elemente zurückzuführen sind.

Eine Vierer-Einteilung der Neuzeit, auf die ich hier zurückgreife, stammt von dem Schweizer Psychologen Carl Gustav Jung (1875-1961), der den Menschen nach vier Grundfunktionen der Psyche einteilte, die seine Reaktionstendenzen zu bestimmen scheinen:

– der Denktyp, der die Welt intellektuell zu meistern sucht,
– der Fühltyp, der die Welt mit spontanem Gefühlsausdruck angeht,
– der Empfindungstyp, der durch sinnliche Wahrnehmungen bestimmt wird,
– der Typ, der mit seiner Intuition die Welt erfaßt, das heißt, der auf seine innere Stimme oder Übersinnliches hört. Das ist der sogenannte instinktsichere Mensch.

Allerdings erweitert Jung das ursprüngliche Vierer-Schema, indem er zwei grundsätzliche Pole

– introvertiert (in sich zurückgezogen)
– extravertiert (nach außen gerichtet)

unterscheidet. So ergeben sich nach der Jungschen Typeneinteilung acht unterschiedliche Typen, da jede Grundfunktion der Psyche sich entweder als intro- oder extravertiert äußert. Die Jungsche Typenlehre mit ihren acht Kategorien geht also nicht ohne gewisses Drehen und Wenden in der Typenlehre des Enneagramms auf, die auf neun Typen beruht.

Eine der bekannten Typenlehren der Neuzeit stammt von Jungs Vorläufer Sigmund Freud (1856-1939), der vier verschiedene Typen gemäß der Phasen der sexuellen Entwicklung unterscheidet[1]:

– oraler Typ (der seine Lust über den Mund zu befriedigen sucht),
– analer Typ (der seine Lust über den Anus zu befriedigen sucht),

---

[1] Genaugenommen gibt es fünf Phasen der sexuellen Entwicklung nach Sigmund Freud, aber der Latenzzeit wird kein Typ zugeordnet.

– phallischer Typ (der seine Lust über die Selbstbefriedigung zu finden sucht),
– genitaler Typ (der durch reife Sexualität seine Lust zu befriedigen sucht).

Dabei kann man zur Not die drei ersten Typen dieses Modells auf das Enneagramm beziehen. Das erste Drittel des Enneagramms entspräche demnach der oralen Phase, das zweite Drittel der analen und das letzte Drittel der phallischen Phase.

Mit der Typenlehre des Enneagramms haben wir eine Neuner-Einteilung vorliegen, die für christliche Anwender dieses Schemas die neun Wurzelsünden des Menschen darstellt:

– Zorn
– Stolz
– Betrug und Lüge
– Neid und Mißgunst
– Habsucht
– Angst
– Gier und Unmäßigkeit (die klassische Sünde der Völlerei)
– Schamlosigkeit (die klassische Sünde der Unkeuschheit)
– Faulheit

Auf den ersten Blick scheint so ein umfangreiches Modell nicht besonders glücklich gewählt, da bei Steigen der Anzahl der Kategorien das Modell, das eigentlich vereinheitlichen sollte, wieder unübersichtlich wird. Dafür hat allerdings solch eine Typologie den Vorteil, relativ differenziert und nicht zu abstrakt und idealtypisch zu sein. Bei einer geringen Anzahl von Typen tritt nämlich das Problem auf, daß zu wenig Menschen konkret in die Kategorie eines Typs fallen und daher jede konkrete Person als ein Mischtyp angesehen werden muß.

Meiner Erfahrung nach fallen viele Menschen unter eine der neun Kategorien des Enneagramms, wenn auch bei genauerer, das heißt differenzierterer Betrachtung andererseits wieder jedermann die Tendenz zur Mischung mit einem anderen Typ aufweist. Auch hier kommt es wieder darauf an, wie genau man hinschaut: Eine klare, deutliche Unterscheidung bieten die reinen neun Typen des Enneagramms. Jeder kann ohne Mauschelei einem dieser Typen zugeordnet werden. Ist jedoch unser Erkenntnisinteresse mehr auf das Individuum gerichtet, so neigen wir dazu, eher Mischtypen zu sehen.

Wir sollten bei der Arbeit mit dem Enneagramm bedenken, daß Typologien subjektive Einteilungen der menschlichen Wirklichkeit darstellen. Des weiteren ist darauf zu achten, daß man nicht ins Schubladendenken verfällt. Wir neigen nämlich dazu, Menschen, die uns ferner stehen und fremder sind, mit einem Etikett zu versehen und schnell einem Typus zuzurechnen. Menschen, die uns vertrauter sind, und uns selbst sehen wir viel individueller und rechnen sie und uns so eher den Mischtypen zu.

Wollen Sie verschiedene Menschentypen klar unterscheiden, dann wenden Sie sich dem Kapitel über die einzelnen Punkte des Enneagramms zu. Wollen Sie einen Menschen relativ individuell erfassen, so lesen Sie das Kapitel über die Dynamik des Modells, wo die Kombination der einzelnen Enneagramm-Typen betrachtet wird.

Es muß allerdings beachtet werden, daß verschiedene Autoren bei der Typeneinteilung des Enneagramms erheblich divergieren. Richard Riso zwingt zum Beispiel Freuds und Jungs Kategorien ohne Rücksicht auf ihren Zusammenhang ins Enneagramm hinein und greift zugleich die differenzierte Arbeit von Helen Palmer[2] als verwirrend, mangel- und fehlerhaft an. Ich wiederum weiche in meiner Typenlehre[3] von der Risos und Rohr/Eberts ab, da für mich nach Gurdjieff die Typen auf der Grundeinteilung von Körper (materiell), Seele (emotional) und Geist (intellektuell) beruhen. Dabei stehen mir jedoch Eli Jaxon-Bear und Margaret Frings Keyes wesentlich

---
2 Helen Palmer: Das Enneagramm.
3 Klausbernd Vollmar: Das Enneagramm. Praktische Lebensbewältigung mit Gurdjieffs Typenlehre, München 1993.

näher als Risos skurrile Vermischung von wissenschaftlicher Psychologie mit dem Enneagramm.

Die Typen des Enneagramms als psychische Programme

Das Enneagramm stellt ein Symbol für die Programme dar, die unser Leben bestimmen. Diese Programme entstehen frühkindlich und legen uns in unseren Lebensstrategien fest. Wie wir versuchen, zu Liebe zu kommen und Leid zu vermeiden, ist der grundlegende Inhalt dieser Programme. Die in ihnen festgelegten Strategien führen zur Schattenbildung, nämlich dazu, das eigene Böse und Schlechte abzuspalten. Wir lernen, schlechte Gedanken und Gefühle zu verdrängen, so daß sich diese in einem bewußtseinsfernen persönlichen Schatten sammeln.

Definition Schatten:
Der Mensch hat »eine Schattenseite, welche nicht nur etwa aus kleinen Schwächen und Schönheitsfehlern besteht, sondern aus einer geradezu dämonischen Dynamik. Der einzelne Mensch weiß selten davon [...]. Mit diesem Schatten sich zu vereinigen, heißt ja sagen zum Trieb [...]«.[4]

»Der Böse ist immer der andere, nie wir« lautet eine allgemein menschliche Strategie. Durch sie sehen wir die Realität nicht mehr, wie sie ist, sondern wie sie idealerweise sein sollte. Das heißt: Unsere Sicht der Personen, Situationen und Dinge ist verzerrt, und diese Sicht aufrechtzuerhalten kostet uns viel Energie.

Wenn Sie Ihre Schattenseite, also das, was Ihnen fürchterlich peinlich ist, ohne Bewertung in Augenschein nehmen, werden Sie bemerken, daß Ihnen durch diese Akzeptanz eine ungeahnte Energie zufließt – das ist jene Energie, die Sie in Ihren Strategien, Ihren Schatten nicht zu zeigen, binden. Wenn wir uns unseren Schatten anschauen können, dann kommt nach Jung das Selbst zum Vorschein, das unsere einheitliche Persönlichkeit ausmacht.

Nach der an der Transaktionsanalyse ausgerichteten amerikanischen Psychologin Margaret Frings Keyes finden wir diese Strategien, die sich zu Lebensprogrammen verfestigt haben, im Enneagramm abgebildet. Man könnte sie etwa wie folgt skizzieren:

- Enneagramm-Typ 1: Perfektion, Schatten: Wut
- Enneagramm-Typ 2: Hilfsbereitschaft, Schatten: Manipulation
- Enneagramm-Typ 3: Leistung, Schatten: Anerkennungssucht (Image)
- Enneagramm-Typ 4: Außergewöhnlichkeit, Schatten: Sentimentalität (Launen)
- Enneagramm-Typ 5: Wissen, Schatten: Rückzug
- Enneagramm-Typ 6: Sicherheit, Schatten: Angst und Zweifel
- Enneagramm-Typ 7: Optimismus, Schatten: nervöse Aktivität
- Enneagramm-Typ 8: Gerechtigkeit, Schatten: Arroganz
- Enneagramm-Typ 9: Friedfertigkeit, Schatten: Faulheit.

Können wir uns diese Programme objektiv ansehen und somit unseren Schatten begreifen, dann nehmen wir sozusagen die Brille von der Nase, die uns die Realität nur verzerrt erkennen läßt, und wir erleben uns und unsere Umwelt bewußt. Wir werden uns wahrscheinlich – zunächst zumindest – nicht anders verhalten, aber durch diese Qualität des Bewußtseins wird die alte Verhaltensweise dennoch zu etwas grundsätzlich anderem.

Ferner beinhalten die neun Punkte des Enneagramms auch unsere Projektionen auf die äußere und innere Welt.

---

4 Carl Gustav Jung: GW 7, Paragraph 35.

Definition Projektion:
»Projektion bedeutet die Hinausverlegung eines subjektiven Vorgangs in ein Objekt. [...] Es sind ebensowohl peinliche, inkompatible Inhalte, deren sich das Subjekt durch Projektion entledigt, wie auch positive Werte, die dem Subjekt aus irgendwelchen Gründen, z.B. infolge Selbstunterschätzung, unzugänglich sind.«[5]

Diese Projektionen wirken wie Wahrnehmungsprogramme. Das Übel im Umgang mit unseren Projektionen besteht darin, daß wir fest an sie glauben. Wenn wir durch die Bewußtseinsarbeit mit dem Enneagramm erkennen, was wir projizieren, gelingt es uns wie bei der Auflösung des projizierten Schattens, die Wirklichkeit als das zu sehen, was sie ist. Es steht kein projiziertes Bild mehr zwischen uns und der Wirklichkeit, und so versteht man die Welt und andere, weil man seine Projektionen versteht. Das Enneagramm zeigt wie ein Traum die grundsätzlichen Projektionen eines Menschen, nur daß es sie nicht bildhaft ausdrückt.

Um dieses Verständnis der eigenen Projektionen zu fördern, bietet Gurdjieff die dem dritten Enneagramm-Punkt zugeordnete Bewußtseinsübung der Selbsterinnerung an. Die Selbsterinnerung stellt eine Schulung der Aufmerksamkeit dar, die notwendig ist, um das eigene Bewußtsein weiterzuentwickeln. Auf das Enneagramm bezogen bedeutet das, daß die Selbsterinnerung die Voraussetzung dafür ist, zur linken Seite des Enneagramms fortzuschreiten.

Übung:

> »Als der gelbe Kaiser erwachte, war er sehr froh, sich selbst gefunden zu haben.«
>
> Lieh-Tzu

Die Selbsterinnerung, eine objektive Selbstbeobachtung, ohne einzugreifen:

---
[5] Carl Gustav Jung: GW 6, Paragraph 870.

Morgens nach dem Aufstehen setzen Sie sich für etwa fünf Minuten auf einen Stuhl und schließen Ihre Augen. Sie halten Ihre Wirbelsäule möglichst gerade. Dieses Geradehalten der Wirbelsäule stellt eine Anstrengung dar, die Sie beständig an die geforderte Bewußtheit oder Wachheit erinnert. Sie versuchen nun, Ihre Hände, Ihren Bauch, Ihr Herz und Ihren Kopf so deutlich wie möglich zu spüren. Entspannen Sie Ihr Gesicht besonders sorgfältig, denn mit einem entspannten Gesicht entspannt man den gesamten Körper. Sie atmen gleichzeitig tief und regelmäßig und sind völlig ruhig.

Wollen Sie diese Übung intensivieren, so können Sie sich auf eine Stelle zwei Zentimeter über dem Nabel konzentrieren. Sie sind sich beim Atmen bewußt, wie der Atem durch die Nase hereingezogen wird, wie er die Lungen füllt und an der bezeichneten Stelle über dem Nabel ausströmt. Atmet man auf diese Weise, so verstärkt man seine Erdung.

In dieser bewußten Entspannung nehmen Sie sich vor, zwei- bis dreimal zu bestimmten Zeitpunkten am Tage sich so bewußt wie möglich zu fühlen und so bewußt wie möglich die Situationen, in der Sie sich befinden, zu erleben. Sie sind sich Ihrer selbst und der entsprechenden Situation bewußt, ohne sie ändern zu wollen.

Sie können sich zum Beispiel entweder Zeitpunkte wie um drei Uhr und um fünf Uhr und so weiter wählen oder morgens beim Frühstück, wenn man den ersten Bissen Essen kaut, während der Arbeit und/oder abends beim Lesen oder beim Sonnenuntergang.

Zunächst will einem die geforderte Bewußtheit gar nicht gelingen. Wichtig ist, es dennoch weiterhin zu versuchen und sich von der Erkenntnis, wie unbewußt man ist, motivieren zu lassen, sich um die geforderte Bewußtheit zu bemühen. Mit fortlaufender Übung erinnern Sie sich meist erst nach dem gesetzten Zeitpunkt an die gewünschte Bewußtheit, und es wird Sie betroffen machen, daß Ihnen wieder eine Gelegenheit entgangen ist. Werden Sie nicht ungeduldig, nach einiger Zeit gelingt Ihnen die geforderte Bewußtheit zunehmend besser. Je öfter sie Ihnen gelingt, desto größer wird die Wahrscheinlichkeit, daß die Bewußtheit sich immer leichter zum gewünschten Zeitpunkt einstellt.

Wenn Sie sich wieder einmal dabei erwischen, unbewußt und gedankenverloren gewesen zu sein, dann ist es wichtig, nicht darüber erbost oder enttäuscht zu sein. Ebenso wichtig ist, daß es Ihnen gelingt, in einer Situation Ihre volle Bewußtheit aufrechtzuerhalten, sich nicht dafür zu belohnen, indem Sie sich sagen »Das hast Du aber gut gemacht.« Wir müssen bei dieser Übung lernen, ohne Wertung zu erkennen, wie wir sind. Wenn wir nicht bewußt sein können oder ab und zu uns unserer selbst erinnern, dann ist das ein Faktum und nicht mehr und nicht weniger – wir haben uns erkannt, wie wir sind. Wenn wir aber diese faktische Ebene verlassen, laufen wir Gefahr, uns mit den Erfolgs- und Mißerfolgserlebnissen zu identifizieren und so von äußeren Bewertungen abhängig zu werden.

Gelingt es einem, sich seiner zumindest ab und zu voll bewußt zu sein, so kann man versuchen, sich besonders in Konfliktsituationen, in denen man negativ zu reagieren pflegt, sich seiner selbst zu erinnern. Gelingt einem das, so wird man bemerken, wie man sich nicht mehr mit seinen eigenen Gefühlen identifiziert. Man ist sich zwar dieser Gefühle bewußt, fühlt sich aber nicht getrieben, sie auch ausdrücken zu müssen. Dadurch fließt einem eine Menge Energie zu, die man zum Aufbau von noch mehr Bewußtheit und somit zur Änderung seiner Persönlichkeit nutzen kann. Bei dieser Art der Selbstbeobachtung ziehen wir uns auf uns selbst zurück. Die Aufmerksamkeit ist nicht mehr auf die Außenwelt gerichtet, die uns fortwährend Energie raubt. So geht eine Rücknahme unserer Projektionen vor sich. Nach Gurdjieff lebt nämlich unsere Umwelt von unseren Projektionen.

Ferner kann man diese Übung sehr gut in Situationen anwenden, in denen man sich selbst etwas vormacht. Man beobachtet dazu, welche Situationen das für gewöhnlich sind. Man betrachtet diese Situationen, ohne sie ändern zu wollen, und versucht nun, in den erkannten Situationen so bewußt wie möglich zu sein. Damit bricht man nach einiger Zeit automatisch mit der Angewohnheit, mechanisch zu reagieren. Alle mechanischen, das heißt unbewußten Reaktionen und besonders auch Projektionen kann man so mit Geduld und Disziplin ändern.

Ein wichtiger Effekt dieser Bewußtseinsübung besteht ferner darin, daß wir uns nach einiger Zeit nicht mehr völlig mit unserer Außenwelt identifizieren und von ihr abhängig sind, sondern zum Beispiel unsere Arbeit als ein Spiel betrachten, das wir uns gut zu spielen bemühen.

Geht man zusätzlich zu dieser Übung jeden Abend vor dem Einschlafen den vergangenen Tag noch einmal durch oder führt man regelmäßig Tagebuch, so hilft das ebenfalls dabei, sein Bewußtsein zu stärken. Man bemerkt hierbei deutlich, wie wenig Bewußtsein man für gewöhnlich im alltäglichen Leben aufbringt. Das ist eine wichtige Einsicht, deren Energie man zum Aufbringen einer höheren Bewußtseinskraft nutzen kann.

Ist man endlich soweit, daß man feststellen kann, daß man den vergangenen Tag über wirklich öfters sich seiner bewußt war, dann sollte man sich für den kommenden Tag ein größeres Pensum an Bewußtheit vornehmen.

Ein anderer Aspekt dieser Bewußtseinsübung ist, uns zu zeigen, wie sehr wir von der Außenwelt abhängig sind und eigentlich kein konsistentes Ich besitzen (auch wenig Willen und Disziplin). Durch diese Übung können wir uns ein relativ konsistentes Ich erarbeiten.

Kommentar:
Zunächst möchte ich eine moderne buddhistische Erzählung anführen, die nicht nur die Parallelen zwischen der Gurdjieff-Arbeit und buddhistischen Methoden aufzeigt, sondern auch anschaulich verdeutlicht, was das Geheimnis der Selbsterinnerung ist:

Die Selbsterinnerung

Ein moderner Meister spornte seine Mönche dadurch an, daß er ihnen versprach, derjenige würde erleuchtet, der sieben Tage lang bewußt sein könne. Ein junger Mönch begann sofort diese Übung und mußte nach fünf Minuten feststellen, daß seine Aufmerksamkeit versagte und seine Gedanken unkontrolliert umherwanderten. Also begann er von neuem, um abermals festzustellen, daß er nach einigen Minuten jegliche Aufmerksamkeit vergessen hatte.

Nach sieben Tagen war er nicht erleuchtet, aber er besaß ein Bewußtsein darüber, wie oft er ins Reich der Phantasien floh und wie schwach er wirklich war, da er längstens ein paar Minuten seine Aufmerksamkeit hielt. Nun konnte er wirklich beginnen, erfolgreich an seiner Erleuchtung zu arbeiten.

Die Selbsterinnerung stellt, genau betrachtet, eine Meditationsübung dar. Sie hilft uns nämlich durch die Erinnerung unserer selbst und das Bewußtwerden unseres Körpers, völlig ruhig zu werden. Diese tiefe Ruhe ist nach Gurdjieff eine Voraussetzung dafür, daß ein Kontakt mit unserem höheren Fühl- und Denkzentrum zustande kommen kann. Normalerweise haben wir nämlich nur mit unserem niederen Fühl- und Denkzentrum Kontakt. Das höhere Fühl- und Denkzentrum liegt auf der Ebene der Intuition und kann nur wirken, wenn wir vollständig leer sind, das heißt, wenn wir uns nicht mit unseren Gedanken und Emotionen identifizieren, sondern sie lediglich wahrnehmen, ohne sie ändern zu wollen.

Leider tendieren wir oftmals dazu, bei solchen grundlegenden Bewußtseinsübungen zuviel zu erwarten. Wir meinen, daß uns nach einiger Übung die große Erleuchtung als dramatisches Ereignis heimsuchen wird. Das ist nicht der Fall. Ich muß Sie in dieser Beziehung enttäuschen – und das im wahrsten Sinne des Wortes – : Es geschieht hier nichts Dramatisches. Sie werden sich intensiv spüren und innerlich wie äußerlich ganz ruhig werden. Um diesen Zustand auch wirklich zu erreichen, hilft es, sich auf seinen Körper oder einen Körperteil zu konzentrieren und nichts zu erwarten.

Diese elementare Aufmerksamkeitsübung hilft uns dabei, uns auf vielen Ebenen kennenzulernen. Ohne solch eine Beobachtungstechnik neigen wir nämlich dazu, uns nur auf das Denken zu konzentrieren und somit komplexere Eindrücke gar nicht wahrzunehmen.

Der erste und grundlegendste Lehrsatz des Buddha lautet: »Don't get attached!«, was oft im Deutschen mit »Binde Dich nicht!« übersetzt wird. Die passende Übersetzung lautet jedoch: »Identifiziere Dich nicht!«, und damit ist genau die in dieser Übung angesteuerte Haltung der Nicht-Identifikation mit den eigenen Gefühlen und Phantasien gemeint. Da Gurdjieff einige Zeit in Tibet lebte und dort eingeweihte Lamas traf, verwundert die Nähe zwischen der Bewußtseinsarbeit im tibetischen Buddhismus und in den Schulen des Vierten Weges nicht.

Diese Übung der Selbsterinnerung selbst kann auch unter dem Aspekt des Enneagramms gesehen werden:

– Man ist sich bewußt, daß man etwas ändern muß, was dem ersten Enneagramm-Punkt[6] entspricht.
– Man informiert sich, wie man sich ändern kann, was dem zweiten Enneagramm-Punkt entspricht.
– Man stößt auf die Übung zur Selbsterinnerung am dritten Enneagramm-Punkt.
– Die Übung der Selbsterinnerung macht größere Schwierigkeiten als erwartet – man merkt, daß man sich fast nie seiner selbst bewußt ist, was einen am vierten Enneagramm-Punkt ärgert.
– Die Schwierigkeiten mit dieser Übung bleiben bestehen, doch es wird am fünften

---

6 Was die einzelnen Punkte des Enneagramms genau bedeuten, können Sie im Kapitel »Die einzelnen Punkte des Enneagramms« nachlesen.

Enneagramm klar, worauf diese Bewußtseinsübung hinausläuft: Die Frustration bei dieser Übung wird dazu genutzt, eine größere Motivation zur Bewußtheit im alltäglichen Leben aufzubauen.
- Am sechsten Enneagramm-Punkt trifft man auf einen Menschen, der einem zeigt, wie man mit dieser Übung weiterkommt (es kann auch ein Buch sein).
- Am siebten Enneagramm-Punkt gelingt es einem, bewußt und aufmerksam durchs Leben zu gehen.
- Am achten Enneagramm-Punkt hat man das Ziel erreicht, sich völlig der Bewußtseinsarbeit zu widmen.

Genau diese Stufen durchläuft auch unser Mönch aus der oben erzählten buddhistischen Geschichte.

Das Enneagramm als Symbol

»Weder der Kopf, noch das Herz allein können den Suchenden weiterführen. [...] Die Arbeit mit einem Symbol verlangt gleichzeitige Bemühungen von Kopf und Herz.«
Boris Mouravieff[7]

Im klassischen Griechenland wurde unter dem Begriff »Symbolon« ein Wort oder ein Zeichen verstanden, mit dessen Hilfe sich diejenigen, die in die Mysterien von Ceres, Kybele und Mithras initiiert waren, erkennen konnten. Man kann auch das Enneagramm als solch ein Symbolon ansehen, das Gurdjieff-Schüler bis vor kurzem noch als Erkennungszeichen untereinander benutzten. Nachdem jedoch das Enneagramm seit den achtziger Jahren von der Ichazo-Schule popularisiert wird, hat es diese Funktion weitgehend verloren.

Nach Carl Gustav Jung ist ein Symbol ein Energietransformator des psychischen Geschehens. Allgemein könnte man sagen, daß ein Symbol den bildlichen Ausdruck einer Idee darstellt, doch zugleich ist auch etwas Geheimnisvolles Teil seines Wesens: Es ist nie vollständig erfaßbar, und es enthält immer mehr, als man auf den ersten Blick erkennen kann. Ein Symbol verdeutlicht etwas Unbekanntes und fordert vom Betrachter ein gewisses Maß innerer Teilnahme.

Das Enneagramm als Symbol stellt den bildlichen Ausdruck der Idee des Kosmos wie auch der Erscheinungsformen der menschlichen Psyche dar; es ist im Grunde – wie Gurdjieff immer wieder betonte – nur emotional erfaßbar. Deswegen versuchte Gurdjieff das Enneagramm auch durch seine Movements zu vermitteln.

Das Symbol des Enneagramms war ursprünglich als eine präzise Information für Wahrheitssucher gedacht. Man kann solch ein Symbol wie das Enneagramm nur durch seine beiden höheren Zentren erfassen, deren Zugang allerdings erst ab dem siebten Enneagramm-Punkt gegeben ist. Das liegt daran, daß das Enneagramm Gesetze vermittelt, die jenseits der Welt des Intellekts, der fünf Sinne und unserer Emotionen liegen. Ich sehe das Enneagramm als eine »Landkarte« an, die uns den Weg in ein Gebiet jenseits unseres alltäglichen Bewußtseins zeigt. Gleichzeitig verdeutlicht uns das Enneagramm etwas Unbekanntes und schwer Erkennbares, nämlich die Dynamik der menschlichen Psyche, wie sie sich in neun Typen niederschlägt. Es öffnet unsere Augen für eine neue Perspektive auf die Welt und erweitert unseren Blickwinkel.

Ein Symbol dient nach Jung immer der Ganzwerdung der Person. Die Erkenntnis eines Symbols transformiert die psychische Energie des Erkennenden, wobei ihm die Augen für seine Ganzheit geöffnet werden. Das erinnert uns an ein anderes kosmisches Symbol, nämlich das Mandala, wie wir es aus dem tibetischen Buddhismus kennen. Man könnte das Enneagramm auch als ein spezielles Mandala ansehen.

---

[7] Boris Mouravieff: Gnosis. Study and Commentaries on the Esoteric Tradition of Eastern Orthodoxy, Robertsbridge 1993, Bd. 3, S. 93.

So schreibt der indische Mandala-Spezialist Madhu Khanna:

»Vor allen Dingen glaubt man von ihnen [den Mandalas], daß sie den inneren Grund der Formen und Gestaltungen sichtbar machen, mit denen das Universum angefüllt ist. Ebenso wie jegliche Materie, wie auch immer ihre äußere Struktur beschaffen sein mag, aus einer spezifischen Grundeinheit, dem Atom, zusammengefügt ist, kann jeder Aspekt der Welt in seiner strukturellen Form als Yantra [ein geometrisches Mandala] wahrgenommen werden.«[8]

Beide, Enneagramm und Mandala, sind kosmische Diagramme, die eine Meditationshilfe darstellen. Es sind Symbole, die den Meditierenden in sein Zentrum führen. Mandala und Enneagramm lenken unser Bewußtsein auf das Selbst (oder Gott), zumindest wecken sie eine Ahnung von etwas Überpersönlichem. Dieses Überpersönliche, auf das letztlich jedes Symbol verweist, ist für dessen nie vollständig erfaßbaren Charakter verantwortlich. So können wir mit Goethe sagen:

»Das Wahre, mit dem Göttlichen identisch, läßt sich niemals von uns direkt erkennen, wir schauen es nur im Symbol.«

Wahrheitssucher benötigen immer ein Symbol, weil die Wahrheit selbst nicht sichtbar ist. Deswegen heißt für die afrikanischen Araber Mandala »Brille« oder »Erweiterung«: Das Mandala wie das Enneagramm stellen eine Sehhilfe dar, um tiefer und weiter das zu sehen, was die Welt im Innersten zusammenhält. Wie das Enneagramm spiegelt das Mandala den menschlichen Geist in seiner Ganzheit und in seiner Funktionsweise wider. Beide Symbole enthüllen kosmische Wahrheiten, und man kann sie als Schaubilder ansehen, die die spirituellen Aspekte der göttlichen Wahrheit verdeutlichen. So verwundert es nicht, daß in Gurdjieffs Buch »Begegnungen mit bemerkenswerten Menschen« eine Gruppe von Menschen, die sich Wahrheitssucher nennt, das Symbol des Enneagramms aufspürt.

Übung:

Wenn wir in der Meditation mit unseren Gefühlen und Gedankenformen arbeiten, dann besteht der erste Schritt zu einem höheren Bewußtsein darin, daß wir unsere inneren Bilder so objektiv wie möglich betrachten. Bei dieser Betrachtung ist es wesentlich, daß wir uns nicht mit diesen Bildern, Gefühlen und Gedanken identifizieren. Diese Distanz gewinnen wir in einem zweiten Schritt, indem wir aus unseren inneren Bildern geometrische Formen entstehen lassen. Diese Formen stellen Mandalas dar; das bedeutet, daß jedes innere Bild in ein bestimmtes Mandala umgewandelt werden kann und dann als Mandala eine ästhetische Form bildet. Ich bin der Ansicht, daß diese innere Ästhetik eine höhere Form der Liebe darstellt.

Übung:

Ich würde Ihnen raten, bei Ihren Meditationen mit dem Enneagramm zu meditieren, indem Sie Ihre inneren Bilder zum Enneagramm verdichten. Sie werden bemerken, daß Ihnen diese Übung hilft, sich von Ihren Gefühlen zu distanzieren, ohne diese zu verdrängen. Das ist mit der »Transformation der Gefühle« gemeint, von der die tibetischen Buddhisten wie auch die Lehrer der Schulen des Vierten Weges häufig sprechen.

Wenn Sie das Mandala des Enneagramms deutlich vor Ihrem inneren Auge sehen, dann konzentrieren Sie sich derart auf dieses Bild, daß Sie allen anderen Gedanken, Bildern und Gefühlen ihre Energie entziehen. Dabei werden Sie eine tiefe Ruhe bemerken, die mit einer hohen, entspannten Aufmerksamkeit gekoppelt ist.

Im nächsten Schritt versuchen Sie dieses visualisierte Enneagramm langsam zu drehen, denn kein Mandala ist starr, jedes Man-

---

[8] Madhu Khanna: Das große Yantra-Buch. Das Tantra – Symbol der kosmischen Einheit, Freiburg 1980, S. 11.

dala ist in beständiger Bewegung. Nur was sich bewegt und permanent verändert, drückt Leben aus.

Sie können das Enneagramm sich immer schneller drehen lassen und es dabei zugleich beständig kleiner werden lassen, bis seine Essenz auf einen kleinen Punkt vor Ihrem inneren Auge konzentriert ist. Halten Sie diesen Punkt für fünf Atemzüge und kehren Sie dann langsam in Ihr Alltagsleben zurück.

Kommentar:
Diese Meditationsübung ist nicht so einfach und sollte immer wieder geübt werden. Sie werden jedoch bemerken, daß Ihnen die Visualisierung und Bewegung des Enneagramms immer leichter fallen wird und daß Sie zugleich während dieser Meditation immer weniger »wegschwimmen« und abgelenkt sein werden.

Um diese Meditationsübung so durchzuführen, wie ich sie hier beschrieben habe, bedarf es mindestens eines halben Jahres regelmäßiger Übung. Bedenken Sie immer, daß es nicht darauf ankommt, diese Übung sofort zu beherrschen, sondern daß das Erlernen dieser Übung Ihnen Wesentliches über das Enneagramm und dessen persönlichen Gebrauch vermittelt.

Sie konnten bei dieser Meditation bemerken:

- Das Enneagramm ist etwas Lebendiges, das immer in Bewegung ist.
- Es ist ein Energietransformator, der nur emotional erfaßt werden kann.
- Das Verständnis des Enneagramms verändert uns so, daß wir unsere Energien für höhere Zwecke einsetzen können.

Das Enneagramm symbolisiert zumindest:

- allgemeine kosmische und psychologische Gesetze,
- einen persönlichen Entwicklungsweg und ein Modell, das Prozeßabläufe erklärt,
- ein System individueller Reaktionstendenzen und Sichtweisen.

Da es unter anderem die Sicht vom Menschen in neun Typen organisiert, wäre zu fragen, ob es sich hierbei um neun archetypische Bilder handelt: Im Sinne von Grundmustern unserer Wahrnehmung könnte man dem zustimmen. Das Enneagramm symbolisiert neun Grundmuster, unter denen wir unsere innere und äußere Wirklichkeit wahrnehmen, und zugleich verweist es auf etwas Höheres – einen kosmischen Bezug. Da die Wirklichkeit aber komplexer als das Enneagramm ist, müssen wir bei dessen Anwendung einseitiges Denken in festen Kategorien vermeiden.

Ein Grundgesetz bei der Anwendung des Enneagramms als Typenlehre sollte deswegen lauten: Das Enneagramm ist immer zuerst auf sich selbst anzuwenden, damit man sich seiner eigenen Projektionen bewußt wird, ehe man es auf andere anwendet. Sonst benutzen wir das Enneagramm nicht mehr als Symbol, das unsere Sicht erweitert, sondern als ein unsere Sicht einschränkendes Projektionsinstrument.

Was man mit dem Enneagramm verstehen kann

Wachstumsprozesse

Wenn wir über das Enneagramm sprechen, dann denken wir zuerst an die Typenlehre; doch auch der eigene innere Wachstumsprozeß läßt sich in seiner Gesetzmäßigkeit über das Enneagramm verstehen. Die Arbeit mit dem Enneagramm ist ein Weg, Prozesse in einem neuen Zusammenhang zu sehen. Der eigene Wachstumsprozeß kann so jenseits der automatisierten Betrachtungsweise wahrgenommen werden.

Man merkt, daß etwas im eigenen Leben falsch läuft, man fühlt sich unglücklich, gerät dann an einen Lehrer, beginnt mit Bewußtseinsübungen zu arbeiten und kommt so durch den Sieg über innere Widerstände seinem Ziel näher, nämlich derjenige zu sein, der man wirklich ist. Diesen Prozeß kann man über das Enneagramm nicht nur in seinem gesetzmäßigen Ablauf verstehen, sondern das Enneagramm zeigt einem auch, was an einem bestimmten Punkt in der persönlichen Entwicklung als nächster Schritt anliegt. Bei dieser Anwendung des Enneagramms geht man gemäß der Tradition Gurdjieffs davon aus, daß man letztlich die Probleme aller Enneagramm-Typen in sich vereinigt und die positiven Möglichkeiten aller dieser Typen als entwickelter Mensch ausleben kann.

An Enneagramm-Punkt 1 bemerkt man seine Unzufriedenheit und daß man unglücklich wird, wenn man gegen sein wahres Ich lebt. Dies ist allerdings nur verschwommen als unklares Gefühl vorhanden. Da Punkt 1 mit Punkt 7 und Punkt 4 verbunden ist, bekommt man eine Ahnung über sein Ziel (Punkt 7), und man vermutet, daß man sich emotional verändern muß (Punkt 4).

An Enneagramm-Punkt 2 sammelt man alle möglichen Informationen darüber, was man alles unternehmen kann, um sich zu verändern; das Ziel wird dadurch klarer (Punkt 8), und wie am Punkt 1 fürchtet man die anstehenden emotionalen Veränderungen (Punkt 4).

An Enneagramm-Punkt 3 muß eine neue Qualität ins Spiel kommen, die von außen auf uns wirkt und uns hilft, wirklich den Weg der Veränderung zu unserem wahren Selbst hin auf uns zu nehmen. Das kann von Fall zu Fall ein Lehrer, ein Buch oder ein Psychotherapeut sein. In der Gurdjieff-Tradition beginnt man hier mit den Bewußtseinsübungen zu arbeiten.

An Enneagramm-Punkt 4 begibt sich der Suchende in das Feld der Emotionen, zu dem auch Enneagramm-Punkt 5 gehört. Hier leidet er unter der Starrheit seiner Emotionen und flieht oft zurück in die Vergangenheit (Punkte 1 und 2). Sein Ziel verliert er hier häufig unter dem emotionalen Druck aus dem Blickfeld. Die Bewußtseinsübungen helfen ihm, weiter im Wachstumsprozeß zu bleiben.

An Enneagramm-Punkt 5 beginnt der Suchende zumindest ab und zu seine Emotionen zu verstehen, sie wahrzunehmen, identifiziert sich aber nicht mit ihnen. Dadurch sieht er sein Ziel (Punkte 7 und 8) sehr klar und greifbar nah.

An Enneagramm-Punkt 6 muß wieder ein mächtiger Impuls von außen auf uns wirken, da wir sonst daran verzagen, daß, obwohl wir Fortschritte gemacht haben, unser Ziel unerreichbar scheint. Auch hier handelt es sich wieder um einen Lehrer, der eine Person, eine äußere Situation oder ein Freund sein kann und der uns hilft, mit Geduld und Willen weiterzumachen.

An Enneagramm-Punkt 7 haben wir endlich zumindest die untere Stufe unseres Zieles erreicht.

An Enneagramm-Punkt 8 sind wir in der Lage, uns völlig unserem Ziel hinzugeben und uns selbst zu verwirklichen, um dann an Enneagramm-Punkt 9 wieder auf einer höheren Stufe in den Prozeß von vorne einzutreten.

Das mag als Überblick erst einmal genügen. Im Kapitel über die einzelnen Punkte des Enneagramms können Sie ausführlicher die verschiedenen Stufen dieses Entwicklungsprozesses nachlesen.

Der Nutzen dieser Enneagramm-Betrachtung

Bei dieser Betrachtung des Enneagramms erkennt man die Gesetzmäßigkeit eines persönlichen Entwicklungswegs.

Man kann durch diese Erkenntnis schwere Zeiten, wie sie die Enneagramm-Punkte 4 und 5 charakterisieren, besser durchstehen.

Man sieht die Notwendigkeit äußerer Hilfe (Enneagramm-Punkte 3 und 6) ein.

Man ist sich der Gefahr bewußt, sich unfruchtbar im Kreis zu drehen, wenn man sich bei Enneagramm-Punkt 4 wieder auf die alten Verhaltensweisen der Punkte 1 und 2 zurückbegibt.

Prozesse in ihrem gesetzmäßigen Ablauf

Man kann nicht nur psychologische Prozesse, sondern auch ökonomische, gesellschaftliche, kurzum alle Prozesse, die auf menschlicher Handlung beruhen, unter dem Aspekt des Enneagramms betrachten. Der Impuls hierzu ging besonders von dem Gurdjieff-Schüler John Godolphin Bennett aus, dessen Schüler das Enneagramm teilweise in ein Manager-Schulungskonzept mit einfließen ließen.

Die Enneagramm-Punkte 1 und 2 beschreiben hierbei die materiellen Grundlagen des Prozesses, wobei der erste Enneagramm-Punkt die Grundvoraussetzungen für den entsprechenden Prozeß betrachtet, der zweite Enneagramm-Punkt die sich aus diesen Grundvoraussetzungen ergebenden Konsequenzen. Auf der ökonomischen Ebene sind das die Produktionsmittel.

Enneagramm-Punkt 3 führt eine neue Ebene ein, nämlich die Idee, wohin der Prozeß gelenkt werden soll. Im ökonomischen Bereich handelt es sich zum Beispiel um die Produktionsidee.

Die Enneagramm-Punkte 4 und 5 beschäftigen sich mit dem umzuwandelnden Material. Mühevolle Arbeit ist meist an Punkt 4 angesagt, an Punkt 5 muß das Erreichte auf das Ziel hin organisiert werden.

Abermals begeben wir uns auf eine neue Ebene mit Enneagramm-Punkt 6, wo die Außenwelt als Markt und so auch der Konsument ins Spiel kommt.

Die Enneagramm-Punkte 7 und 8 zeigen das Ergebnis der Arbeit oder das Ziel des Prozesses, das man an Punkt 7 der Außenwelt präsentiert. An Punkt 8 wird das Endprodukt der Arbeit vom Konsument gekauft, um dann an Punkt 9 aus den jetzt vorliegenden Erfahrungen eventuell eine neue, verbesserte Produktionsserie zu starten.

An welchem Enneagramm-Punkt befindet sich der Prozeß?

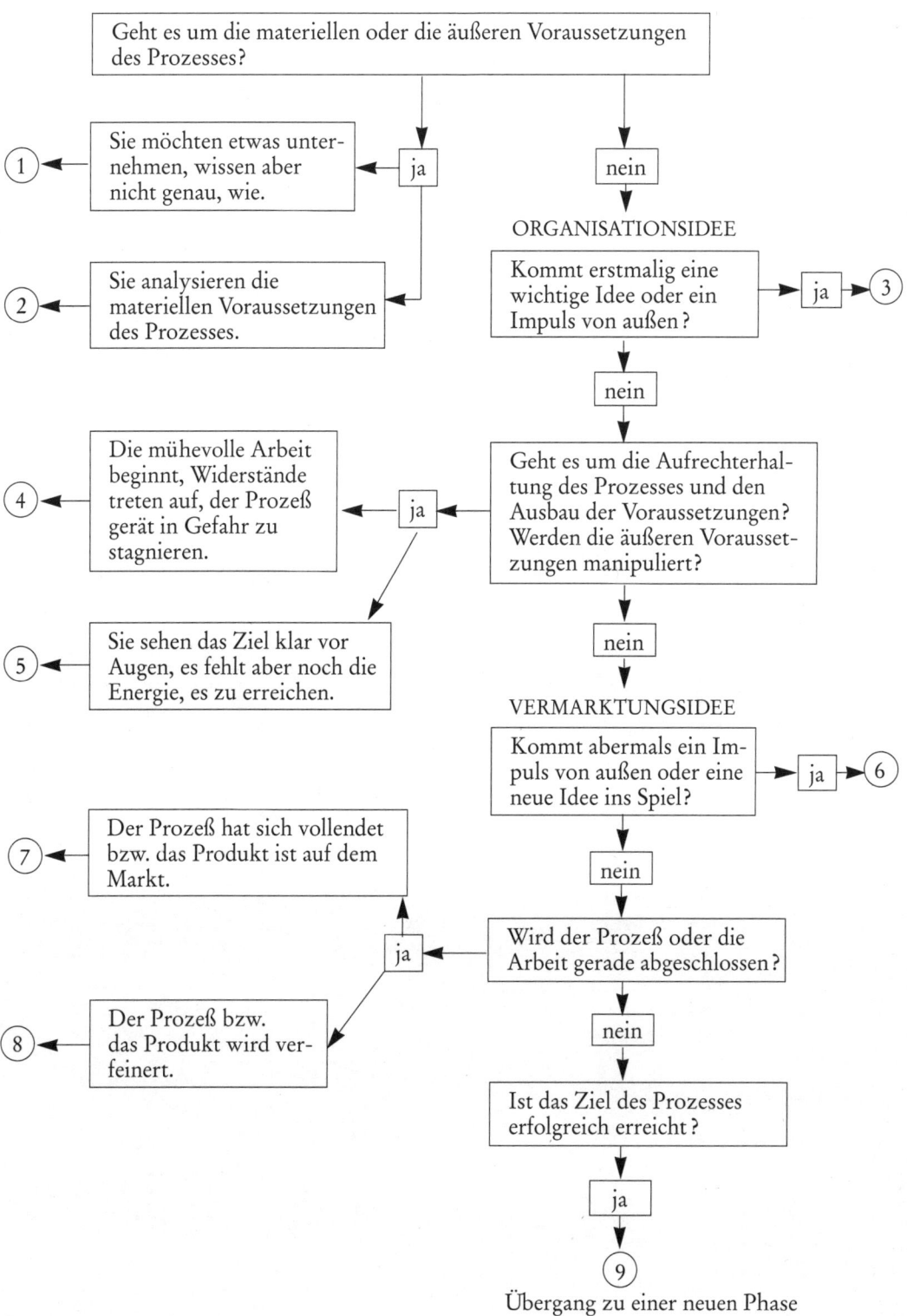

Das Enneagramm als Hilfsmittel zum Verständnis persönlicher Prozesse

Welchem Enneagramm-Punkt entspricht mein Entwicklungsstand?

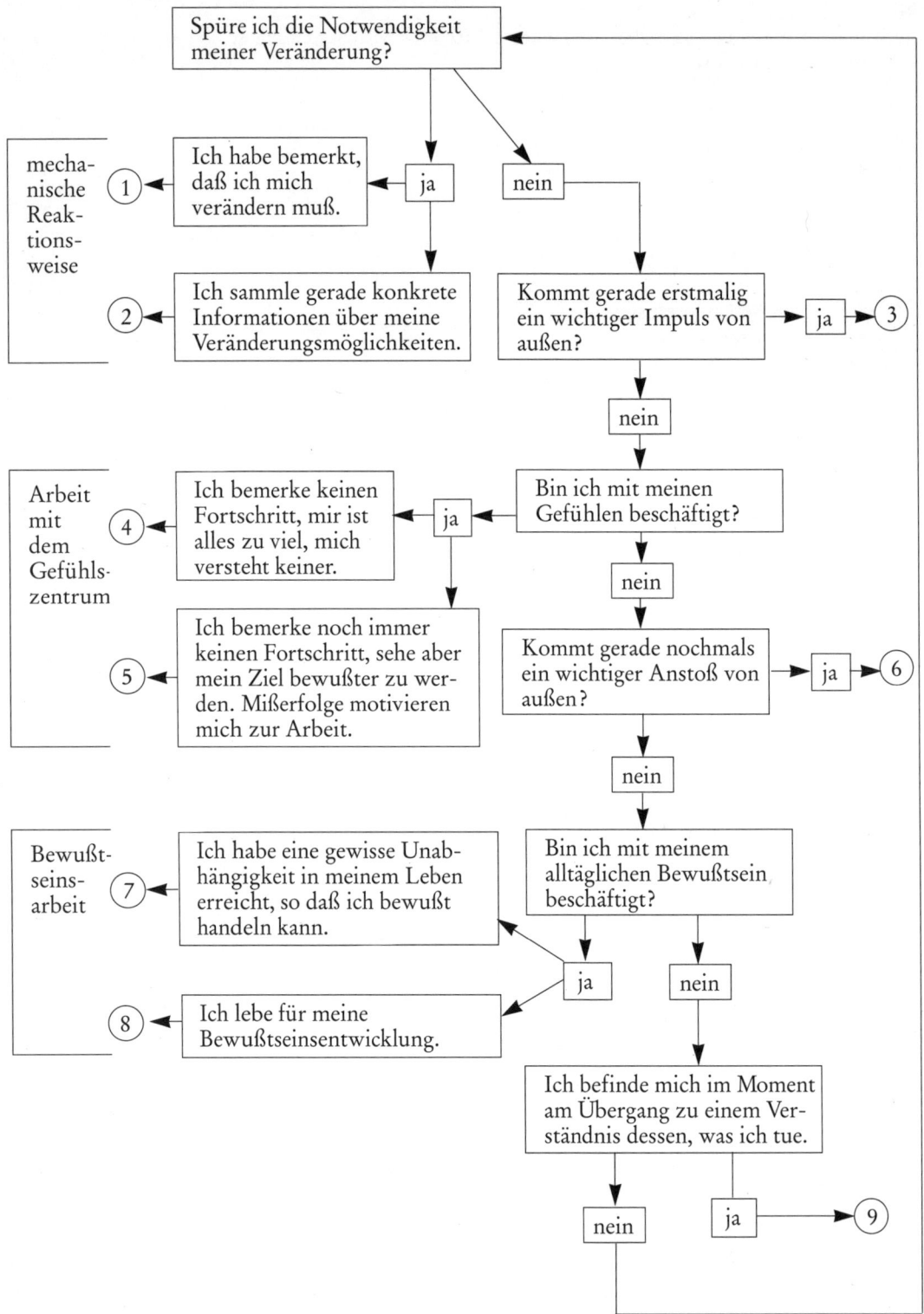

> **Der Nutzen dieser Enneagramm-Betrachtung**
>
> – Sie zeigt
>   den gesetzmäßigen Ablauf eines Prozesses (Punkte 1 bis 9),
>   was diesen Prozeß aufrechterhält (Punkte 3 und 6) und
>   wo mit Schwierigkeiten zu rechnen ist (Punkte 4 und teilweise 5).
>   Daraus ergeben sich klare Handlungsanweisungen, wie man mit einem bestimmten Prozeß umgehen sollte.
> – Sie zeigt durch die vorgegebenen Blickrichtungen des Enneagramms, welche Aspekte auf welcher Stufe eines Prozesses zu betrachten sind, wie die verschiedenen Stufen des Prozesses zusammenhängen und was in welcher Reihenfolge zu bedenken ist.
> – Sie zeigt, wo wir in einem Prozeß neue Impulse brauchen (Punkte 3 und 6), die durch einen Wechsel der Betrachtungsebene gegeben sind.

Grundsätzlich kann man sagen, daß das Enneagramm in dieser Anwendung dabei hilft:

– eine günstige Gelegenheit als solche zu erkennen,
– diese Gelegenheit in ihrer Komplexität zu erfassen,
– vorauszusagen, welches Ergebnis dabei herauskommt, wenn ich diesen oder jenen Weg wähle,
– einen realistischen Plan zu erstellen.

Um sich im Umgang mit dem Enneagramm zu schulen, hilft es, konkrete Probleme aus dem Alltagsleben immer wieder mit Hilfe des Enneagramms zu analysieren. Versuchen Sie mit dem Enneagramm zu verstehen, wo Sie jetzt stehen und wie Sie dorthin gekommen sind. Ferner können Sie an diesem Enneagramm sehen, wie Ihr weiterer Lebensweg sinnvoll aussehen könnte.

Sie können anstehende Aufgaben mit dem Enneagramm besser verstehen. Zur Verdeutlichung seien hier zwei Beispiele angeführt.

Eine Klientin von mir versuchte die Trennung von Ihrem Mann über das Enneagramm wie folgt zu verstehen:

– Enneagramm-Punkt 1: Eine vage Unzufriedenheit mit der Beziehung tritt auf, die Sie Ihre Situation genauer betrachten läßt.
– Enneagramm-Punkt 2: Die Unzufriedenheit wird in ihren Auswirkungen und teilweise auch in ihren Ursachen deutlicher erkannt.
– Enneagramm-Punkt 3: die Klientin stößt auf ein Buch, das sie zu einem Therapeuten gehen läßt – das ist der Außenimpuls am ersten Schockpunkt.
– Enneagramm-Punkt 4: Auf der einen Seite wird jetzt erst das volle Ausmaß der emotionalen Misere klar, auf der anderen Seite entstehen Zweifel, ob sie sich trennen oder sich doch noch mehr für die Rettung der Beziehung einsetzen sollte.
– Enneagramm-Punkt 5: Es wird ihr klar, daß die Trennung notwendig ist, aber es fehlen ihr noch der letzte Anstoß und konkrete Schritte in Richtung auf die Trennung.
– Enneagramm-Punkt 6: Die Klientin findet eine neue Wohnung und eine Arbeit. Das ist der zweite Außenimpuls, der sie dem Ziel näher bringt.
– Enneagramm-Punkt 7: Die Klientin läßt sich scheiden.
– Enneagramm-Punkt 8: Sie löst sich emotional von ihrem früheren Mann und wendet sich neuen Männern zu.
– Enneagramm-Punkt 9: Sie beginnt ein neues Leben, das wieder unter dem Aspekt des Enneagramms gesehen werden kann.

Wenn Sie hierbei jeden der einzelnen Enneagramm-Punkte mit seinen Perspektiven betrachten, dann können Sie leicht den Nutzen der Enneagramm-Arbeit sehen. Die Perspektiven werden im Enneagramm durch die beiden von einem Enneagramm-Punkt ausgehenden Linien verdeutlicht. So kann man zum Beispiel am ersten Enneagramm-Punkt das vorläufige Ziel – die Scheidung – an

Beispiel: Enneagramm der Scheidung

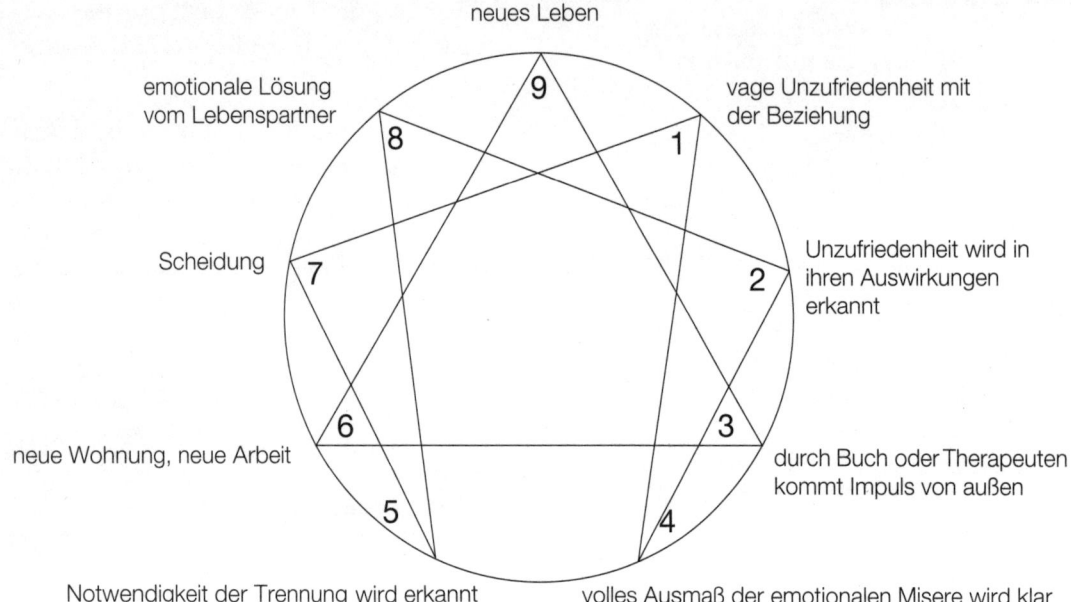

Das Enneagramm der Scheidung

Enneagramm-Punkt 7 sehen, und zugleich kommen Zweifel auf, die den von Emotionen geprägten Enneagramm-Punkt 4 charakterisieren. Am zweiten Enneagramm-Punkt versteht man, daß es letztlich um die emotionale Ablösung vom Partner geht (Enneagramm-Punkt 8) und immer noch sind zugleich gewisse Zweifel vorhanden (Enneagramm-Punkt 4). Am vierten Enneagramm-Punkt muß man darauf achten, daß einen die Zweifel nicht wieder in die alte Situation zurückfallen lassen (Enneagramm-Punkte 1 und 2), und an Enneagramm-Punkt 5 hat man sein Ziel klar vor Augen (Enneagramm-Punkte 7 und 8), allein es fehlt noch der letzte Anstoß, den dann der sechste Enneagramm-Punkt bringt. Der siebte und der achte Enneagramm-Punkt lassen einen auf der einen Seite in die Zukunft blicken, indem sie auf Enneagramm-Punkt 1 beziehungsweise 2 verweisen, die dem neuen Prozeß angehören. Auf der anderen Seite weisen sie auf den fünften Enneagramm-Punkt, der die emotionale Klarheit brachte, was zu tun ist.

Nach dieser Methode kann man alle möglichen Alltagsprobleme behandeln.

Ein weiteres, kurz angedeutetes Beispiel mag genügen: Ich möchte mein Haus umbauen.
- Enneagramm-Punkt 1: Ich bin unzufrieden mit dem Platz in meinem Haus.
- Enneagramm-Punkt 2: Mir wird klar, daß Platzreserven vorhanden sind.
- Enneagramm-Punkt 3: Ich sehe den Umbau des Hauses eines Architekten, das mir sehr gut gefällt.
- Enneagramm-Punkt 4: Ich bekomme Zweifel, ob ich mir den Umbau leisten kann, und möchte dennoch gern ein gemütliches Heim schaffen.
- Enneagramm-Punkt 5: Ich überlege mir die mögliche Finanzierung und berate mich mit dem Architekten.
- Enneagramm-Punkt 6: Der Architekt bringt seine Pläne, die mich begeistern.
- Enneagramm-Punkt 7: Die Finanzierung ist sichergestellt, ich bekomme durch den Umbau den Raum, den ich erhoffte.
- Enneagramm-Punkt 8: Der Umbau findet konkret statt.
- Enneagramm-Punkt 9: Ich lebe in dem umgebauten Haus.

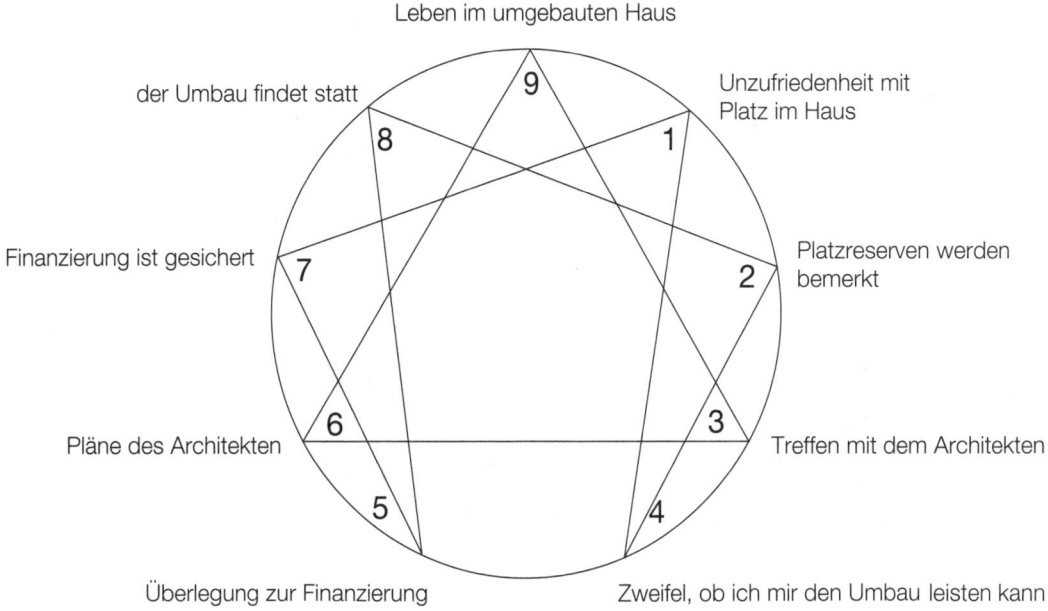

Das Enneagramm zum Hausumbau

Sie können sich die Beziehungen der einzelnen Punkte untereinander selbst anschauen. Ich denke mir, daß diese beiden Beispiele genügen, um zu zeigen, wie man für seine eigenen Probleme das Enneagramm kreativ anwenden kann.[9]

Die Ordnung der menschlichen Energiezentren (Chakras)

Definition Chakra:
Ein Chakra [Sanskrit: Kreis] ist die Bezeichnung für Energiezentren des menschlichen Körpers (und teilweise auch der Erde). Die sieben Chakras des menschlichen Körpers nehmen Energie auf, sammeln und transformieren sie. Die Chakras bezeichnen Punkte, an denen Seelisches und Körperliches ineinander übergehen und sich durchdringen.

Es werden sieben Haupt-Chakras unterschieden:

– das Wurzel- oder Muladhara-Chakra an der untersten Stelle der Wirbelsäule,
– das Sakral- oder Svadisthana-Chakra an den Genitalien,
– das Solar-Plexus- oder Manipura-Chakra [»Hara« in Japan genannt] in der Nabelgegend,
– das Herz- oder Anahata-Chakra in der Herzgegend,
– das Kehl- oder Vishuddha-Chakra in der Halsgegend,
– das Dritte Auge oder Ajna-Chakra zwischen den beiden Augenbrauen,
– das Scheitel- oder Sahasrara-Chakra, das teilweise am und teilweise über dem Scheitelpunkt des Kopfes angenommen wird.[10]

Der innere Raum des Enneagramms ergibt ein unregelmäßiges Siebeneck, an dem die sieben Chakras angeordnet werden können.

---

[9] Weitere, sehr ausführlich beschriebene Beispiele finden Sie in: Klausbernd Vollmar: Das Enneagramm, S. 24–53.
[10] Vgl. hierzu genauer: Klausbernd Vollmar: Fahrplan durch die Chakren. Ein Übungsbuch zur Aktivierung der Energiezentren, Reinbek [4]1991; Klausbernd Vollmar: Chakren. Lebenskraft und Lebensfreude aus der eigenen Mitte, München [4]1993; Klausbernd Vollmar: Chakren-Arbeit, München 1994.

Enneagramm und Chakras

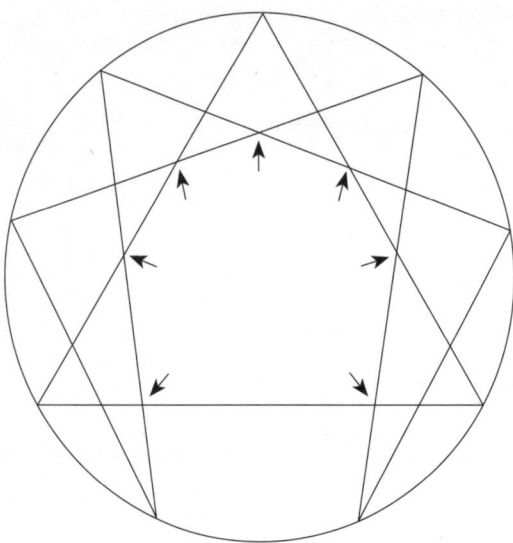

Das Siebeneck im Enneagramm

Das Basis-Chakra wird dem Enneagramm-Punkt 1 zugeordnet, das Sakral-Chakra Enneagramm-Punkt 2, das Kehl-Chakra Enneagramm-Punkt 7, das Dritte Auge Enneagramm-Punkt 8, das Kronen-Chakra Enneagramm-Punkt 9.

Diese Zuordnung ist leicht nachvollziehbar, da die einzelnen Chakras den entsprechenden Enneagramm-Punkten gegenüberliegen. Die beiden Schwerpunkte des Körpers, das Solar-Plexus-Chakra (Nabel-Chakra) und das Herz-Chakra, werden den Enneagramm-Punkten 3/4 und 5/6 zugeordnet.

Interessanterweise zeigen uns die Verbindungslinien des Enneagramms die Wege, wie die Energieströme im menschlichen Körper verlaufen – das heißt, wie die einzelnen Chakras miteinander verbunden sind. Daraus kann man in der Therapie Anweisungen ableiten, wie man vorgehen sollte, wenn ein Chakra blockiert ist. Eine solche Blockade erzeugt ein Energieungleichgewicht in den entsprechenden, mit ihm verbundenen Chakras.

Für Gurdjieff besitzt der menschliche Körper zunächst einmal drei Energiezentren:

1. das Zentrum des Bauches, das dort liegt, wo das Nabel- oder Manipura-Chakra angenommen wird,
2. das Herzzentrum, das dort liegt, wo das Herz- oder Anahata-Chakra angenommen wird,
3. das Kopf-Zentrum, das dort liegt, wo das Dritte Auge oder das Ajna-Chakra angenommen wird.

Dieser Aufteilung der menschlichen Energiezentren zufolge ergibt sich folgende Aufteilung des Enneagramms:

Enneagramm-Punkte 1 und 2 – Bauchzentrum:

das Zentrum, das am schnellsten reagiert, das auch »Bewegungszentrum« genannt wird und das der materiellen Struktur unseres Körpers entspricht. Es ist das sogenannte Instinktzentrum, das spontan auf Außenreize reagiert.

Enneagramm-Punkte 4 und 5 – Herzzentrum:

das Zentrum, das unsere Gefühle reguliert und deswegen oft als »Gefühlszentrum« bezeichnet wird. Dieses Zentrum reguliert bewußt oder unbewußt unsere Beziehungen.

Enneagramm-Punkte 7 und 8 – Kopfzentrum:

das Zentrum, das am langsamsten reagiert und sowohl mit Intellektualität als auch mit Bewußtsein verbunden wird. Das Denken hängt nach Gurdjieff eng mit dem Handeln zusammen, da Handeln bewußter Planung bedarf.

Jedes dieser drei Zentren ist nach Gurdjieff mit allen anderen Zentren verbunden und kann auch die Funktion der anderen beiden Zentren übernehmen. Wenn jedoch beispielsweise das intellektuelle Zentrum die Funktion des Gefühlszentrums übernimmt, führt das unweigerlich zu einer unangemessenen Lebensführung.

Der Nutzen dieser Enneagramm-Betrachtung
Verdeutlichung der Energieströme in den Chakras
Praktische Therapieanweisung zur Harmonisierung der Chakras

Ordnung der Farben

Auch die Farben ordnen sich nach ungemischten (Primär-) und gemischten Farben (Sekundärfarben) im Enneagramm an.

Am Beispiel der Farben zeigt sich besonders deutlich die dynamische Struktur des Enneagramms. Es sind nämlich zwei sinnvolle Zuordnungen möglich:

1. Die Anordnung der Grundfarben an den Dreieckspunkten im Enneagramm:

   Blau: an Enneagramm-Punkt 3,
   Gelb: an Enneagramm-Punkt 6,
   Rot: an Enneagramm-Punkt 9,
   Grün: an den Enneagramm-Punkten 4/5,
   Orange: an den Enneagramm-Punkten 7/8,
   Violett: an den Enneagramm-Punkten 1/2.

Hierbei stehen die kalten Farben auf der rechten, die warmen auf der linken Seite, und Rot als gesteigerte Farbe[11] nach Goethe steht an der Spitze des Enneagramms. Die Polarität der Farben zwischen Licht und Finsternis wird durch die Achse Enneagramm-Punkt 3 (Blau, farblicher Stellvertreter der Finsternis) und 6 (Gelb, farblicher Stellvertreter des Lichts) symbolisiert.

2. Die Ordnung der Farben nach den Perspektiven im Enneagramm:

   Rot: Enneagramm-Punkt 1 und 9,
   Violett: Enneagramm-Punkt 2,
   Blau: Enneagramm-Punkt 3 und 4,
   Grün: Enneagramm-Punkt 5,
   Gelb: Enneagramm-Punkt 7,
   Orange: Enneagramm-Punkt 7 und 8.

Der Enneagramm-Punkt 1 verbindet hier alle Primärfarben, der Enneagramm-Punkt 8 alle Sekundärfarben, von den Enneagramm-Punkten 2 und 7 ergeben sich die Komplementärfarben-Paare Blau-Orange, Grün-Rot.

Der Nutzen dieser Enneagramm-Betrachtung

Die Ordnungsprinzipien und die Gesetzmäßigkeiten der sechs Farben werden auf vielfältige Weise anschaulich im Enneagramm abgebildet:

Die Ordnung der
1. Primär- und Sekundärfarben
2. kalten und warmen Farben
3. Farben des Lichtes und der Finsternis
4. Komplementärfarben

Kosmologische Zusammenhänge

Astronomie[12]

Es ordnen sich die Planeten nach ihren Bewegungsgesetzen und nach der Entfernung ihrer Umlaufbahnen von der Sonne auf natürliche Weise im Enneagramm an:

– Merkur als der sonnennächste und schnellste Planet an Enneagramm-Punkt 1 (Oktave Uranus auf Punkt 7),
– Venus als der auf Merkur folgende Planet an Enneagramm-Punkt 2 (Oktave Neptun auf Punkt 8). Sie weist wie Merkur einen periodischen Wechsel als Morgen- und Abendstern auf.
– Erde und Mond als »Herz des Weltraums« (Gurdjieff) an Enneagramm-Punkt 3. Nach Gurdjieff betreten wir mit dem dritten Enneagramm-Punkt den Bereich des Gefühls. Es ist wohl kein Zufall, daß es einen sprunghaften Anstieg der psychologischen Literatur gab, als am Ende der sechziger Jahre der erste Mensch den Mond betrat.

Nun folgen die Planeten, die durch eine bestimmte Periodik ihrer Sichtbarkeit gekennzeichnet sind:

– Mars mit seiner komplexen Bahn an Enneagramm-Punkt 4, der den Gefühlen entspricht,

---

[11] Nach der Farbenlehre Goethes stellt Rot die Steigerung der kalten Farben über Blau und Violett zum Rot hin dar und ebenfalls die Steigerung der warmen Farben über Gelb und Orange ebenfalls zum Rot hin.

[12] Wer sich im Detail hierüber informieren möchte, dem sei Klausbernd Vollmar: Das Enneagramm, S. 195–238 empfohlen.

- der Asteroiden-Gürtel an der Lücke beziehungsweise unteren Mitte des Enneagramms (sogenannter Punkt 4,5),
- Jupiter in der Mitte zwischen Sonnen- und Plutobahn an Enneagramm-Punkt 5,
- Saturn als letzter mit dem bloßen Auge zu sehender Planet an Enneagramm-Punkt 6.

Es folgen nun im letzten Drittel die transsaturnischen Planeten:

- Uranus an Enneagramm-Punkt 7,
- Neptun an Enneagramm-Punkt 8,
- Pluto an Enneagramm-Punkt 9.

Als am Ende des 18. Jahrhunderts der Uranus entdeckt wurde, stand diese Zeit im Zeichen der Erklärung der Menschenrechte (1776 in den Vereinigten Staaten, 1789 in Frankreich), die das Recht des Individuums betonten, gleichzeitig löste Franz Anton Mesmer (1734-1815), einer der Vorväter Sigmund Freuds, eine Massenbewegung aus, die sich auf die Psyche des Individuums konzentrierte. Mit dem Uranus an Enneagramm-Punkt 7 wird also das Individuum geboren: Das stimmt genau mit Gurdjieffs Auffassung des Enneagramms überein, daß nämlich an Enneagramm-Punkt 7 der Mensch zum ersten Mal als ein selbstverantwortliches Individuum mit einem freien Willen angesehen werden kann.

Enneagramm und Astronomie
Ordnung der Planeten nach der Entfernung ihrer Bahnen von der Sonne (Enneagramm-Punkte 1 bis 9)
Der Wechsel von Morgen- und Abendstern (Enneagramm-Punkte 1 und 2)
Planeten vergleichbarer Sichtbarkeitsschwankung (Enneagramm-Punkte 4 und 5)
Alle transsaturnischen, also nicht ohne technische Hilfsmittel sichtbaren Planeten im letzten Drittel des Enneagramms

Astrologie

In der Astrologie wird die menschliche Psyche auf den Himmel projiziert; schon allein von daher läßt sich das Enneagramm als Schlüssel zur menschlichen Psyche auf die Astrologie beziehen.

Die Ordnung der Planeten

1. Persönliche Planeten:
   Merkur besetzt Enneagramm-Punkt 1,
   Venus steht an Enneagramm-Punkt 2,
   Erde und Mond befinden sich am »Schockpunkt«, Enneagramm-Punkt 3,
   Mars an Enneagramm-Punkt 4,
   Jupiter an Enneagramm-Punkt 5.
   Saturn als »Hüter der Schwelle« am Übergang zum Unsichtbaren steht am zweiten Schockpunkt, Enneagramm-Punkt 6.
2. Überpersönliche Planeten:
   Es folgen nun im letzten Drittel des Enneagramms die transsaturnischen Planeten:
   Uranus an Enneagramm-Punkt 7 (Oktave von Punkt 1, Merkur),
   Neptun an Enneagramm-Punkt 8 (Oktave von Punkt 2, Venus),
   Pluto an Enneagramm-Punkt 9 (Oktave von Punkt 4, Mars).

Ordnung der Sternzeichen

Auch die Ordnung der Sternzeichen bildet sich im Enneagramm ab:

Stier   an Enneagramm-Punkt 1,
Krebs   an Enneagramm-Punkt 2,
Löwe   an Enneagramm-Punkt 3,
Jungfrau   an Enneagramm-Punkt 4,
Skorpion   an Enneagramm-Punkt 5,
Schütze   an Enneagramm-Punkt 6,
Steinbock an Enneagramm-Punkt 7,
Fische   an Enneagramm-Punkt 8,
Widder   an Enneagramm-Punkt 9
           (der auch als Anfang des Enneagramms, als Enneagramm-Punkt 0 angesehen werden kann).

Bei dieser Zuordnung stehen die drei Feuerzeichen Widder, Löwe und Schütze an den Ecken des sogenannten göttlichen Dreiecks des Enneagramms. Stehen wir an Enneagramm-Punkt 1, so sehen wir alle drei Erdzeichen, von Enneagramm-Punkt 8 aus überblicken wir alle Feuerzeichen. Den drei Luftzeichen Zwillinge, Waage und Wassermann entspricht kein Enneagramm-Punkt. Das liegt zum einen daran, daß ein Neunersystem nicht bruchlos ein Zwölfersystem abbilden kann, zum anderen könnte man auch argumentieren, daß in unserer Gesellschaft die das Intellektuelle symbolisierende Luftenergie so überbetont wird, daß sie nicht auch noch im Enneagramm hervorgehoben werden muß.

Der Nutzen dieser Enneagramm-Betrachtung
Sie zeigt das Gesetz der Oktaven Merkur (1)/Uranus (7), Venus (2)/Neptun (8) und Mars (4)/Pluto (9)
Die Einteilung der Planeten in persönliche und überpersönliche: Die persönlichen Planeten befinden sich alle in den ersten beiden Tertialen des Enneagramms, die überpersönlichen im dritten Tertial
Erde/Mond als »das Herz unseres Sonnensystems«, Saturn als »Hüter der Schwelle« und Pluto als »Stellvertreter der Sonne« stehen an den wesentlichen Punkten (Schockpunkten) des Enneagramms
Die Zeichen des Zodiaks werden nach den Elementen geordnet: Feuerzeichen auf dem Dreieck (3, 6, 9), Erdzeichen werden von Punkt 1 aus gesehen (1, 4, 7) und die Wasserzeichen werden von Punkt 8 aus gesehen (8, 2, 5). Die Luftzeichen sind im Enneagramm nicht vertreten.

Wie findet man seinen Enneagramm-Typ?

Zunächst ist zu betonen, daß man grundsätzlich alle Enneagramm-Typen in sich vereinigt. Deswegen geht es mir wie anderen bei den vielen unterschiedlichen Enneagramm-Tests[13] meistens so, daß ich zwei oder gar drei Typen entspreche. Besonders in unterschiedlichen Situationen können wir uns in unterschiedlichen Typen erkennen.

Allerdings pflegen wir alle, bedingt durch unsere psychische Eingeschränktheit und besonders in Gefahr und Not, ganz mechanisch die Reaktionsweisen eines Typen oder einer Typenkombination zu zeigen. Auf der anderen Seite habe ich immer wieder beobachtet, daß ein und derselbe Mensch in verschiedenen Situationen auch wie verschiedene Enneagramm-Typen reagiert. Die Einheit des Bewußtseins ist eine Illusion; das Ich des Menschen wechselt in der gleichen Geschwindigkeit wie seine Gedanken und Gefühle. In Wirklichkeit ist der Mensch immer eine andere Person.

Glücklicherweise sind die meisten von uns nicht derart erstarrt, daß sie das Verhaltensspektrum nur eines Typs besitzen. Schon allein aus diesem Grund halte ich Enneagramm-Tests mehr für eine lustige Abendunterhaltung als für ein Instrument, das uns wissenschaftlich valide (stimmige) und signifikante (unterscheidende) Aussagen liefert. Der positivistische Geist der psychologischen Testtheorie, dessen Welt auf Maß und Zahl beschränkt ist, scheint mir dem Symbol des Enneagramms zu widersprechen. Die Intuition sollte beim Umgang mit solch einem Symbol im Vordergrund stehen – ein

---

13 Um nur die wichtigsten Enneagramm-Tests zu nennen: Markus Becker: Der Enneagramm-Typentest. In: Ebert/Rohr u.a. (Hrsg.): Erfahrungen mit dem Enneagramm, München 1991, S. 335–354; Don Richard Riso: Discovering Your Personality Type. The Enneagramm Questionnaire, Boston, New York, London 1992; Magaret Frings Keyes: Enneagramm und Partnerschaft. Ein Arbeitsbuch für einzelne, Paare und Gruppen, München 1993, S. 23–31; Klausbernd Vollmar: Das Enneagramm, S. 249–265.

zum wissenschaftlichen Modell verkürztes Enneagramm jedoch ist nicht mehr das Enneagramm, das uns zur Kreativität und Selbsterkenntnis herausfordert. Es ist zu einem harmlosen Test gleich einem Intelligenztest verkommen, bei dem man nicht so recht weiß, was man mißt.

Um dieses »kastrierte Enneagramm« geht es mir in diesem Arbeitsbuch nicht. Ich möchte ein lebendiges Enneagramm beschreiben. Ich muß jedoch zugeben, selbst einen Enneagramm-Test (PET: praktischer Enneagramm-Test) entworfen und in meinem Einführungsbuch in das Enneagramm nach Gurdjieff veröffentlicht zu haben.[14] Dieser Test ist jedoch nicht vom wissenschaftlichen Anspruch signifikanter Werte und hoher Validität geprägt, sondern es geht bei ihm vielmehr darum, durch die Beschäftigung mit den Fragen einmal das Enneagramm und zum anderen sich selbst besser kennenzulernen. Primäres Ziel dieses Tests ist es nicht, seinen Typen zu erkennen, sondern eine Ahnung davon zu bekommen, wo man gerade in seinem Leben steht und was man nach der Lehre des Enneagramms zu tun angehalten sei.

Da jeder trotz aller Vorbehalte doch neugierig ist, welchem Enneagramm-Typ er sich zuordnen darf, möchte ich Ihnen hier Anregungen geben, wie Sie diesen Typen herausfinden können. Das geht zwar nicht so schnell wie bei einem Zeitschriften-Test, hilft Ihnen aber, sich realistischer zu sehen und das Enneagramm kreativ zur Selbsterkenntnis zu begreifen und zu benutzen.

Wer es besonders eilig hat, der findet seinen Enneagramm-Typen, indem er die Schlüsselfragen am Ende der Beschreibung eines jedes Typs (im Kapitel »Die einzelnen Punkte des Enneagramms«) für alle neun Typen beantwortet. In den beiden Fällen, in denen zwei Sets von Fragen angeboten sind, werden nur die neun Fragen nach dem Ichazo-Typ gewertet. Er zählt dann die mit Ja beantworteten Fragen für jeden Typen. Der Typ mit den meisten Punkten entspricht dem eigenen Enneagramm-Typ.

Der Vorteil der in diesem Buch vorgestellten Typologie besteht darin, daß die einzelnen Typen nicht trennscharf voneinander abgesetzt werden. Don Richard Riso[15] und Markus Becker[16] versuchen in ihrer weitgehend statistisch abgesicherten Typenlehre das Enneagramm als positivistisches, technisches Instrument darzustellen, das der wissenschaftlichen Testtheorie entspricht. In den Schulen des Vierten Weges hat man dagegen immer wieder versucht, konkret den Menschen in seiner inneren und äußeren Wirklichkeit statt eines statistischen Mittelwerts im Blick zu haben und so zu intelligenten, kreativen Aussagen über den Menschen zu kommen. Sich einer vom Geist des neunzehnten Jahrhunderts geprägten Wissenschaftsrichtung wie dem Positivismus unterzuordnen, dessen liebstes Kind die Testtheorie ist, wäre Gurdjieff und seinen Nachfolgern absurd erschienen. Wie ihnen geht es auch mir beim Umgang mit dem Enneagramm um wirkliche Erkenntnisse und Einsichten, die praktisch verwertbar sind, statt um sterile Universitäts-Wissenschaft.

Das Finden des Enneagramm-Typs durch die Bewußtseinsübung

Für wesentlich besser, als einen Enneagramm-Test durchzuführen, halte ich die in diesem Kapitel beschriebene Bewußtseinsübung, die deutlich macht, in welchen Situationen man welchem Enneagramm-Typ zuneigt, und zugleich, auf welcher Entwicklungsstufe des Enneagramms man steht. Man

---

14 Klausbernd Vollmar: Das Enneagramm.
15 Don Richard Riso: Discovering Your Personality Type. The Enneagram Questionnaire, Boston, New York, London 1992.
16 Markus Becker: Empirische Untersuchungen zum Enneagramm – Grundlagen und Vergleiche. In: Ebert/Küstenmacher: Erfahrungen mit dem Enneagramm. Sich selbst und Gott begegnen, München ²1992, S. 50–100.

wird sich spezifischer, wiederkehrender Reaktionssweisen bei sich bewußt und kann diese dann in den Auflistungen zu den einzelnen Punkten des Enneagramms aufsuchen. Dabei können Sie unter Typen nachschlagen, wenn Sie die Zugehörigkeit zu einem bestimmten Reaktionstyp interessiert, oder unter Prozesse (persönliches Wachstum), wenn Sie wissen möchten, wo Sie gerade in Ihrer persönlichen Entwicklung im System des Enneagramms stehen.

Sie können auch andersherum vorgehen, indem Sie sich die Abschnitte zu den neun Enneagramm-Typen und zu den neun Bewußtseinsständen des Enneagramms durchlesen und prüfen, welche Beschreibung am besten zu Ihnen paßt und welche Sie am stärksten ablehnen. Die Beschreibung, die Ihrer Ansicht nach am besten auf Sie zutrifft, gibt meistens relativ gut Ihren Typ wieder, denn letztendlich weiß keiner besser als Sie selbst, wie Sie sind. Sie müssen sich nur vornehmen, so ehrlich wie möglich zu sein (aber auch ein Test funktioniert nur unter dieser Voraussetzung). Der Typ, den Sie ablehnen, hängt mit Ihrer Schattenprojektion zusammen: Er stellt wahrscheinlich zumindest einen Teil Ihres Schattens dar. Treffen die Aussagen von zwei Typen auf Sie zu, dann schlagen Sie unter der Kombination der einzelnen Typen den entsprechenden Mischtyp nach und lassen diese Aussagen auf sich wirken.

Das Finden des Enneagramm-Typs mit Hilfe des Tagebuchs

Neben der Selbsterinnerung kann Ihnen auch regelmäßige Tagebucharbeit helfen, sowohl Ihren Enneagramm-Typen als auch Ihren Entwicklungsstand zu erkennen.

Wenn Sie bereits seit einiger Zeit ein Tagebuch führen, dann lesen Sie dort die letzten Eintragungen noch einmal durch und versuchen, mit einen oder zwei Sätzen Ihr Verhalten oder Ihre Geisteshaltung so prägnant und treffend wie möglich zu charakterisieren.

Ein anderer Weg besteht darin, daß Sie in Ihr Tagebuch drei Dinge aufschreiben, die Sie gern tun, und wiederum drei Dinge, die Sie nur äußerst ungern tun. Danach notieren Sie kurz, was Sie an den ersten drei Dingen so lieben und was Sie an den anderen drei Dingen nicht leiden können. Nun suchen Sie in der Liste der Beschreibungen der Enneagramm-Typen nach dem Typ, auf den Ihre Vorlieben und Abneigungen am besten zutreffen.

Was mir oft zur Klarheit darüber verhilft, nach welchem Schema ich gerade reagiere, ist die Betrachtung meines Geistesinhaltes. Ich gehe dabei wie folgt vor: Ich begebe mich in eine meditative Haltung, mein Tagebuch liegt neben mir, und wenn Gedanken aufsteigen, schreibe ich sie sogleich nieder. Nach der Meditation betrachte ich mir diese Notizen und versuche diese so knapp und zugleich treffend wie möglich zu charakterisieren. Jetzt suche ich wieder die entsprechende Geisteshaltung in der Auflistung der einzelnen Enneagramm-Punkte heraus.

All diese Übungen zeigen Ihnen auch die Begrenztheit des Enneagramm-Modells auf, denn obwohl Sie oftmals den entsprechenden Typen oder Mischtypen erstaunlich ähneln, werden Sie auch in die Situation kommen, in der kein Typ des Enneagramms auf Sie zuzutreffen scheint. Ein Modell ist eben immer nur ein Modell...

Die Struktur des Enneagramms

*»Was ist Gott? Er ist Länge,
Breite, Höhe und Tiefe«*
Bernhard von Clairvaux

Das Enneagramm tritt uns zunächst einmal als eine geometrische Struktur entgegen. Ein geometrisches Bewußtsein können wir in allen Lebewesen voraussetzen, denn jede Lebensform bringt bestimmte geometrische Wachstumsformen hervor. In den Schulen des Vierten Weges nimmt man an, daß das geometrische Bewußtsein im intellektuellen Teil des Bewegungszentrums wirkt. Aus diesem Grunde halte ich es für wichtig, zur Annäherung an das Enneagramm täglich für ein paar Minuten Enneagramme aus freier Hand zu zeichnen.

Wie wir sehen, ist das Enneagramm in eigenartiger Weise zugleich symmetrisch und unsymmetrisch. Die rechte und die linke Seite des Enneagramms verhalten sich klappsymmetrisch zueinander, das heißt sie spiegeln sich. Die obere und die untere Hälfte des Enneagramms sind dagegen unsymmetrisch konstruiert. Das Enneagramm besticht also durch eine ganz spezielle Geometrie.

Geometrische Formen bilden unsere Welt, denn sie geben Strukturen von Rhythmen und Schwingungen wieder, die unsere Welt aufbauen. Alle unsere Sinne reagieren auf geometrische Impulse: Wir riechen zum Beispiel den Duft einer Blume, weil in bestimmter Weise geometrisch geordnete Moleküle auf unsere Riechrezeptoren treffen. Und auch das Sehen, wie alle andere Sinne, ist von der Geometrie der auf die Sinnesorgane auftreffenden Impulse, das heißt der Frequenzen, abhängig. Die ganze Außenwelt als Welt der Materie beruht auf bestimmten geometrischen Formen, die alle letztlich auf die Archetypen Kreis, Dreieck und Quadrat zurückzuführen sind. So verwundert es nicht, wenn das Enneagramm als geometrische Struktur die Struktur oder den Rhythmus der Natur symbolisiert.

Der Aufbau des Enneagramms

Das Enneagramm ist aus

1. einem Kreis,
2. einem gleichseitigen Dreieck,
3. einem unregelmäßigen Sechseck

aufgebaut. Damit besteht es aus den beiden geometrischen Grundformen Kreis und Dreieck und aus der abgeleiteten Form des Sechsecks.

Die einzelnen Linien

DER KREIS

Der Kreis symbolisiert die Ganzheit und die Welt, in der alles stattfindet. Wir sprechen vom »Erdkreis«, mittelalterliche Mystiker sahen die Weltseele als Kreis. Der Kreis ist ein Symbol der ewigen Wiederkehr des Gleichen, ferner stellt er das archetypische Symbol der Seele und der Weiblichkeit dar.

Das Sanskritwort für Kreis ist »Mandala«, wobei dieses Wort sowohl den Kreis als geometrische Figur als auch die dem Kreis innewohnenden Bewegungen und Prozesse beschreibt.

Die Hexen behaupten, daß sie durch den Kreis ihr Alltagsbewußtsein erweitern. Wir beginnen also unsere Übung mit dem leeren Kreis, um ihn dann mit den Linien des Enneagramms zu füllen und die Bewegungen und Prozesse zu beschreiben, die unser Alltagsbewußtsein erweitern.

Übung:

Diese Übung geht davon aus, daß man ein Diagramm wie das Enneagramm erst dann richtig verstehen kann, wenn man es selbst mit Zirkel und Lineal zu konstruieren versucht hat.

Schlagen Sie mit Ihrem Zirkel einen beliebigen Kreis und meditieren Sie vor diesem Kreis.

Der Kreis

Dies ist der Kreis, der die Welt beschreibt, in der Prozesse und die Entwicklungen des Menschen ablaufen. Innerhalb dieses Kreises finden wir alle Menschentypen und alles Geschehen unserer Welt, in ihm findet alles statt, was Sie mit dem Enneagramm erklären können. Dieser Kreis entspricht allerdings noch der leeren Welt vor der Schöpfung. Er ist die Gebärmutter, aus der heraus unsere Welt geboren wird.

Der Kreis entspricht schon in seiner Form der Zahl Null (0). Das ist die Zahl, aus der alle anderen Zahlen hervorgehen. Das zeigt sich besonders anschaulich im Arabischen, wo das Wort »Sifr« sowohl Null als auch Ziffer (Zahl) bedeutet. Während alle anderen Zahlen als Repräsentanten für bestimmte Elemente gedacht werden, gründet sich die Zahl Null auf die Idee eines (geometrisch) nicht faßbaren Anfangs.

DAS DREIECK

Im nächsten Schritt wird dieser Kreis strukturiert, das bedeutet, er differenziert sich, es findet ein Schöpfungsvorgang statt. Der weibliche Kreis wird durch die drei männlichen Linien[1] des Dreiecks befruchtet, so daß etwas Neues entsteht.

Übung:

Sie markieren nun (als Schöpfer) einen beliebigen Punkt oben auf der Kreisperipherie, den Sie Punkt 9 nennen. Nun nehmen Sie Ihren Zirkel und schlagen um diesen Punkt 9 als Mittelpunkt abermals einen Kreis mit dem gleichen Radius Ihres ursprünglichen Kreises.

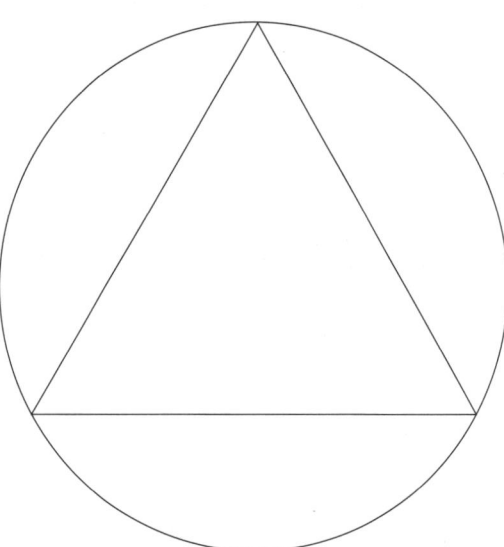

Das göttliche Dreieck im Enneagramm

Dieser Kreis schneidet die Peripherie Ihres Ursprungskreises an zwei Stellen, die Sie A und B nennen. Um A und B schlagen Sie abermals einen Kreis mit dem gleichen Radius und erhalten so wieder zwei Schnittpunkte mit der ursprünglichen Kreisperipherie, die Sie auf der rechten Seite 3 und auf der linken Seite 6 nennen. Im letzten Schritt verbinden

---

1 Während nach Carl Gustav Jung der Kreis den weiblichen Archetyp bildet, verkörpert die Linie den männlichen Archetyp.

Sie nun die Punkte 9, 3 und 6 miteinander und erhalten ein gleichseitiges Dreieck, das an drei Punkten Ihren Ursprungskreis berührt.

Mit diesem Dreieck haben Sie den ersten Schöpfungsakt vollzogen und zwar symbolisieren die drei Dreieckspunkte

1. die erhaltende oder bejahende Kraft,
2. die zerstörende oder verneinende Kraft,
3. die Bindekraft.

So benennt Gurdjieff die Grundkräfte unseres Kosmos, die am Anfang aller Formen und Prozesse stehen. Uns modernen Menschen mag die Beschreibung dieser Kräfte als

1. These,
2. Antithese und
3. Synthese

geläufiger sein. Von diesen drei Kräften abhängig hat zum Beispiel der deutsche Geschichtsphilosoph und Vertreter des Idealismus, Georg Wilhelm Friedrich Hegel (1770-1831) das Wirken des Weltgeistes in der Geschichte beschrieben.

Ob Hegel oder Gurdjieff, die christliche Trinität oder die hinduistische, auf alle Fälle wird die Welt durch diese drei Kräfte aufgebaut, die durch unser Dreieck im Kreis symbolisiert werden. Diese drei Kräfte rufen eine differenziertere Schöpfung hervor. Deswegen nennt der amerikanische Zukunftsforscher und Architekt Buckminster Fuller das Dreieck den wichtigsten Baustein unseres Universums – damit stimmt er übrigens mit den Germanen überein, die in ihren beiden Runenreihen drei Einweihungswege unterschieden. Diese drei Einweihungswege werden Freir, Odin und Tyr zugeordnet. Freir drückt die Energie, Odin die Materie und Tyr die Information aus. Das sind exakt die drei Bausteine unseres Universums, die dem Dreieck des Enneagramms entsprechen.

Das Dreieck mit der Spitze nach oben, wie wir es gerade konstruiert haben, symbolisiert bei den Alchemisten und im Tantra die männliche oder zeugende Kraft. Dieses Dreieck repräsentiert das Feuer und mit ihm das Streben nach einer höheren Erkenntnis und Einheit. Die gelehrte englische Hexe Lois Bourne sieht in diesem Dreieck das Symbol geistiger Konzentration.[2] Ohne diese Einsicht auf das Enneagramm beziehen zu wollen, hat sie damit meines Erachtens den Kern des göttlichen Dreiecks im Enneagramm sicher getroffen.

Ferner macht dieses Dreieck uns darauf aufmerksam, daß es für den Menschen drei zentrale Themen gibt:

1. der Körper,
2. das Gefühl,
3. das Bewußtsein.

Diesen drei Themen entsprechen die drei grundlegenden Zentren im Menschen:

1. das Bewegungszentrum, aus dem der sogenannte Bauchtyp vorwiegend lebt,
2. das emotionale Zentrum, aus dem heraus der Gefühlstyp hauptsächlich lebt,
3. das Bewußtseinszentrum, aus dem der mentale Typ meistens lebt.

Es wird vermutet, daß dem Gesetz der Drei eine Grundstruktur der Informationsverarbeitung unseres Gehirns entspricht.

DAS SECHSECK

Die drei Kräfte wirken nun im Kreis der Welt und rufen Reaktionen beziehungsweise Effekte hervor: Es entsteht ein eigenartig verschlungenes Sechseck, das nach unten weit geöffnet ist, als ob es dort die Zeugungskräfte der Welt empfangen wollte. Gurdjieff nennt in seiner ungewöhnlichen Sprache diese Figur »Die Linie-des-Laufes-der-Kräfte,-die-fortwährend-gebrochen-wird-und-deren-Enden-sich-wieder-vereinigen«[3] und betont

---

[2] Lois Bourne: Erfahrungen einer Hexe, München 1990, S. 224.

[3] Georg Iwanowitsch Gurdjieff: Beelzebubs Erzählungen für seinen Enkel. Eine objektiv unparteiische Kritik des Lebens des Menschen. Bd. II, Basel 1991, S. 800.

damit, daß dieses unregelmäßige Sechseck die innere Logik der Kräfte aller Ereignisse wiedergibt. Die Linie 1 – 4 – 2 – 8 – 5 – 7, die das Sechseck bildet, wird auch die »Linie der ewigen Wiederkehr« oder »Linie der Periodizität« genannt, da jeder Prozeß und jedes Ereignis immer wieder diesem Ablauf folgt.

Folgen wir den Linienzügen des Sechsecks im Enneagramm, betrachten wir die Dynamik eines Prozesses, oder man könnte auch sagen, daß der Linienzug uns den tieferen Sinn des betreffenden Prozesses vermittelt. Dabei können wir die unterschiedlichen Abschnitte wie folgt charakterisieren:

Linienzug 8 → 5 → 7 [→ 1]:

Das ist der rückwärts gerichtete Blick, den man als den Aspekt der Involution bezeichnen kann. Auf den menschlichen Körper bezogen, charakterisiert dieser Linienzug das venöse, also das verbrauchte Blut.

Linienzug 1 → 4 → 2 [→ 8]:

Das ist der vorwärts gerichtete Blick, den man als den Aspekt der Evolution bezeichnen kann. Diese Blickrichtung zeigt uns das innere Funktionieren eines Prozesses. Diese Blickrichtung entspricht im menschlichen Körper dem arteriellen Blut.

Linienzug 7 → 1 → 4:

Diese drei Punkte symbolisieren die Stabilität eines Prozesses.

Linienzug 2 → 8 → 5:

Dieser Linienzug verkörpert das Auftauchen und den Umgang mit Neuem in einem Prozeß.

Übung:
Diese neu zu konstruierende Figur, die das Enneagramm vollendet, ist nicht mehr nur mit Zirkel und Lineal konstruierbar. Die Schöpfung ist fortgeschritten, und wir befinden uns auf einer differenzierteren Ebene. Das drückt sich auch darin aus, daß wir nun einen Winkelmesser benötigen.

Wir ziehen durch den Punkt 9 und durch den Mittelpunkt unseres ursprünglichen Kreises eine Hilfslinie, an der wir einen 40°-Winkel abmessen. Wo der Schenkel dieses Winkels auf der rechten Seite die Kreisperipherie des Ursprungskreises schneidet, liegt Punkt 1. Haben wir den Winkel nach links abgetragen, bekommen wir dort Punkt 8.

Von nun an kommen wir wieder nur mit Zirkel und Lineal aus. Im nächsten Schritt nehmen wir unseren Zirkel und benutzen Punkt 9 als Mittelpunkt und die Strecke 1 – 9 beziehungsweise 8 – 9 als Radius. Wir schlagen zuerst einen Kreis mit dem gleichen Radius (1-9 beziehungsweise 8-9) um den Punkt 9 als Mittelpunkt, um die Punkte 1 rechts und 8 links als Schnittpunkte mit der Peripherie des Ursprungskreises zu erhalten. Wir schlagen einen Kreis um Punkt 3 und um den Punkt 6 und bekommen die Punkte 2 und 4 auf der rechten Seite und die Punkte 5 und 7 dort, wo die Kreise die Peripherie des ursprünglichen Kreises schneiden.

Im letzten Schritt verbinden wir mit einer Geraden die Punkte 1→4, 4→2, 2→8, 8→5, 5 → 7, 7 → 1, und fertig ist das Enneagramm.

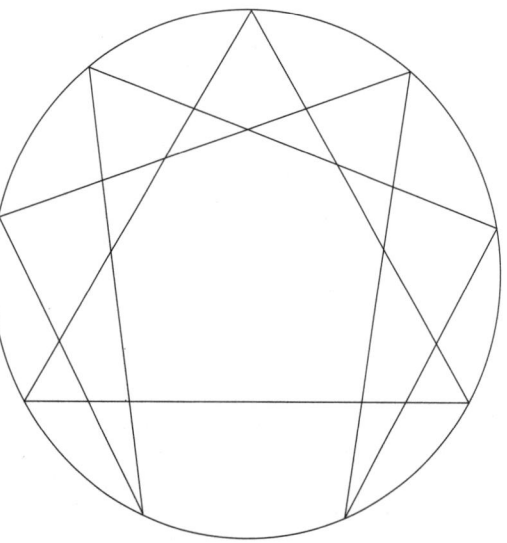

Das vollständige Enneagramm

Nun haben wir das vollständige Enneagramm vor uns, vor dem wir erst einmal meditieren sollten, indem wir mit offenen Augen dieses kosmische Symbol betrachten und auf uns wirken lassen.

Ihnen mag folgendes aufgefallen sein:

1. Alle Punkte des Sechsecks wurden von den drei Dreieckspunkten aus konstruiert, da dies die drei Grundkräfte sind, die jede weitere Differenzierung erzeugen.
2. Die Linien des Dreiecks und des Sechsecks verbinden sich nicht, da es sich hierbei um zwei verschiedene Ebenen von Kräften handelt:
    a) Die Dreieckspunkte und deren Verbindungslinien symbolisieren Urkräfte der Schöpfung. Hier wirken von außen Kräfte auf das System des Enneagramms ein, und deswegen werden diese Punkte als »Schockpunkte« bezeichnet. An den Schockpunkten ist das System für Außenimpulse offen.[4] Nach dem Bennett-Schüler Anthony Blake stellt das Dreieck die Kommandostruktur oder Metakontrolle eines Prozesses dar. Hier werden die Befehle gegeben, wie der Prozeß ablaufen soll. Am Schockpunkt finden plötzliche und teilweise sprunghafte Veränderungen statt, sie werden als kritischer Übergang zu einer neuen Stufe des Prozesses angesehen.

    An den drei Schockpunkten scheint der Prozeß wieder von vorne anzufangen, nur von einem anderen Punkt aus. Der Prozeß setzt sich hier auf einer höheren Stufe fort.

    Ferner zeigen diese Dreiecks- oder Schockpunkte, daß der Prozeß geordnet nach dem Schema Einleitung, Hauptteil und Schluß abläuft. Das heißt, daß der Prozeß eine »intelligente« Handlung aufweist.
    b) Die Punkte des Sechsecks symbolisieren die Ergebnisse der Schöpfung und werden durch die drei Schockpunkte in drei Triaden aufgeteilt:
    die Punkte 1 und 2 (der materielle Schöpfungsaspekt),
    die Punkte 4 und 5 (der emotionale Schöpfungsaspekt),
    die Punkte 7 und 8 (der geistige Schöpfungsaspekt).
    Diese sieben Enneagramm-Punkte (1, 2, 3, 4, 7, 8 und der Scheitelpunkt 9 bzw. 0) symbolisieren das Gesetz der Oktave, nach dem jeder intelligente Prozeß abläuft. Die Vorstellung, daß ein Prozeß in sieben Schritten vonstatten geht, stellt den Eckpfeiler von Gurdjieffs Denksystem dar.
3. Der Linienzug des Sechsecks ähnelt einem Labyrinth, in dem man immer in bestimmtem Rhythmus von der rechten auf die linke Seite und umgekehrt wechselt. Allerdings erreicht man hier im Gegensatz zum Labyrinth nie den Mittelpunkt.

Um die Bedeutung der einzelnen Punkte des Enneagramms als Schöpfungsmodell genauer zu verstehen, schlagen Sie deren Bedeutung im Kapitel über die einzelnen Punkte des Enneagramms (Seite 59) nach. Dort finden Sie eine genaue Erklärung eines jeden Punktes. Hier möchte ich Sie lieber spielerisch und visuell mit dem Enneagramm vertraut machen.

Sie können sich das Enneagramm auch als ein Mandala mit drei Toren vorstellen. Das Enneagramm stellt ein Symbol für die Formkraft dar, welche die Welt sich so entfalten läßt, wie sie sich uns darstellt. Die drei Schockpunkte des Enneagramms (die Enneagramm-Punkte 3, 6 und 9) sind als die drei Tore anzusehen, die jedes Mandala aufweist. Dabei steht vor dem ersten Tor an Enneagramm-Punkt 3 der emotionale Hüter, am zweiten Tor an Enneagramm-Punkt 6 der

---

[4] Der Mathematiker Kurt Gödel bewies, daß es kein völlig abgeschlossenes und in sich selbst konsistentes System geben kann. Das trifft auch für das Enneagramm zu, welches aus diesem Grunde drei spezielle Punkte aufweist, an denen Außenimpulse auf das System wirken.

geistige Hüter und am dritten Tor an Enneagramm-Punkt 9 der körperliche Hüter.

Weitere Übungen zum Enneagramm

Wenn Sie noch etwas mit der Form des Enneagramms spielen wollen, dann probieren Sie folgende Übungen aus, die Ihnen die geometrische Struktur des Enneagramms verdeutlichen und Ihnen helfen, das Enneagramm zu verinnerlichen.

Das Zeichnen des Enneagramms

Versuchen Sie, Enneagramme freihändig zu zeichnen. Dabei können Sie, falls Sie wollen, den Kreis mit dem Zirkel ziehen, das Dreieck und das Sechseck aber sollten Sie freihändig in diesen Kreis einzeichnen. Beginnen Sie dabei immer mit dem Dreieck als Urkraft und zeichnen Sie dann das Sechseck als abgeleitete Kraft oder Wirkung.

Den Linienzug des Sechsecks sollten Sie zügig von jedem Punkt aus ziehen können. Üben Sie das und gehen Sie die Punkte der Reihenfolge nach (1, 2, 4, 5, 7 und 8) durch.

Beobachten Sie, ob Sie bei einigen Ausgangspunkten besondere Schwierigkeiten haben.

Um das Enneagramm zu verinnerlichen, hilft es, die Linien des Enneagramms ohne einen vorher gezeichneten Kreis zügig zu ziehen, und wenn Sie wollen, können Sie auf folgende Weise weiter mit dieser Form spielen: Zeichnen Sie zum Beispiel einmal ein Enneagramm in ein Quadrat ein und betrachten Sie die Unterschiede dieser Figur im Vergleich zum wahren Enneagramm. Sie können auch ein sphärisches Enneagramm zeichnen, bei dem die Linien des Sechsecks und des Dreiecks gebogen sind. Wie wirkt diese Figur auf Sie?

Wenn Sie mit dem Enneagramm zeichnerisch experimentieren, werden Sie sicher bemerken, daß man das Enneagramm auch als aus drei identischen, gleichseitigen Dreiecken zusammengesetzt sehen kann.

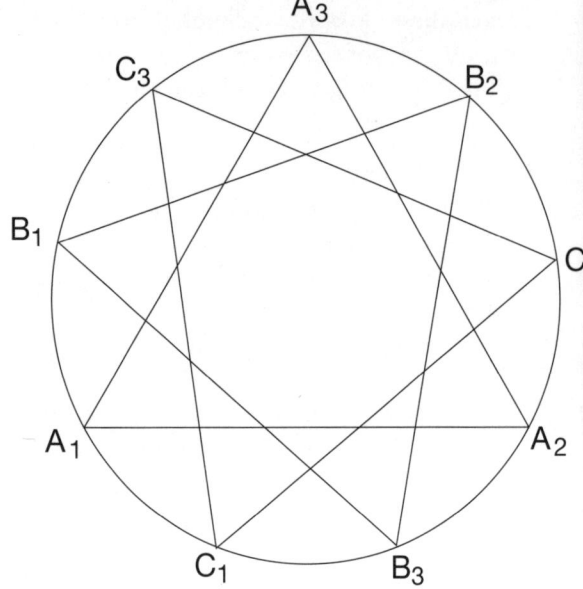

Die drei gleichseitigen Dreiecke im Enneagramm

Sie werden das sofort erkennen, wenn Sie die Enneagramm-Punkte etwas anders als gewohnt miteinander verbinden:

Das erste Dreieck ist das uns schon bekannte Dreieck, das durch die Schockpunkte 3 – 6 – 9 gebildet wird.

Das zweite Dreieck wird durch die Punkte 1 – 4 – 7 gebildet.

Das dritte Dreieck wird durch die Punkte 2 – 5 – 8 gebildet.

Das heißt also, daß jeder dritte Enneagramm-Punkt zum gleichen Dreieck gehört. Das zeigt uns auf symbolisch geometrischer Ebene die Dynamik des Enneagramms, denn die überall im Enneagramm gegenwärtige Drei gilt als die Symbolzahl der Dynamik.

Visualisierung des Enneagramms

Nachdem Sie das Enneagramm von den verschiedenen Punkten aus freihändig gezeichnet haben, sollten Sie so mit ihm vertraut sein, daß Sie es visualisieren können.

Setzen oder legen Sie sich dazu entspannt hin, schließen Sie Ihre Augen und stellen Sie sich das Enneagramm vor Ihren geschlossenen Augen so deutlich wie möglich vor, etwa ein bis zwei Minuten.

Stellen Sie sich beim weiteren Üben das Enneagramm jeweils in den drei Grundfarben Rot, Gelb, Blau vor.

Gurdjieff und Bennett beschreiben das Enneagramm als eine dynamische Struktur in Bewegung. Stellen Sie sich das Enneagramm als langsam drehende Spirale vor, bei der der Punkt 9 ganz oben und der Punkt 1 ganz unten liegt.

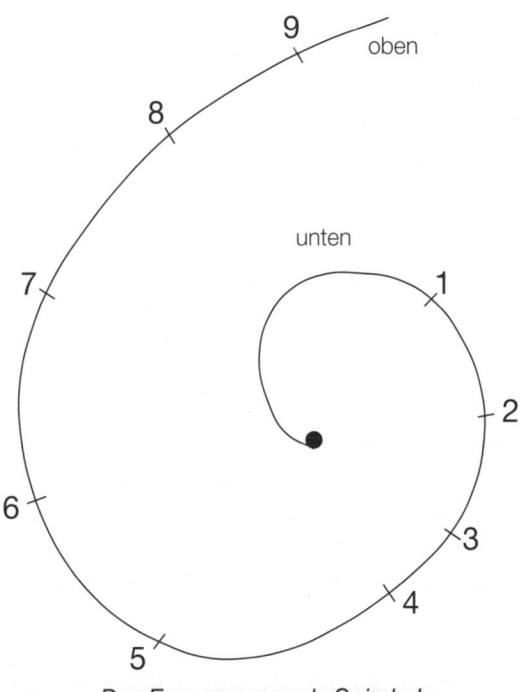

Das Enneagramm als Spirale I

Drehen Sie das Enneagramm nun sehr langsam vor Ihrem inneren Auge. Zum Aufbau dieser Vorstellung brauchen Sie viel Geduld und einige Übung.

Das Enneagramm bunt gestalten

Nehmen Sie Buntstifte zur Hand und versuchen Sie nach Ihrem Empfinden, ein buntes Enneagramm zu zeichnen.

Sie können dabei auch ganz systematisch vorgehen:

Der Dreieckseite 9 → 3 entspricht die Farbe Rot, da Rot die materielle Kraft und das Prinzip des Körpers symbolisiert. Die Punkte 1 und 2 gehen vom reinen Rot ins kalte Rot (Rot mit etwas Blau gemischt) über. An Punkt 3 tritt dann als neue Energie das Gefühl in das System ein. Hier beginnt der blaue Sektor, da Blau die Farbe des Gefühls symbolisiert. Somit entspricht die untere Dreieckseite (die Basis) der Farbe Blau, wobei Sie den Punkt 4 blauviolett und den Punkt 5 türkis malen können. An Punkt 6, dem zweiten Schockpunkt tritt als neue Qualität das Geistige in das Enneagramm ein, das durch die Farbe Gelb symbolisiert wird. Sie malen also die Dreieckseite 6 – 9 gelb und den Punkt 7 gelb mit einem feinen Grünstich und den Punkt 8 gelborange. An Punkt 9, der Ende und Anfang des Enneagramms vertritt, trifft die körperliche Energie auf das Enneagramm, die mit einem reinen Rot, der Farbe des Blutes, wiedergegeben wird.

Versuchen Sie einmal ein Enneagramm nach diesen Angaben so ästhetisch wie möglich zu gestalten und nehmen Sie dieses Bild dann als Meditationsvorlage.

Traumarbeit und Enneagramm

Sie können sich auch im bewußten Träumen (luzides Träumen[5]) im Bild des Enneagramms bewegen. Stellen Sie sich zuerst einen Kreis vor, in dem Sie sich bewegen und der vollständig leer ist. Dann entsteht in diesem Kreis das gleichseitige Dreieck, das Sie bewußt abschreiten und zwar in beiden Richtungen, und dann entsteht das Sechseck,

---

5 Vgl. zur Technik des bewußten oder luziden Träumens: Klausbernd Vollmar: Das Arbeitsbuch zur Traumdeutung, München 1994. Bewußtes Träumen kann man z.B. mit Hilfe der Affirmation »Diese Nacht bin ich mir in meinen Träumen bewußt, daß ich träume« erlernen. Genauere Lernanleitungen finden Sie in meinem »Arbeitsbuch der Traumdeutung« und bei James J. Donahoe: Die Kunst des Träumens, Basel 1980, und bei Patricia Garfield: Kreativ träumen, Schwarzenburg/CH 1980, bes. ab S. 102.

das Sie daraufhin ebenfalls in beiden Richtungen abschreiten.

Werden Sie sich der besonderen Qualität

1. der Enneagramm-Punkte,
2. der Kreuzungspunkte der Enneagramm-Linien,
3. der beiden unterschiedlichen Bewegungsrichtungen im Enneagramm

bewußt.

Später kann aus dem Kreis eine Kugel, aus dem Dreieck ein Zelt oder eine Pyramide und aus dem Sechseck ein modernes Portal werden. Experimentieren Sie mit diesen Vorstellungen und folgen Sie auch bereitwillig den Einfällen Ihres Traumbewußtseins.

Die Zahl Neun als wesentliches Strukturmerkmal des Enneagramms

»Im Angelusläuten wird die Glocke neunmal angeschlagen, das geschieht zur Bewußtmachung, daß jetzt die ewige Energie in das Feld der Zeit einströmt.«
Christlich

Die Neun repräsentiert das Neue. »Neu« und »Neun« hängen in vielen Sprachen eng miteinander zusammen. In neun Stufen wird ein Prozeß vollendet, was die neun Stufen der Jakobsleiter andeuten. Daß Neun zudem auch die Zahl des vollkommenen Menschen ist, der sich aus Körper, Seele und Geist entwickelt hat und jetzt Herr der drei Welten ist, symbolisiert folgendes bekanntes magisches Quadrat.

1   2   3

4   5   6

7   8   9

Dieses ursprünglich aus der Kabbalistik stammende magische Quadrat kann auch sehr gut als Strukturmodell des Enneagramms angesehen werden. Die obere Reihe bezieht der Kabbalist auf den Körper, die mittlere Reihe auf das Gefühl und die untere Reihe auf das Bewußtsein oder den Geist. So kann man dieses magische Quadrat in bezug auf das Enneagramm wie folgt lesen:

– Der körperlichen Ebene gehören die Enneagramm-Punkte 1, 2 und 3 an,
– der Gefühlsebene gehören die Enneagramm-Punkte 4, 5 und 6 an und
– der Bewußtseinsebene gehören die Enneagramm-Punkte 7, 8 und 9 an.

Wie das Enneagramm in seinen Tertialen, seiner rechten und linken Seite und seinen horizontalen Abschnitten immer die Zahl Neun ergibt, mag jeder für sich selbst herausfinden oder in meinem Einführungsbuch zum Enneagramm nach Gurdjieff nachschlagen.[6]

Die Neun ist jedenfalls auf jeder Ebene des Enneagramms anwesend, sie gibt diesem kosmischen Diagramm nicht nur seinen Namen, sondern auch seine Struktur. Das Besondere der Neun besteht darin, daß sie das Unzerstörbare und somit den göttlichen Kern im Menschen symbolisiert. Das drückt sich mathematisch darin aus, daß, womit wir die Neun auch immer multiplizieren oder potenzieren, sie in ihrer Substanz, das heißt von ihrer Quersumme her, immer erhalten bleibt. Deswegen wird sie »der Horizont der Zahlen« in der Kabbala genannt und als eine Zahl angesehen, zu der alle anderen Zahlen hinführen.

Wenn man liest, was der zeitgenössische deutsche Kabbalist Heinrich E. Benedikt über die Neun schreibt, dann erscheint uns das erstaunlicherweise geradezu wie eine exakte Beschreibung des neunten Enneagramm-Punktes:

»Die Neun bildet die höchste Kraft im Menschen. Sie zu erlangen, heißt reine göttliche Liebe auszudrücken. Hier ist das Ego ausgemerzt, der persönliche Wille mit dem göttli-

---

6 Klausbernd Vollmar: Das Enneagramm.

chen verschmolzen. Hier hat der Mensch seinen Sieg über alle seine Schwächen und niederen Impulse erlangt. Er hat die Ernte heimgebracht. [...]

Die Neun ist auch die Frucht vom Baum des Lebens, die Frucht des langen Weges durch den Stoff, durch die Verwandlung, Läuterung, Erlösung bis hin zur Auferstehung und zum ewigen Leben. [...]

Die Neun ist die Zahl des Dienens und der Liebe. Sie ist im Besitz aller Erfahrungen, der Freuden und Leiden des Entwicklungsweges des Menschen wie auch der Früchte und Gaben des Geistes. So teilt sie gleichzeitig Verständnis und Empfinden mit (allen Geschöpfen) den Leidenden und den im Leben Verstrickten als auch die Freude, Fülle und Inspiration mit den reinsten Wesen der höheren Sphären.«[7]

Erstaunlich ist, wie genau in diesem Zitat von einem Kabbalisten der Weg durch das Enneagramm und dessen Ziel beschrieben wird. Das hängt damit zusammen, daß die Neun als Strukturmodell ein archetypisches Symbol für die Kraft der Vollendung darstellt. Die Neun symbolisiert neun grundlegende Bewußtseinszustände oder, wie der amerikanische Bewußtseinsforscher Timothy Leary es ausdrückt, neun Schaltkreise in unserem Gehirn, mit denen wir die Wirklichkeit erkennen.

Es ist kein Zufall, daß Gurdjieff in seinem scheinbar autobiographischen Roman »Begegnungen mit bemerkenswerten Menschen«[8] neun Menschen beschreibt, die ihn maßgeblich beeinflußt haben. Dabei fällt auf, daß an den herausragenden Punkten des Enneagramms, nämlich an dritter und sechster Stelle (den sogenannten Schockpunkten) der Priester Bogatschewsky und der Prinz Juri Lubowedsky beschrieben werden. Im Kapitel über Bogatschewsky geht es um die Ansichten über die Moral, die Gurdjieffs Lehre dahingehend prägen sollte, daß es eine objektive, also immer gültige Moral gibt. In dem sehr symbolisch gehaltenen Kapitel über Lubowedsky findet Gurdjieff endlich das geheime Kloster der Sarmoun-Bruderschaft und wird in deren Geheimlehren und besonders ins Enneagramm und die Movements eingeführt. Die Zahl Neun und die Struktur des Enneagramms spielen nicht nur in »Begegnungen mit bemerkenswerten Menschen« eine wichtige Rolle; wer Gurdjieffs spätere Werke aufmerksam liest, wird immer wieder auf die Drei und die Neun stoßen.

Um die Bedeutung der Zahl Neun für das Enneagramm auch auf der geometrischen Ebene zu erkennen, möchte ich Sie zu einigen geometrischen Spielereien mit dem in neun gleiche Abschnitte aufgeteilten Kreis anleiten.

Übung:

Wenn man mit regelmäßigen geometrischen Figuren und der Neunerteilung des Kreises arbeitet, bildet sich immer wieder in der Mitte der entsprechenden Figur, die stets einen regelmäßigen Stern mit neun Spitzen darstellt, ein regelmäßiges Neuneck. Die Zahl Neun bleibt sich sozusagen selbst immer treu.

Beginnen wir mit dem gleichseitigen Dreieck, das wir schon von dem sogenannten göttlichen Dreieck der drei Schockpunkte des Enneagramms 3, 6 und 9 her kennen: Sie schlagen einen Kreis mit einem beliebig großen Radius und teilen die Kreisperipherie in neun gleiche Abschnitte auf. Sie numerieren, wie vom Enneagramm gewohnt, die neun Punkte linksläufig von 1 bis 9, wobei 9 den obersten Punkt bildet. Nun zeichnen Sie in diesen Kreis ein regelmäßiges Neuneck ein, das aus drei sich überschneidenden gleichseitigen Dreiecken besteht. Neben dem uns schon bekannten Dreieck 3, 6, 9 ergeben sich ferner ein Dreieck 1, 4, 7 und ein Dreieck 2, 5, 8. Diese drei Dreiecke sind identisch.

---

7 Heinrich E. Benedikt: Die Kabbala als jüdisch-christlicher Einweihungsweg. Bd. 1, Farbe, Zahl, Ton und Wort als Tore zu Seele und Geist, Freiburg 1985, S. 249.
8 Georg Iwanowitsch Gurdjieff: Begegnungen mit bemerkenswerten Menschen, Basel 1992.

Wenn Sie sich nun die Schnittpunkte, die sich im Inneren dieses Neunersterns ergeben, betrachten, finden Sie dort ein regelmäßiges Neuneck, in welches Sie wieder ein Enneagramm einzeichnen können.

durchnumerieren. Diesmal verbinden wir in einem Linienzug die 9 mit der 4 und gehen weiter über 8, 3, 7, 2, 6, 1 bis zur 5, die wir dann wieder mit der 9 verbinden. Nun ergibt sich der spitze Neunerstern.

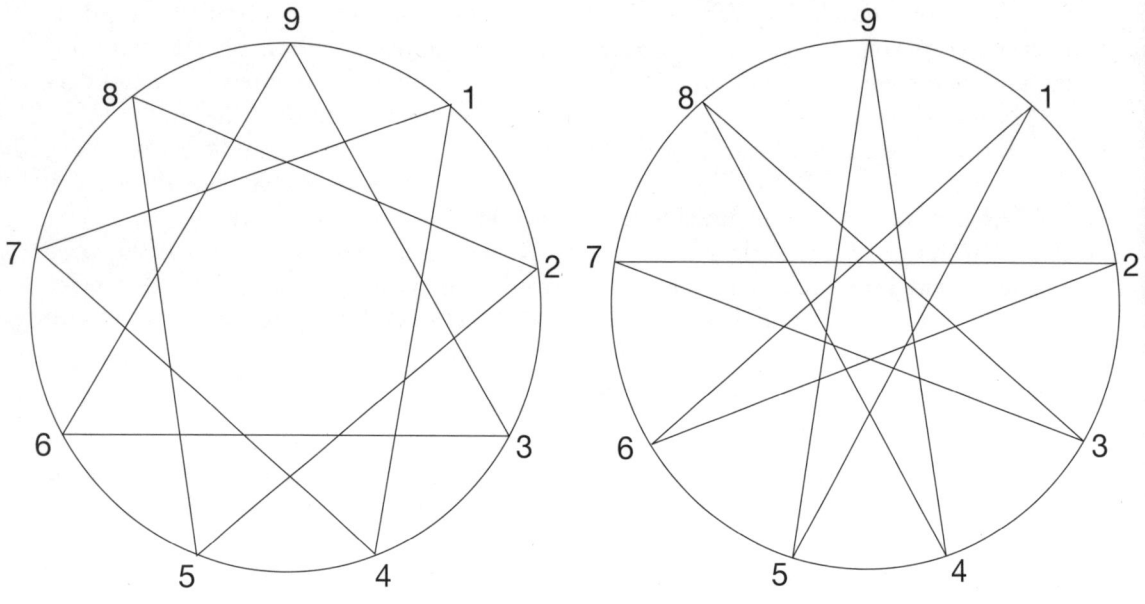

Der regelmäßige Neunerstern

Der spitze Neunerstern

Diese Zeichnung können Sie als Meditationsgrundlage benutzen und darüber nachsinnen, was die Punkte eines jeden der drei Dreiecke gemeinsam haben.

Wenn man sich das Enneagramm, wie Gurdjieff immer wieder ausdrücklich betont, als bewegliche Figur vorstellt, dann können auch in bestimmten Prozessen die Punkte 1, 4, 7 oder die Punkte 2, 5, 8 als Schockpunkte angesehen werden, an denen ein neuer Impuls von außen auf den Prozeß einwirkt.

Wenn Sie solche Gedankenspielereien anstellen, wird Ihnen die dynamische Sichtweise des Enneagramms anschaulicher und deutlicher werden.

Wir wenden uns jetzt einer neuen Zeichnung zu, für die wir abermals einen Kreis in neun gleiche Abschnitte aufteilen, welche wir gemäß dem Enneagramm linksläufig von 1 bis 9

Im Inneren dieses regelmäßigen Neunecks finden wir ein kleineres Neuneck, in das wir wieder das Enneagramm einzeichnen können.

Beim Zeichnen dieser Figur wird Ihnen auffallen, daß wir uns hier immer abwechselnd in Fünfer- und Viererschritten bewegen ($9 \rightarrow 4 \rightarrow 8 \rightarrow 3 \rightarrow 7 \rightarrow 2 \rightarrow 6 \rightarrow 1 \rightarrow 5$).

Wie würden Sie diesen Weg durch die Enneagramm-Punkte charakterisieren?

Je länger Sie sich mit dem Enneagramm beschäftigen, um so mehr Antworten werden Sie auf diese Frage finden.

Nun kommen wir zu einer schwierigeren Aufgabe – und zwar einen Neunerstern durch neun gleiche Trapeze herzustellen.

Wieder zeichnen Sie den uns schon bekannten, in neun gleiche Abschnitte aufgeteilten Kreis und numerieren ihn nach Enneagramm-Art durch. In diesen Kreis zeichnen Sie nun die folgenden neun Trapeze ein, deren Ecken folgende Enneagramm-Punkte bilden:

1, 3, 5, 7
1, 3, 5, 8
1, 3, 6, 8
1, 4, 6, 8
2, 4, 6, 8
2, 4, 6, 9
2, 4, 7, 9
2, 5, 7, 9
3, 5, 7, 9

Mehr gleich große Trapeze kann man nicht in einen Neunerkreis einzeichnen. Jeder Enneagramm-Punkt bildet nun die Ecke von vier unterschiedlichen Trapezen. Der so entstehende regelmäßige Neunerstern erinnert in seiner verschlungenen Form sehr an Muster, wie wir Sie aus der islamischen Kunst kennen.

Wenn Sie sich wieder das Innere dieser Figur ansehen, entdecken Sie dort abermals ein regelmäßiges Neuneck, in das Sie ein Enneagramm wie in der Zeichnung oben einzeichnen können.

Um die äußere Form dieses regelmäßigen Neunecks noch mehr zu verdeutlichen, verbinden Sie in einem Neunerkreis jeden zweiten Punkt miteinander; Sie werden dabei in einem Linienzug zu einem regelmäßigen Neuneck gelangen, das wir aus der islamischen Kunst und dort besonders aus der Architektur kennen.

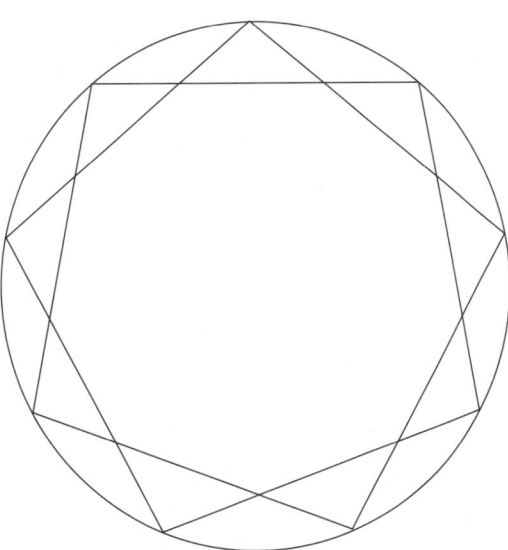

Das regelmäßige Neuneck

Der aus Trapezen gebildete Neunerstern

Diese Figur bildete sich im Inneren all der bis jetzt von uns gezeichneten Figuren. Erkennen Sie sie wieder?

Kommentar:
All diese regelmäßigen Neunecke können um ein Enneagramm herum konstruiert werden, wobei ihre inneren Schnittpunkte mit den Enneagramm-Punkten zusammenfallen.

Wenn Sie nun diese unterschiedlichen Figuren als verschiedene Möglichkeiten betrachten, bestimmte Rhythmen im Enneagramm zu erkennen, dann wird Ihnen dabei auch immer deutlicher, was mit der dynamischen Struktur des Enneagramms gemeint ist. Es ist eigentlich nur Oscar Ichazo und die von ihm ausgehende Typenlehre, die das Enneagramm als starre Figur betrachtet. Mir geht es im Gegensatz dazu darum, Ihnen hier die vielen Bewegungsmöglichkeiten und möglichen Wege im Enneagramm aufzuzeigen.

All die hier angeführten regelmäßigen Neunecke weisen immer wieder ein Enneagramm, also abermals ein Neuneck, in ihrer Mitte auf. Für mich wird dadurch ausgedrückt, daß alles Leben zyklisch verläuft, als ewige Wiederkehr des Gleichen. Was wir im Großen – im äußeren Neuneck – finden, das bildet sich auch sogleich im Kleinen in Form des inneren Enneagramms. Das ist ein Symbol der mechanischen Wiederholung des ewig Gleichen, aus der wir durch die Anwendung des Enneagramms heraustreten wollen.

Das Enneagramm des niederen und das Enneagramm des höheren Menschen

Bis jetzt haben wir immer nur über das Enneagramm des höheren Menschen gesprochen – und wir werden das auch im weiteren Verlauf dieses Buches tun, denn wenn ich generell vom Enneagramm spreche, dann meine ich immer das des höheren Menschen (dabei bedeutet »Höherer Mensch« soviel wie bewußter Mensch). Daneben gibt es aber noch in den esoterischen Lehren des Vierten Weges ein Enneagramm des niederen Menschen.

Die Unterteilung der Menschen in höhere und niedere halte ich jedoch für sehr gefährlich, da sie nur zu leicht Mißverständnisse provoziert. Der französische Lehrer des Vierten Weges, Boris Mouravieff, nennt den höheren Menschen den »adamischen Menschen«, das ist der Mensch des achten (!) Schöpfungstages, der – um mit Friedrich Nietzsche zu reden – zwischen den Polen Tier und Übermensch gespannt ist. Dieser Mensch ist in der Lage, sein Bewußtsein systematisch zu entwickeln. Dem steht der »vor-adamische Mensch« gegenüber. Dieser Mensch ist nur aus Staub gebildet, und ihm war eine weitere Bewußtseinsentwicklung deswegen nicht möglich, da er nicht wie der Adam des achten Schöpfungstages den Atem des Lebens von Gott empfangen hat.

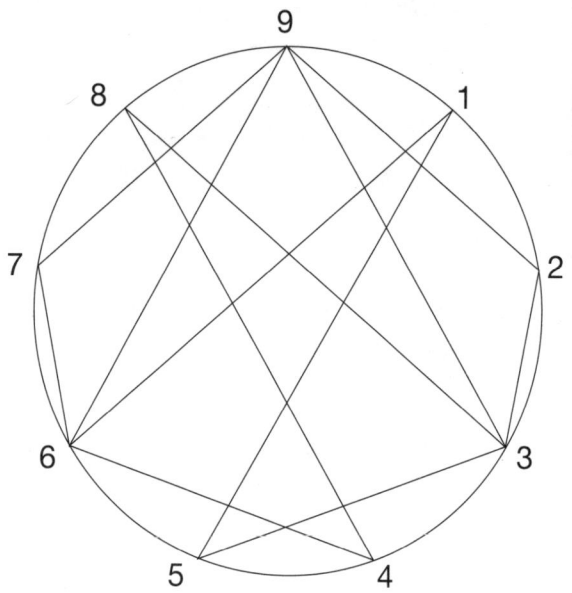

Das Enneagramm des »vor-adamischen« Menschen

Der vor-adamische Mensch lebte aus dem Zufall heraus, wie an dessen Enneagramm leicht zu erkennen ist. Sein Enneagramm wirkt ungeordnet, ihm fehlt die symmetrische Geometrie des Enneagramms des adamischen Menschen. Allerdings ist mit der Verbindung der Enneagramm-Punkte 9 → 3 und 9 → 6 schon der göttliche Atem potentiell angedeutet, der von dem sogenannten göttlichen Dreieck 9 – 3 – 6 gebildet wird. Dieser vor-adamische Mensch wird als Vorstufe zur heutigen Menschheit angesehen, ein Mensch der keine Individualität zeigte, was sich in der ungeordneten Form seines Enneagramms niederschlägt. Er ist noch nicht organisiert oder in der Sprache Mouravieffs »auskristallisiert« - das heißt, er hat sich noch nicht zu seinem vollen Potential hinentwickelt.

Ich möchte auf diese Unterscheidung zwischen einem höheren und niederen Menschen nicht weiter eingehen, da solche esoterischen Ideen, wie man an dem von Alice A. Bailey geprägten Begriff der arischen Wurzelrasse sehen kann, leicht politisch mißbraucht werden. Wer sich weiter hierüber informieren möchte, dem empfehle ich, Boris Mouravieff zu lesen, der als einziger Lehrer des Vierten Weges die esoterischen Schulungen östlich orthodoxer Lehren veröffentlichte. Seine Bücher sind allerdings für den ungeschulten Leser weitgehend unverständlich.[9]

---

9 Boris Mouravieff: Gnosis, 3 Bde. Study and Commentaries on the Esoteric Tradition of Eastern Orthodoxy, Robertsbridge 1993.

Die einzelnen Punkte des Enneagramms

Die Ausführungen dieses Kapitels zu den einzelnen Enneagramm-Punkten sind klar nach einem Schema gegliedert:

1. Die ersten beiden Seiten zu dem jeweiligen Enneagramm-Punkt stellen das ursprüngliche Enneagramm dar, so wie ich es als prozeßorientiertes Modell verstehe. Dort finden Sie alles, was Sie über das Enneagramm zum Verständnis von Prozessen wissen möchten.
2. Die nächsten fünf Spalten gehen auf die in neuerer Zeit so populär gewordene Typenlehre des Enneagramms ein, wobei es teilweise notwendig war, die Typenzuordnung von Oscar Ichazo von dem Verständnis des Enneagramms nach Gurdjieff zu unterscheiden.
3. Die darauffolgenden sechs Spalten beziehen das Enneagramm auf andere bekannte Systeme, mit denen man den Menschen und seine Umwelt erklären kann. Hier spielen besonders die Farbenlehre Goethes, die ostasiatische Auffassung von den Energiezentren des menschlichen Körpers (Chakras), die Astronomie und Astrologie eine wichtige Rolle.
4. Anschließend finden Sie eine Tabelle, die alle wichtigen Aspekte dieses Enneagramm-Punktes noch einmal zusammenfaßt, den Abschluß bilden die Schlüsselfragen zu dem jeweiligen Enneagramm-Punkt. Mit Hilfe dieser Fragen kann man leicht bestimmen, wie stark man diesem Enneagramm-Typen zuneigt.

Obwohl ich der Ansicht bin, daß die eigentliche Stärke des Enneagramms in seiner dynamischen, prozeßorientierten Ausrichtung liegt und nicht in seiner relativ starren Typenlehre, habe ich dennoch der Typenlehre einen breiten Raum gegeben. Da die Typenlehre des Enneagramms dieses kosmische Symbol in den letzten sieben Jahren so bekannt gemacht hat und da sicherlich für die meisten Leser der Zugang zum Enneagramm über die Typenlehre geöffnet wurde, halte ich es für wichtig, die Typenlehre nicht nur ausführlich zu besprechen, sondern sie auch in einen dynamischen Zusammenhang zu stellen.

Dadurch, daß die Typenlehre oft »platt« und undifferenziert wie bei Don Richard Riso und teilweise auch bei Richard Rohr und Andreas Ebert vertreten wird, kam es in den letzten Jahren zuerst in den Vereinigten Staaten und jetzt auch zunehmend in Europa zu einer allgemeinen Ablehnung des Enneagramms. Mir ist es wichtig zu zeigen, daß das Enneagramm viel mehr und komplexere Aspekte aufweist, als in den meisten Büchern und Workshops zu diesem Thema angesprochen werden. Durch die oft erschreckend oberflächliche Vermittlung des Enneagramms ist die Arbeit mit diesem Symbol zu einer kurzfristigen Mode geworden, die keine weiteren Wirkungen hinterließ. Eine differenziert verstandene, dynamische Typenlehre, kann uns nicht nur helfen, unser Leben effektiver und bewußter zu gestalten, sondern sie hat auch Bestand als praktische und theoretische Grundlage zum Verständnis unserer selbst und der Situationen und Entwicklungen, in denen wir uns befinden.

Zur Typenlehre

Es geht bei der Typenlehre des Enneagramms darum zu begreifen, daß es nicht nur eine Sicht der Welt gibt. Jeder Typ repräsentiert eine spezielle Auffassung von der Welt. Sie werden das sicherlich schon erlebt haben: Sie befinden sich mit anderen in einer bestimmten Situation und sind verblüfft, daß diese ganz anders reagieren, als Sie es tun würden. Das liegt an deren unterschiedlicher Weltsicht und daran, daß diese anderen einem anderen Enneagramm-Typ als Sie angehören.

Wenn Sie die folgenden Tabellen studieren, wird Ihnen klarwerden, wie unterschiedlich man die Welt sehen und auf sie reagieren kann. Je mehr Sie andere Typen verstehen, um so weiter entfernen Sie sich vom mechanischen Menschen, der nur eine Reaktionsweise kennt, die er immer anwendet. Der Zweck der folgenden Tabellen liegt also darin, Sie aus dem Zwang des mechanischen Reagierens zu befreien. Ferner hilft die Erkenntnis der verschiedenen Enneagramm-Typen dabei, schneller soziale Situationen zu erfassen und die Andersartigkeit von anderen zu verstehen.

Wie kann man diese Typenlehre des Enneagramms für sich fruchtbar machen?

Sie können erst dann mit der Arbeit an Ihrer Bewußtseinsentwicklung beginnen, wenn Sie sich durch Selbstbeobachtung über Ihren Typen klargeworden sind. Bevor man sich seiner mechanischen Abwehr nicht bewußt ist, gelingt es einem auch nicht, sich dem höheren Bewußtsein zu öffnen. Wenn Sie Ihren Typ gefunden haben, dann wird Ihnen deutlicher, worauf Sie Ihre Aufmerksamkeit richten sollten und in welche Gebiete Ihres Handelns und Fühlens mehr Bewußtseinsenergie eingebracht werden sollte. Die Erkenntnis Ihres Enneagramm-Typs weckt Sie also aus dem Schlaf, schafft ein Bewußtsein für Ihre Schattenseiten und Einseitigkeit und deswegen lehnen auch viele Menschen die Beschreibung der neun Abwehrmechanismen im Menschen scharf ab.

Wenn Sie die Texte zu den einzelnen Typen durchlesen, dann lassen Sie sich von ihnen berühren. Es geht nicht um einseitige, intellektuelle Erkenntnisse.

Das Studium dieser Typen macht uns zugleich bewußt, daß wir ganz und gar nicht so frei sind, wie wir uns wähnen. Diese Erkenntnis unserer Begrenzung sollte uns anspornen, bewußter und zielgerichteter auf unsere Freiheit hinzuarbeiten.

Enneagramm-Punkt 1

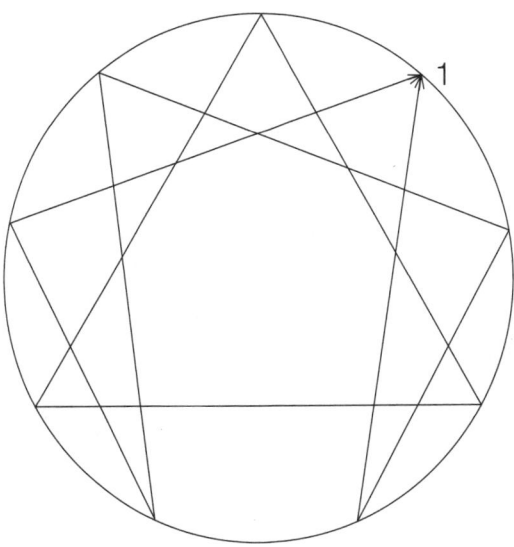

Allgemeine Charakterisierung dieses Enneagramm-Punktes

Der erste Enneagramm-Punkt ist der Punkt des Anfangs und des Neubeginns. Man wendet sich einer neuen Herausforderung zu und muß sich für diese Ebene erst ein Bewußtsein erarbeiten. In bezug auf die vorige Ebene, die man durchlief, hat man den höchsten Bewußtseinsgrad erreicht (Enneagramm-Punkt 9), und nun steht man mit dem ersten Enneagramm-Punkt am Beginn einer neuen Ebene, die abermals in neun Schritten durchlaufen werden kann.

Angesichts des Neuen sieht der Suchende am ersten Enneagramm-Punkt weitgehend nur die Oberfläche der Phänomene und Situationen. Da er noch keine Erfahrung mit dem Neuen gemacht hat, fehlt ihm der Tiefsinn, der ja nie am Anfang steht.

Die Stärke des ersten Enneagramm-Punktes liegt in seiner Energie und dem Schwung des Neuanfangs. Diese Energien des Anfangs sind unbedingt notwendig, um die weiteren acht Stufen des Enneagramms zu durchlaufen und durchzustehen. Hier, am ersten Enneagramm-Punkt, wird die Motivation aufgebaut, die uns hilft, in einen neuen Prozeß einzusteigen. So ist es verständlich, daß dieser Punkt dem Wurzel-Chakra entspricht, das in der Yoga-Philosophie als der Energiespeicher des Menschen angesehen wird.

Der erste Enneagramm-Punkt vertritt das Kinderstadium der menschlichen Entwicklung: Man ist hier vom Neuen fasziniert und voller Energie, die sich oft durch körperliche Aktivität ausdrückt.

PROZESSE

Prozesse

An diesem ersten Enneagramm-Punkt beginnt jeder Prozeß. Hier stehen die Grundlagen für ihn zur Verfügung, und es beginnt sich etwas zu bewegen oder zu verändern. Man hat die Voraussetzung für diesen neuen Prozeß letztlich durch ein Enneagramm geschaffen, das man zuvor durchlaufen hat.

1. Ökonomische Prozesse:
Die materiellen Grundlagen für den Prozeß stehen bereit oder werden jetzt bereitgestellt. Es werden einem seine ökonomischen Voraussetzungen klar, und man beginnt zu ahnen, welche Möglichkeiten sie bieten.

2. Soziale Prozesse:
Unbewußtheit, Phantasie und Illusion prägen die Situation, mit der man sehr unzufrieden ist. Auf der Ebene des ersten Enneagramm-Punktes wird meistens stark projiziert. Man erkennt seine eigenen psychischen Strukturen nur im Gegenüber statt in sich selbst. Tief im Inneren spürt man die Notwendigkeit einer Veränderung. Die Zeit ist reif für neue Erfahrungen, das fühlt man genau.

Der erste Enneagramm-Punkt gehört ferner der Ebene der körperlichen Reaktionen an, die von all unseren Reaktionsmöglichkeiten am schnellsten ablaufen. Es sind nicht selten Krankheiten oder beständiges körperliches Unwohlsein, die einen diesen Veränderungsprozeß beginnen lassen. Daß diese gesundheitlichen Störungen zumeist psychosomatisch bedingt sind, braucht wohl nicht betont zu werden.

Persönliches Wachstum

An diesem ersten Enneagramm-Punkt, der als der Punkt des konkreten Anfangs angesehen werden kann, werde ich mir bewußt, daß ich mit meiner jetzigen Situation unzufrieden bin. Mir wird klar, daß ich irgend etwas in meinem Leben verändern muß, wobei ich allerdings noch nicht so recht weiß, was das sein könnte. Die inneren Spannungen und die Unzufriedenheit lassen mich jedoch meine Situation genauer betrachten und dort nach Ansätzen zur Veränderung suchen.

Ich bin also in Aufbruchsstimmung, obwohl es mir bestenfalls vage bewußt ist, wohin meine Reise gehen könnte.

Die Ebene dieses ersten Enneagramm-Punktes ist noch völlig von mechanischen, das heißt von unbewußten Handlungen und Reaktionen geprägt.

Auf dieser Ebene ist der Suchende oftmals weitgehend damit beschäftigt, Ordnung in die ökonomische Situation seines Lebens zu bringen.

Übung:
Auf der Ebene des ersten Enneagramm-Punktes hilft folgende Affirmation, mit der man versucht, diese Anfangs-Situation bewußt zu erleben:

»Ich übernehme die volle Verantwortung dafür, daß ich bin, wo ich bin.«

Diese Affirmation sagt man sich dreimal am Tag innerlich vor und läßt sie wirken. Man kann sie auch als Meditationsgrundlage benutzen.

TYPEN: DER UNTERNEHMER

Stichworte

Der Herrscher (Eli Jaxon-Bear)
Der Reformer (Richard Riso)
Der Perfektionist (Helen Palmer, Kathleen V. Hurley und Theodore E. Dobson)
Der Unternehmer (Klausbernd Vollmar)
Der Anfänger

Nach Oscar Ichazo: der aggressionsgehemmte Idealist und Puritaner

Schlüsselworte

Der Punkt des Neubeginns
Primat des Materiellen
Organisationstalent
Perfektionssucht
Verarmungsängste
Ungeduld
Pedanterie
Kritikneigung

Charakteristische Aussage nach Rohr und Ebert[1]: Ich habe recht.

Allgemeine Charakterisierung

Enneagramm-Typ 1 weist einen Zwang zur Perfektion auf, die geradezu als Sucht auftritt. Er ist aber nicht nur zwanghaft (ein Anankast), sondern auch ordentlich und oft überkorrekt, besonders in geldlichen Angelegenheiten. Diese Haltung ist von seinen Verarmungsängsten geprägt, die ihn schnell heimsuchen. Dieser handlungsstarke und entscheidungsfreudige Enneagramm-Typ ist der perfektionistischste und zuverlässigste Typ des Enneagramms.

Im besonderen Maße finden wir seine Lust an der Perfektion im Materiellen ausgedrückt. Ihm macht es Spaß, seine Konten zu ordnen und sein Geld penibel zu verwalten, dabei hat er jedoch eine gewisse Neigung zum Geiz. Der »Unternehmer« steht deswegen am Anfang des Enneagramms, weil für ihn das Materielle eine wichtige Rolle spielt und das Enneagramm mit dem materiellen Tertial beginnt. Er kann gut sparen und hat ein »Händchen« fürs Geld. Das kommt daher, daß er sich mit seinem Geld identifiziert (was allerdings auch seine Schwäche ist).

Der »Unternehmer« kann blitzschnell entscheiden und handeln und agiert dabei erstaunlich sicher. Er ist ungeduldig, kritisiert und moralisiert gern, besonders wenn es um seine Geschäfte geht. Auf der anderen Seite ist er ein guter Geschäftsmann, dessen Stärke im selbständigen Arbeiten liegt, und ein fröhlicher Mensch, solange er ökonomischen Erfolg hat.

Der erste Enneagramm-Typ lebt in der Spannung von:

1. Sicherheitsstreben und Verarmungsängsten und
2. unterdrückter Aggression und offenem Kampf.

---

[1] Richard Rohr/Andreas Ebert: Das Enneagramm, Anhang S. 2.

Enneagramm-Punkt 1

| **Stärke** | **Schwäche (der Schatten)** |

Stärke

Dieser Enneagramm-Typ weiß um die materielle Bedürftigkeit des Menschen, und er sucht nach innerer und äußerer Sicherheit. Sein Organisationstalent ist von der Sehnsucht geprägt, diese Vollkommenheit zumindest im Materiellen zu schaffen. Er möchte die Situationen, Menschen und Dinge geordnet und wohl organisiert sehen. Das ist der Beitrag dieses Enneagramm-Typs auf dem Weg zum spirituellen Wachstum. Er entspricht der Anforderung, die Gurdjieff als essentiell für die spirituelle Entwicklung des Menschen ansieht, nämlich jede Aufgabe, die man angeht, hundertprozentig auszuführen. Dabei sollte man allerdings nicht in seiner Aufgabe aufgehen, sondern sie als Spiel ansehen, da man sich sonst leicht selbst vergißt. Das fällt jedoch dem Unternehmer schwer, der sich gern mit seinen Geschäften und seinen ökonomischen Erfolgen identifiziert.

In der klassischen Typenlehre des Enneagramms wird der »Unternehmer« als der Idealist des Enneagramms angesehen. Wie er schon seinen Eltern Freude machte, so versucht er noch als erwachsener Mensch, gut, erfolgreich und möglichst vollkommen zu sein. Gelingt ihm dies mit einer heiteren Gelassenheit, dann ist er ein allseits beliebter und angenehmer Zeitgenosse, der gerecht, harmonisch und klug durchs Leben geht. Allerdings *läuft* dieser erste Enneagramm-Typ eher durchs Leben, als daß er geht. Schnelligkeit ist sein Metier. Durch Geschwindigkeit versucht er die Materie zu beherrschen. Er kann so blitzgeschwind und sicher handeln, da sein Realitätssinn weder durch Phantasie noch durch Illusionen gestört wird.

Eine der wesentlichen Stärken des »Unternehmers« sind:

1. sein »Händchen« für Geschäfte,
2. sein ausgeprägtes Organisationstalent,
3. sein Bemühen um Vollkommenheit,
4. Vernunft und eine klare Sicht der Realität,
5. Optimismus (bei ökonomischem Erfolg).

Schwäche (der Schatten)

Da der erste Enneagramm-Typ immer den lieben Jungen beziehungsweise das brave Mädchen spielen mußte, ist es bei ihm zu einer Verdrängung seiner Aggressivität gekommen. Diese auszudrücken, verwehrt er sich selbst, da er befürchtet, dann sofort seinen ökonomischen Erfolg und alle Anerkennung und Liebe zu verlieren. Solche unterdrückte Aggressivität macht sich, für die Umwelt oft völlig unverständlich, in plötzlichen Wut- und Zornesausbrüchen Luft. Für diese »Entgleisungen« haßt sich der »Unternehmer«, statt sie zu akzeptieren und als Teil seiner Persönlichkeit anzuerkennen. Sein Schatten sind seine Wut und sein verdrängter Zorn, den er immer nur im anderen erlebt.

Zorn und Wut als unkontrollierter, emotionaler Zustand machen den »Unternehmer« blind. Er sieht nicht, daß aus der Wut geborene Handlungen sich nicht als Mittel zur Veränderung eignen.

Was ihn zu einem unangenehmen Zeitgenossen machen kann, sind sein Hang zur Starrheit und seine ökonomischen Ängste, die sich schon bei kleinstem wirtschaftlichen Mißerfolg zeigen.

Seine Verarmungsangst kann ihn bisweilen sehr geizig sich selbst und anderen gegenüber werden lassen. Der unerlöste Typ 1 ist der Geizkragen des Enneagramms. Er versucht jedoch sein Organisationstalent dafür einzusetzen, daß er immer genügend Geld zur Verfügung hat. Ist das nicht der Fall, bricht für ihn das Chaos aus, und er wird übellaunig und zum miesepetrigen Nörgler.

Durch die Verarmungsangst ist der erste Enneagramm-Typ sehr streßabhängig. Diese Neigung wird noch durch seine Bereitschaft zu schnellem Reagieren verstärkt, die dem ersten Enneagramm-Tertial zu eigen ist.

Am ersten Enneagramm-Punkt wird nicht nur Materielles angehäuft, sondern auch Freunde und Wissen.

Übung:
Typ 1 kann von der Übung des positiven Kämpfens profitieren. Bei dieser Übung, die zu einer Lebenshaltung werden sollte, nimmt er sich jeden Morgen vor, seine Aggressionen genau zu erkennen und zu betrachten, ohne sie ändern zu wollen. Dazu entspannt der »Unternehmer« sich vor dem Aufstehen morgens im Bett so tief wie möglich und sagt sich dann die Affirmation:

»Ich bin mir heute meiner Wut völlig bewußt«

dreimal im stillen vor. Wenn er will, kann er sich zusätzlich vornehmen, morgens, mittags und abends je einmal in seiner Arbeit innezuhalten und zu ergründen, wie er sich jetzt fühlt. Gelingt es ihm, seiner Wut täglich bewußt zu werden, dann nimmt er sich mit Hilfe einer Affirmation vor, diese Wut auch auszudrücken. Dabei kommt es jedoch darauf an, daß der »Unternehmer« diese Wut als *seine* Wut seinem Gegenüber zeigt. Es ist wichtig darauf zu achten, diese Wut nicht auf den anderen zu projizieren. Er verhält sich also ganz offen zu seinem Gegenüber und zeigt, wie wütend er ist.

Dabei kann oftmals festgestellt werden, daß der andere ihm daraufhin nicht seine Zuwendung entzieht. Das ist eine notwendige Erfahrung für den Einser. Zugleich sollte er sich verdeutlichen, daß er mit dieser Haltung viel sicherer und angenehmer durchs Leben geht.

Da jeder von uns seinen Typ-1-Anteil besitzt (was an der Unterdrückung von Aggression in unserer Gesellschaft festzumachen ist), hilft diese Übung nicht allein dem Enneagramm-Typ 1.

Chakra

Unsere Erdung und unsere grundlegende Lebensenergie entstammt unserem Wurzel-Chakra, das die Hindus den »Muladhara-Lotos« nennen. Dieses Chakra gibt uns des Morgens die Energie, den Tag anzugehen und durchzustehen. Auf der Ebene des Wurzel-Chakras geht es um das materielle Überleben und die materielle Organisation unseres Lebens. Wir befinden uns nach Gurdjieff hier im materiellen Abschnitt des Enneagramms, dort wo die Lebensgrundlagen geschaffen werden, auf denen alles andere aufbaut.

Übung:
Wie können wir die Lebensenergie des ersten Enneagramm-Punktes aktivieren?

Hier bieten sich alle Erdungsübungen an. Die einfachste dieser Übungen besteht darin, daß wir uns morgens nach dem Aufstehen mit geschlossenen Augen, die Füße eng aneinander gehalten, gerade hinstellen. Zunächst spüren wir den Boden unter unseren Fußsohlen. Dann stellen wir uns vor, daß wir beim Einatmen unseren Atem von tief aus der Erde herholen und ihn beim Ausatmen mit all unseren Spannungen, Ängsten und Aggressionen tief in die Erde zurückfließen lassen. Nach einer Weile geraten wir dabei ins Schwanken. Nun können wir uns vorstellen, daß von unseren Fußsohlen Wurzeln ausgehen, die tief in die Erde hinabreichen.

Kommentar:
Spielen Sie mit dieser Übung. Wenn man Sie regelmäßig drei bis fünf Minuten pro Tag durchführt, wird sie Ihnen bald Ihre Erdung im alltäglichen Leben erleichtern.

Übung:
Ferner hilft es am ersten Enneagramm-Punkt, tief in das Ende seiner Wirbelsäule hineinzuatmen, dorthin, wo nach hinduistischer Überlieferung (aber auch nach europäischer Tradition) die Lebensenergie im Wurzel-Chakra ruht. Versuchen Sie, in Ihr Steiß-

bein zu atmen und dieses warm werden zu lassen.

Farbe

Die dem ersten Enneagramm-Punkt zugeordnete Farbe ist Violett. Violett entspricht diesem ersten Enneagramm-Punkt deswegen, da es die Farbe darstellt, die aus dem Unsichtbaren, dem Ultravioletten, ins Sichtbare getreten ist. Violett bekam seinen Namen von dem Veilchen, das als der Frühlingsbote oder »Blume des Anfangs« vielfach besungen wird.

Nach der zweiten Zuordnungsmöglichkeit der Farben zum Enneagramm wird dem ersten Enneagramm-Punkt die Farbe Rot zugeordnet. Mit Rot ist das Blut und das Feuer verbunden, die beide als Energien des Anfangs angesehen werden können. Das drückt sich schon im Regenbogen aus, der mit der Farbe Rot beginnt. Wie Violett steht auch Rot am Übergang zum Unsichtbaren: nämlich dem Infrarot.

Rohr und Ebert übernehmen die jesuitische Farbzuordnung, die aus mir unerfindlichen Gründen hier die Farbe Silber vorschlägt.

KOSMOLOGIE

Astronomie

An Enneagramm-Punkt 1 kann nur Merkur als der sonnennächste Planet stehen, da er sich am schnellsten von allen Planeten bewegt. Alle Lehrer des Vierten Weges betonen immer wieder, daß der Anfang des Enneagramms durch die größte Schnelligkeit gekennzeichnet ist. Das kommt daher, daß wir uns im ersten Tertial des Enneagramms im Bereich des Körperlichen befinden. Unser Körperzentrum reagiert auf neue Reize am schnellsten.

Astrologie

Merkur als Gott der Kaufleute, die mit der beweglichen Materie umgehen, steht folgerichtig am ersten Enneagramm-Punkt. Eigentlich ist diese Kraft des Anfangs, Merkur, noch kein Gott, sondern nur der Bote der Götter. Hier ist man noch so in der Materie verfangen, daß das Göttliche nur indirekt sichtbar wird. Merkur kann der Mythologie zufolge wie der erste Enneagramm-Typ erstaunlich rasch handeln und sich schnell allen Umweltanforderungen anpassen.

Als Sternzeichen finden wir hier den Stier, der wie das Violett des Veilchens die Frühlingskraft symbolisiert. Stier als körperbetontes Erdzeichen bezeichnet genau diesen materiellen Anfangspunkt des Enneagramms. Diesem Sternzeichen sagt man eine ausgeprägte Geschäftstüchtigkeit nach, die auch den ersten Enneagramm-Typ deutlich prägt. Für den Stier wie für den »Unternehmer« zählen erst einmal Fakten und sonst nichts. Auch die Verarmungsängste dieses Enneagramm-Typs kennt der Stier nur zu gut.

Tiersymbole

Die Ameise als fleißiges Tier und großes Organisationstalent wird dem ersten Enneagramm-Punkt zugeordnet, ebenso wie die Biene, die ebenfalls als sprichwörtlich fleißiges Tier und großes Organisationstalent gilt.

Dazu kommt der Schatten des ersten Enneagramm-Punktes, der durch den kläffenden und aggressiven Terrier symbolisiert wird.

Persönlichkeiten

Onkel Dagobert, die geizige und geldgierige Zeichentrickfigur von Walt Disney verkörpert diesen Typ in seiner unerlösten Form; der joviale Unternehmer, wie er oftmals in der Karikatur dargestellt wird, symbolisiert dessen befreite Form. Als Philosoph wird dieser Enneagramm-Typ idealerweise von Aristoteles (384-322 v. Chr., Schüler Platons) verkörpert, der in seinen ebenso intensiven wie exakten Naturstudien ein empirisches Wissen anhäufte, auf das man bis in die Renaissance zurückgriff. Ferner ordnete Aristoteles als typischer Einser die wissenschaftliche Begrifflichkeit und schuf damit eine noch bis heute gebräuchliche Fachsprache. Er war sehr aktiv und auch zu seiner Zeit schon sehr erfolgreich. Etwa 170 Reden, die seine Lehre beinhalten, sollen von ihm verfaßt worden sein, allerdings sind nur 47 Schriften von ihm erhalten.

Land

Dem Prinzip des ersten Enneagramm-Punkts entspricht die Schweiz, weil sie das Geld aus der ganzen Welt verwaltet, und das Fürstentum Liechtenstein, das als europäisches Steuerparadies gilt.

Astrologie Merkur Stier
Farbe Violett bzw. Rot
Chakra Muladhara (Wurzel-Chakra)
Kabbala Chochma oder Malkuth Chochma ist die praktische Weisheit, die der erste Enneagramm-Typ beständig sucht.
Bachblüten Vervain[2] Heather als Blüte des siebten Enneagramm-Typs (Entlastungspunkt von Typ 1)
Körper Verdauung
Zeitgefühl Man fühlt sich von der Zeit getrieben – auch wenn kein Anlaß dazu besteht. »Zeit ist Geld«, diesen Ausspruch könnte ein Typ 1 erfunden haben. Er arbeitet beständig gegen die Uhr, dabei ist er jedoch in der Lage, über lange Zeit seine Konzentration aufrechtzuerhalten. Kommt der Einser in den Streß, unter zeitlichem Druck arbeiten zu müssen, so treten depressionsartige Verstimmungen bei ihm auf. Besonders auf Geschwätz und unnötige Unterbrechungen reagiert er sehr gereizt. Der »Unternehmer« möchte aus der Gegenwart das Beste machen.

---

[2] Ich halte mich bei dieser Zuordnung weitgehend an das Buch von Eliane Ganem: Blüten der Erkenntnis, Wessobrunn 1993. Zwischen diesem Buch und meiner Zuordnung der Bachblüten zu den einzelnen Chakras aus dem Jahre 1985 gibt es viele Parallelen.

Schlüsselfragen

(Je mehr dieser Fragen Sie mit Ja beantworten, um so ausgeprägter entsprechen Sie diesem Enneagramm-Typ 1.)

- Haben Sie öfter Verarmungsängste?
- Ärgert es Sie, wenn Mitarbeiter von Ihnen eine Aufgabe nicht hundertprozentig lösen?
- Sind Sie auch in bezug auf Kleinigkeiten sehr genau?
- Sind Sie meistens mit Ihrem Geld beschäftigt?
- Arbeiten und entscheiden Sie gern selbständig?
- Meinen Sie, daß ohne Sie in Haushalt oder Geschäft alles drunter und drüber geht?
- Wissen Sie genau, was in einer Situation richtig und was falsch ist?
- Sind Sie ein guter Organisator, der alles verbessern möchte?
- Ist Ihnen in den meisten Situationen klar, was getan werden müßte?

Enneagramm-Punkt 2

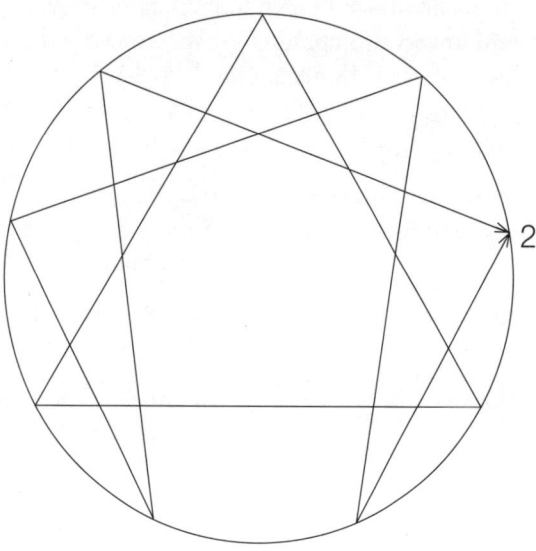

Allgemeine Charakterisierung des zweiten Enneagramm-Punktes

Der zweite Enneagramm-Punkt ist der Punkt der ersten Planung. Nachdem die Faszination des Neuanfangs des ersten Enneagramm-Punktes abgeklungen ist, muß die entstandene Energie, zum Beispiel Begeisterung und Motivation zu einer Veränderung, in bestimmte Bahnen gelenkt werden, um in die erwünschte Richtung zu wirken.

Am zweiten Enneagramm-Punkt steht die Frage an, was zu tun ist, um den Schwung des Neuanfangs zu nutzen: Wie kann ich meine Energien produktiv einsetzen, um wirklich etwas Neues zu schaffen?

Dieser zweite Enneagramm-Punkt steht in einer eigenartigen Spannung zwischen dem Schwung des Neuanfangs und der Einsicht, daß Arbeit notwendig ist, um die freigewordenen Energien zielgerichtet zu nutzen. Am zweiten Enneagramm-Punkt beginnt man zu ahnen, daß ein Außenimpuls (Enneagramm-Punkt 3) benötigt wird und man nicht so einfach, wie gedacht, vorwärts kommt.

PROZESSE

Prozesse

Die Voraussetzungen für den entsprechenden Prozeß werden jetzt geschaffen, damit er in Gang kommen kann. Die Arbeit beginnt, und es ist zumindest die grobe Richtung klar, wohin der Prozeß geführt werden soll. Zugleich wird aber auch deutlich, daß wir an den Voraussetzungen für diesen Prozeß noch einige Veränderungen vornehmen müssen. Wir merken, daß wir noch viel zuwenig von dem angestrebten Prozeß verstehen und daß wir unbedingt weitere Informationen benötigen.

1. Ökonomische Prozesse:
Hier geht es um die Betrachtung, wie die materiellen Voraussetzungen und die Arbeitskraft am besten derart organisiert werden können, daß eine reibungslose Produktion beginnen kann. Produktionspläne werden erstellt.

2. Soziale Prozesse:
Man beginnt zu ahnen, daß man permanent projiziert und in unbewußten, unkontrollierten Handlungsabläufen verstrickt ist. Man weiß in etwa, was man ändern muß, allein es fehlt das Wissen, wie man all diese selbstaufgebauten Hindernisse beseitigen kann. Man möchte bewußter sein, weiß aber nicht, wie man dahin gelangt.

Hier befinden wir uns wie am ersten Enneagramm-Punkt immer noch auf der Ebene des Körpers.

Persönliches Wachstum

Auf dieser Ebene wird einem der Wunsch nach Veränderung immer klarer, und man beginnt, sich nach realen Veränderungsmöglichkeiten umzuschauen. Man versucht, seine Lage zu analysieren, um sich darüber klarzuwerden, wohin man sich verändern möchte. Im Gegensatz zur Ebene des ersten Enneagramm-Punktes gelingt es einem hier, eine Vorstellung von seinem Ziel zu entwerfen.

Allerdings handeln wir auf dieser Ebene immer noch weitgehend unbewußt und werden primär von den Bedürfnissen unseres Körpers angetrieben. Uns wird aber klar, daß wir von diesem unbewußten Handeln und Reagieren wegkommen müssen, um unsere Lage zu verbessern, wir wissen dabei allerdings noch nicht, wie es praktisch bewerkstelligt werden soll, daß wir mehr Disziplin, Bewußtheit und Willenskraft bekommen.

Übung:
Auf der Ebene des zweiten Enneagramm-Punktes liegt es an, seine Wertvorstellungen zu klären, da es von ihnen abhängig ist, wohin man sich begibt. Während Sie sich auf dieser Ebene befinden, sollten Sie sich an Ihren Schreibtisch oder einen Platz, an dem Sie sich oft aufhalten, ein Kärtchen mit dem Satz hinstellen:

»Ich werde mir meiner Werte bewußt.«

Auf dieser Ebene des Enneagramms ist es wichtig, mit solchen Erinnerungsstützen zu arbeiten, da wir nur zu leicht unsere Aufgaben vergessen.

TYPEN: DER PLANER

Stichworte

Die göttliche Mutter (Eli Jaxon-Bear)
Der Helfer (Richard Riso, Kathleen V. Hurley und Theodore E. Dobson)
Der Geber (Helen Palmer)
Der Planer (Klausbernd Vollmar)
Nach Oscar Ichazo: die hilfreiche Frau (Mutter)

Schlüsselworte

Der Punkt des ersten Plans
Tatkraft
Schönheit
Manipulation
weibliches Rollenverhalten: Herrschen durch Dienen
Minderwertigkeitsgefühl

Charakteristische Selbstaussage nach Rohr und Ebert: Ich helfe.

Allgemeine Charakterisierung

Der zweite Enneagramm-Typ ist der eitle Ästhet und Utopist des Enneagramms. Für ihn muß, ähnlich wie für Typ 4, alles schön sein, damit er sich wohlfühlt, helfen und arbeiten kann. Für seine Arbeit braucht er unbedingt soviel Anerkennung wie möglich, um seinen Minderwertigkeitskomplex zu befriedigen. Bekommt er die nicht, so tyrannisiert er seine Umwelt so lange, bis er sie bekommt, und er kann dabei sehr impertinent sein.

Der »Planer« ist oft hysterieform (er pflegt öfter wie ein Hysteriker zu reagieren), aber auch praktisch zupackend. Er beklagt sich gern. Hier tritt oft ein Hang zur Hypochondrie (der eingebildeten Krankheit) auf, der besonders dann unerträglich wird, wenn der Typ 2 sich mißachtet fühlt.

Er ist häufig von Armen und Bedürftigen angezogen, denen er seine Vision von einer besseren Welt vermitteln kann. Er ist sehr sozial, schon allein deswegen, weil er die Anerkennung seiner Umwelt braucht. Selbst vermeidet Enneagramm-Typ 2 allerdings jegliche Form von Bedürftigkeit, während er anderen gegenüber zu vielen Gefälligkeiten bereit ist. Er erwartet aber entsprechenden Dank dafür, sonst reagiert er mißmutig.

Der zweite Enneagramm-Typ verführt oder greift an. Er ist dem Prinzip der Jungfrau in der Astrologie sehr ähnlich.

Der »Planer« lebt in der Spannung von

1. Naivität und Manipulation,
2. Anerkennungssucht und Depression,
3. Ästhetik und Leiden.

Stärke

Typ 2 ist meist charmant, liebenswürdig und sehr aktiv. Er kann sehr herzlich sein und alles so einrichten, daß andere Menschen und er sich selbst wohlfühlen. Er ist derjenige, der immer nur das Beste und Schönste für sich und andere möchte. Er hat Visionen von einer idealen Welt, mit denen er sich und andere begeistert und oftmals auch etwas verändern kann. Er entwirft die Zukunft und kann auch hart für die Umsetzung seiner Entwürfe arbeiten; außerdem besitzt er ein waches Auge für das Praktische und Machbare.

Der »Planer« versucht Problemsituationen durch Schönheit und Eleganz zu lösen.

Schwäche (der Schatten)

Der unbewußte »Planer« manipuliert seine Umwelt, und zwar im Extrem dadurch, daß er gern die Rolle des Märtyrers spielt. In diese Rolle pflegt der Typ 2 immer dann zu schlüpfen, wenn er übersehen wird und nicht genügend Anerkennung bekommt. Er möchte es allen schön machen und dafür aber auch belohnt werden.

Dieses »Märtyrer-Spiel« kann noch dadurch verstärkt werden, daß sich Typ 2 beständig mit seinem eigenen, meist eingebildeten Leiden beschäftigt. Übersieht man den »Planer«, so wird er absolut unerträglich. Meist reagiert er dann hysterisch exaltiert und völlig unangemessen. Obwohl er meist ganz realistisch ist, muß er sich in Konflikten vor Abgehobenheit hüten.

Wenn der zweite Enneagramm-Typ oft sehr verführerisch ist, ist er zugleich auch oft sehr gefühlskalt. Er sucht nämlich statt tiefer Gefühle eher die Schönheit oder die Abhängigkeit in der Sexualität. Er braucht sehr viele schöne Partner und hat einen Hang zum Exhibitionismus. Auch in der Liebe braucht der »Planer« fortwährend Anerkennung und zugleich versucht er, seinen Partner nach einem Modell zu formen.

Bei Oscar Ichazo und seinen Nachfolgern wird beim zweiten Enneagramm-Typ dessen Helfersyndrom betont.

Übung:

Typ 2 hilft es sehr, wenn er lernt, in Konflikten bewußt zu handeln. Dazu muß er sich der Situation erst bewußt werden, denn oftmals besitzt er gar kein Gespür für Konfliktsituationen.

Ihm hilft es, täglich abends im Bett den vergangenen Tag daraufhin durchzugehen, wann er wirklich unangemessen reagierte. Werden ihm diese Situationen zunehmend klarer, dann kann er versuchen, in Konflikten zunächst einmal nicht zu reagieren und nicht zu handeln, sondern sich einfach des Konfliktes bewußt zu sein. Das wird ihm sicher auf die Dauer helfen und ihn entlasten.

Chakra

Dem Enneagramm-Punkt 2 entspricht das Sakral-Chakra. Bei diesem Chakra geht es um die Auseinandersetzung mit dem anderen, also um das Du. Diese Auseinandersetzung mit dem anderen findet am intensivsten in der Sexualität statt. Auf einer tieferen Ebene treffen wir mit dem Sakral-Chakra auf das Problem von Geben und Nehmen und auf das der Hingabe. Diese Probleme stellen eine wesentliche Herausforderung für den »Planer« dar.

Übung:

Um sich auf der körperlichen Ebene, auf der wir uns hier nach Gurdjieff befinden, mit dem Sakral- oder Svadisthana-Chakra auseinanderzusetzen, hilft eine Atem-Übung, bei der wir so bewußt wie möglich unseren Atem beobachten.

Wir legen uns auf den Rücken flach auf den Boden, schließen unsere Augen, um besser nach innen horchen zu können, und atmen ruhig und entspannt. Dabei spüren wir, wie der Strom unseres Atems an unserer Nasenspitze vorbeizieht. Haben wir unseren Atemrhythmus gefunden, so achten wir darauf, ob wir mehr das Ein- oder das Ausatmen betonen, ohne jedoch unser Atemmuster zu ändern.

Betonen wir mehr das Einatmen, dann ist bei uns das Nehmen stärker als das Geben ausgeprägt; betonen wir mehr das Ausatmen, dann spielt in unserem Leben das Geben eine wichtigere Rolle als das Nehmen. Für den typischen Enneagramm-Typ 2 hilft es, falls er eine Überbetonung des Ausatmens bei sich bemerkt, im nächsten Schritt für eine kurze Zeit (ein bis zwei Minuten) bewußt einzuatmen und beim Ausatmen einfach loszulassen. Wenn man diese Übung regelmäßig durchführt, kann man dadurch sein Geben und Nehmen in den Ausgleich bringen.

Farbe

Wie dem Enneagramm-Typ 1 ist auch dem Enneagramm-Typ 2 die Farbe Violett zugeordnet. Violett als Farbe der Finsternis – es ist die dunkelste Farbe des Spektrums – symbolisiert, daß auf dieser Stufe des Enneagramms der Mensch im Materiellen gefangen ist. Es ist noch wenig Licht des Bewußtseins vorhanden, das erst mit den nächsten Enneagramm-Punkten immer mehr zunimmt.

Rohr und Ebert weisen dem zweiten Enneagramm-Punkt die Farbe Rot zu. Als Farbe der Körperlichkeit entspricht Rot dem ersten Abschnitt des Enneagramms, der von den Gesetzen der Materie geprägt ist.

KOSMOLOGIE

Astronomie

An dem Enneagramm-Punkt 2 finden wir Venus, die auf der zweiten Planetenbahn, von der Sonne aus gesehen, diese umkreist. Wie Merkur auf dem Enneagramm-Punkt 1 weist auch Venus den periodischen Wechsel als Morgen- und Abendstern auf.

Astrologie

Astrologisch ist der zweite Enneagramm-Punkt dem Krebs zugeordnet. Krebs als das mütterlichste Prinzip des Sternkreises entspricht genau Typ 2, der auch gern die Menschen seiner Umgebung bemuttern möchte.

Der Krebs kann mit seiner ausgeprägten Vorstellungskraft gut planen, und er fürchtet nichts so sehr wie Ablehnung. Mit diesen beiden Zentralaussagen über das Sternzeichen Krebs haben wir zugleich den zweiten Enneagramm-Typ bestens charakterisiert.

Venus symbolisiert das Schönheits- und Harmoniebedürfnis des »Planers« wie auch seine Liebesbedürftigkeit.

Tiersymbole

Die Katze wird wegen der Schönheit ihrer Bewegungen diesem zweiten Enneagramm-Punkt zugeordnet.

Der Esel als störrisches Tier drückt den Schatten dieses Enneagramm-Punktes aus.

Die Jesuiten rechnen noch das hilflose Hundebaby diesem Enneagramm-Punkt 2 zu.

Persönlichkeiten

Man kann diesem zweiten Enneagramm-Typ so unterschiedliche Persönlichkeiten zuordnen wie Mutter Teresa [Agnes Gonxha Bojaxhin] (geboren 1910), die ein lebendiges Symbol des befreiten Dienens und der Demut darstellt, und Michael Jackson, der sich, wenn auch wohl nur aus Werbegründen, für Kinder einsetzt.

Auch berühmte Hollywood-Schauspielerinnen wie Elizabeth Taylor und Barbra Streisand werden dem zweiten Enneagramm-Typ zugeordnet.

Land

Das klassische Land des zweiten Enneagramm-Typs ist Italien. In diesem Land verbinden sich Ästhetik, Eitelkeit und Mutterkult zu einer lebendigen Typ-2-Kultur.

Astrologie	Krebs Venus
Farbe	Violett
Chakra	Svadisthana (Sakral-Chakra)
Kabbala	Binah oder Jessod Binah ist das sensible Verständnis für andere und die Kraft der Erkenntnis, die dem zweiten Enneagramm-Typ eigen ist.
Körper	Lunge (Atmung)
Bachblüten	Chicory Willow (Blüte von Typ 4 als Mittel des Entlastungstyps)
Zeitgefühl	Zeit wird als Chance zur Kommunikation mit anderen Menschen angesehen. Für den Typ 2 gilt nur die Zeit als gute oder genutzte Zeit, die er mit anderen Menschen verbracht hat. Ferner spielt der Zeitfaktor beim Planen eine wichtige Rolle. »Planer« wollen die Gegenwart schön gestalten.

Schlüsselfragen

(Je mehr dieser Fragen Sie mit Ja beantworten, um so eindeutiger leben Sie den Enneagramm-Typ 2.)

- Helfen Sie gern anderen beim Erreichen ihrer Ziele?
- Benötigen Sie viel Anerkennung?
- Ist die Ästhetik Ihres Arbeitsplatzes von besonderer Wichtigkeit für Sie?
- Werden Sie als ein freundlicher und liebenswürdiger Mensch betrachtet?
- Macht es Ihnen Freude, das Leiden anderer Menschen zu mindern?
- Würden Sie fast alles tun, damit möglichst jeder Sie nett und angenehm findet?
- Würden Sie sich als aktiv bezeichnen?
- Sind Sie diplomatisch und anpassungsfähig?
- Können Sie sich mit Lust Ihrem Partner unterwerfen?

Enneagramm-Punkt 3

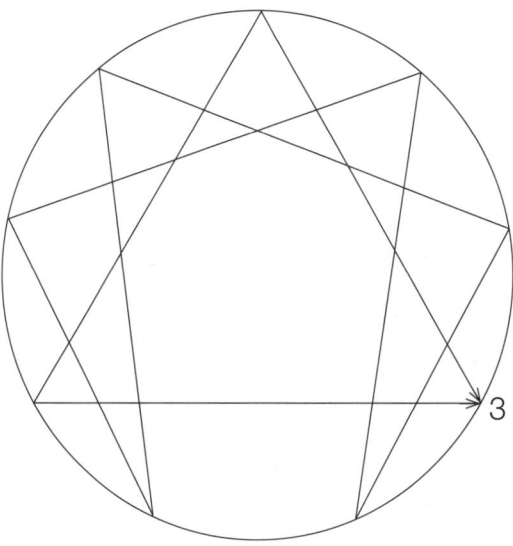

Allgemeine Charakterisierung des dritten Enneagramm-Punktes

Der dritte Enneagramm-Punkt ist von einem Außenimpuls gekennzeichnet, der den Schwung des Neuanfangs auf das erwünschte Ziel hin ausrichtet. Der angelaufene Prozeß würde ohne diesen Impuls Gefahr laufen, zum Stillstand zu kommen, da man nicht mehr weiß, wie es weitergehen soll. Der am dritten Enneagramm-Punkt erfolgende Außenimpuls schafft wieder neue Energien, um auf das Ziel hin fortschreiten zu können. So kommt dem dritten Enneagramm-Punkt eine Mittlerstellung zwischen dem Anfang des Enneagramms und seinem Mittelteil zu, in dem es um die Arbeit an den Widerständen geht.

Enneagramm-Punkt 3 wird als der »mechanische Schockpunkt« bezeichnet. Aus der Sicht Gurdjieffs bedeutet dies, daß der hier erfolgende Außenimpuls mit noch relativ wenig Bewußtsein aufgenommen wird. Man verarbeitet ihn mechanisch, gemäß eingeschliffener Verhaltensweisen.

PROZESSE

Prozesse

Nachdem die Voraussetzungen geklärt sind und die materiellen Grundlagen bereitstehen, kommt es darauf an, auf dieser Basis zu handeln. Wenn wir wie am Enneagramm-Punkt 3 die Vorbereitungsphase abgeschlossen haben, müssen wir einen Schritt weiter gehen, um den Prozeß nicht stocken zu lassen. Wir benötigen einen neuen Impuls beziehungsweise eine neue Idee, wie wir jetzt weiter unser Ziel ansteuern können.

1. Ökonomische Prozesse

In ökonomischen Prozessen ist diese neue Idee meist eine Produktionsidee: ein neuartiges Produkt oder ein völlig neuartiger Ablauf der Produktion eines schon bestehenden Produktes. Die Produktionsidee charakterisiert vorzüglich den dritten Enneagramm-Punkt, denn sie muß sowohl der materiellen Erfahrung mit der bestehenden Produktionsrealität als auch der Phantasie entspringen. Materie (erster Enneagramm-Abschnitt) und Gefühl (zweiter Enneagramm-Abschnitt) müssen hier produktiv zusammenfinden, um sich gegenseitig zu befruchten.

2. Soziale Prozesse

In sozialen Prozessen bedarf es hier ebenfalls einer Idee. Eine Beziehung oder eine Gruppe läuft sich an dieser Stelle tot und löst sich auf, wenn es nicht eine zündende Idee gibt, die alle Mitglieder wieder an einem gemeinsamen Ziel arbeiten läßt. Diese Idee kommt erfahrungsgemäß fast immer durch einen Freund oder Kritiker von außen, der auf die fehlende Dynamik des sozialen Prozesses aufmerksam macht. Kurz bevor dieser Außenimpuls stattfindet, wirken solche Gruppen oder Beziehungen oft wie tot.

Persönliches Wachstum

Endlich hat man sich fest vorgenommen, sich zu ändern, man ist sich auch in etwa darüber im klaren, in welcher Beziehung man sich ändern möchte, aber man weiß nicht wie. Man erkennt seine Probleme, hat aber keine Ahnung, wie es nun weitergehen könnte. Aus dieser Verzweiflung heraus wendet man sich an die Außenwelt um Hilfe. Durch diese emotionale Situation macht man sich offen für die Unterstützung von außen.

Wie diese Hilfe konkret aussieht, ist schwer zu sagen. Häufig ist es ein Buch, das uns auf einen bestimmten Weg bringt, oder ein Therapeut, es können aber auch Freunde sein oder drastische Veränderungen in der Lebenssituation, die einen zu Neuem zwingen. Auf jedem Fall wird man auf dieser Ebene mit einem Heilweg im weitesten Sinne in Verbindung gebracht. Man findet hier sein Heilmittel, sei es nun eine Therapie, Übungen oder bestimmte Gespräche mit engen Freunden. Diese Impulse machen einem deutlich, was man jetzt unternehmen muß, um seine Situation zu ändern und um die ewigen Wiederholungen, unter denen man leidet, zu stoppen.

Am besten kommt man an dieser Stelle mit irgendeiner Art von Bewußtseinsübung weiter, und oftmals wird man durch eine Yoga- oder Meditationsklasse mit einer solchen Übung vertraut gemacht. Falls Sie keinen persönlichen Lehrer haben, dann würde ich Ihnen empfehlen, die in diesem Buch (Seite 25) geschilderte Bewußtseinsübung regelmäßig durchzuführen.

TYPEN: DER MAGIER

Stichworte

Der Magier (Eli Jaxon-Bear und Klausbernd Vollmar)
Der Statusmensch (Richard Riso)
Der Dynamiker (Helen Palmer)
Der Gewinner (Kathleen V. Hurley und Theodore E. Dobson)
Der Macher

Nach Oscar Ichazo: der strahlende Statusmensch, der sich oft selbst belügt

Schlüsselworte

Der Punkt des energetischen Außenimpulses
Meisterschaft in der Manipulation der Dinge und Situationen
Männliches Rollenverhalten: Karriere steht über allem
Erfolgsorientierung
Tüchtigkeit
Phantasie, die sich selbst und anderen etwas vorgaukelt

Nach Rohr und Ebert ist der Lieblingssatz von Typ 3: Ich habe Erfolg.

Allgemeine Charakterisierung

Der dritte Enneagramm-Typ ist narzißtisch, status- und imageorientiert, sagen die Anhänger von Ichazos Typenlehre. Dies ist zweifelsohne häufig seine Wirkung auf die Außenwelt, aber letztlich ist dieser Enneagramm-Typ tatsächlich ein »Magier«, der sich auf die Anforderungen der Außenwelt voll einläßt. Dieser Enneagramm-Typ steht an einer wesentlichen Stelle des Enneagramms, an der sich das materielle und das emotionale Tertial treffen. Er hat Zugang zu beiden Seiten und verbindet so die materielle Welt, in der er den Erfolg sucht, mit der Welt der inneren Bilder und Phantasien, die ihm allerdings oft etwas vorgaukelt.

Der »Magier« vermeidet es unter allen Umständen, zu versagen und als erfolglos zu gelten. Diese Schande würde er nicht überleben. So spielt der dritte Enneagramm-Typ oft die Rolle des tüchtigen Mannes oder der tüchtigen Frau: Er kann sich vorteilhaft selbst darstellen und ist meistens erfolgreich.

Dieser Typ sucht den Erfolg und blüht in der Teamarbeit auf. Allerdings zeigt der »Magier« eine erschreckende Tendenz zum Workaholic. Dadurch, daß er jedoch Zugang zur materiellen wie auch zur Phantasiewelt besitzt, zeichnet sich sein Arbeitsanteil durch Dynamik und Kreativität aus. Wenn er auch als unnahbarer und unpersönlicher Macher erscheint, so besitzt er doch im Gegensatz zu den ersten beiden Enneagramm-Typen emotionalen Tiefgang, den er jedoch nicht unbedingt der Außenwelt präsentiert.

Er lebt in der Spannung von

1. Leistung und Versagensängsten,
2. Wirklichkeit und Illusion.

Stärke

Typ 3 sucht die Vervollkommnung, die er in der Leistung und im Erfolg erlebt. Meistens hat er den Erfolg, da er nicht nur sehr pragmatisch eingestellt ist und viel arbeitet, sondern auch sein Einfühlungsvermögen und seine Phantasie gut einsetzen kann. Der »Magier« geht oft in seiner Arbeit auf, da er sich dort zu Hause fühlt, wo Tüchtigkeit und Arbeitseinsatz verlangt werden. Er arbeitet äußerst effizient und besitzt die Kraft und Vision, etwas aufzubauen. Eine Stärke von Typ 3 ist, daß er selten den Überblick verliert und in emotional schwierigen Situationen relativ objektiv bleibt. Da dieser Enneagramm-Typ andere begeistern und mitreißen kann, ist er oft ein wichtiges Mitglied des Arbeitsteams.

Schwäche (der Schatten)

Viele der positiven Eigenschaften von Typ 3 sind aus einer Angst vor dem Versagen motiviert. Der »Magier« ist kein Magier mehr, wenn er die Dinge und Situationen nicht mehr beherrscht; dann brechen sein Selbstbild und sein starkes Selbstvertrauen zusammen. Das führt zu einer Gier nach Erfolg, wobei er sich als Phantasiemensch oft der Täuschung bedient, um den angestrebten Erfolg zu erreichen. Er meint, so Liebe und Zuwendung zu bekommen, wirkt jedoch auf andere oft als unsensibler Karrierist.

Enneagramm-Typ 3 ist sich seiner Wirkung auf andere voll bewußt und kann häufig seine wahren Absichten gut verstecken. Sein schwacher Punkt ist eine Distanzlosigkeit zu sich selbst. Der Magier identifiziert und überidentifiziert sich nicht nur mit dem, was er tut, sondern auch damit, wie er sich selber nach außen hin darstellt. So kann er sich leicht selbst verlieren und dann gar nicht mehr der zaubernde Magier sein. Er gleicht in solchen Situationen eher dem selbstverzauberten Magier mit einem Hang zum Narzißmus, wie wir ihn auch vom siebten Enneagramm-Typ her kennen, der in einigen Punkten dem »Magier« ähnelt.

Auffallend ist, daß Typ 3 weniger an Sex und Beziehung als an Karriere interessiert ist. In der Sexualität ist der Magier wie sein Symboltier, das Chamäleon. Es gibt fast nichts, an das er sich nicht anpassen kann.

Übung:

Dem Enneagramm-Typ 3 hilft es, wenn er sich bewußt wird, wo er sich und andere belügt. Denn genauso, wie dieser Enneagramm-Typ anderen etwas vormacht, macht er auch leicht sich selbst etwas vor. Aus diesem Grunde ist es für den Typ 3 wichtig, regelmäßig ein Tagebuch zu führen. Und zwar sollte er in seinem Tagebuch notieren, was er am vergangenen Tag getan und gesagt hat, und immer wieder genau schauen, wo er vom Pfad der Wahrheit abgewichen ist. Es kommt für ihn zuerst einmal darauf an, ein Bewußtsein dafür zu bekommen, wie er reagiert. Er soll nicht versuchen, sich zu ändern, denn was man bekämpft, das macht man nur stärker, indem man es mit Energie versieht. Wenn er durch die Tagebuch-Arbeit ein Bewußtsein dafür entwickelt, wo er sich und anderen etwas vormacht, dann wird sich dieses Verhalten auf die Dauer von selbst regulieren.

Dem dritten Enneagramm-Typ hilft neben der Tagebuch-Arbeit besonders die Meditation. Sie zentriert ihn und läßt ihn sich selbst erkennen, wie er ist. Außerdem braucht Typ 3 unbedingt Abstand von seinem Erfolgsstreben, wozu ihm die Meditation verhelfen kann.

Chakra

Dem Enneagramm-Punkt 3 wird zusammen mit Enneagramm-Punkt 4 das Nabel- oder Manipura-Chakra zugeordnet. Dieses Chakra bildet den Schwerpunkt des menschlichen Körpers. Es ist das »Hara« der Japaner, das in deren Kampfsportarten so betont wird. Die Konzentration auf dieses Chakra bringt Enneagramm-Typ 3 zur Erdung und läßt ihn seinen Mittelpunkt finden. Das ist deswegen für diesen Enneagramm-Typ wichtig, da er leicht von äußeren Werten wie zum Beispiel dem Erfolg bestimmt wird und sich durch sein Streben und seine Arbeitswut oft selbst verliert.

Übung:

Als Übung zur Aktivierung dieses Chakras legt man sich flach auf dem Rücken auf den Boden, schließt seine Augen und atmet tief und regelmäßig. Man legt seine beiden Hände auf den Nabel und läßt diesen ganz warm werden. Jetzt entspannt man, so tief man kann, und verlagert dabei sein Bewußtsein voll in seine Nabelgegend und sagt im stillen die Affirmation:

»Ich bin ehrlich zu mir selbst und anderen.«

Man nimmt sich etwa fünf bis maximal zehn Minuten Zeit für diese Übung. Dann schließt man sie ab, indem man sich reckt und streckt, die Augen öffnet und diese Übung noch etwas nachklingen läßt, ehe man sich wieder seiner Arbeit zuwendet.

Farbe

Dem Enneagramm-Punkt 3 wird die Farbe Blau zugeordnet. Blau wird von Goethe in seiner Farbenlehre der farbliche Stellvertreter der Finsternis genannt, und mit dieser Finsternis muß Enneagramm-Typ 3 kämpfen, wenn er sich zur Ehrlichkeit durchringen möchte. Gleichzeitig gibt Blau auch die Richtung dieses Kampfes an: Blau als Symbolfarbe der Seele[3] zeigt, daß sich Enneagramm-Typ 3 in besonderem Maße um seine Seele kümmern muß und sie nicht wie Goethes Faust um des Erfolgs willen verkaufen sollte.

Diesem Enneagramm-Typen hilft schon deswegen die Meditation auf die Farbe Blau, da diese tief entspannt und den Meditierenden wieder zu sich selbst zurückführt.

Nach Rohr und Ebert wird Typ 3 die Farbe Gelb zugeordnet, die seinen expansiven Charakter symbolisiert. Der »Magier« möchte wie das Gelb der Sonne strahlen.

---

[3] Vgl. hierzu genauer: Klausbernd Vollmar: Farben – Ihre natürliche Heilkraft, München 1991, S. 39ff.

KOSMOLOGIE

Astronomie

Enneagramm-Punkt 3 stellt nach Gurdjieff einen ganz besonderen Punkt des Enneagramms dar, nämlich den ersten Schockpunkt. An diesen Schockpunkten des Enneagramms, die alle auf dem Dreieck liegen, wird von außen eine neue Qualität in das Enneagramm eingeführt. Hier, am ersten Schockpunkt, steht die Erde mit ihrem Trabanten, dem Mond. Erde und Mond liegen auf der dritten Umlaufbahn, von der Sonne aus gesehen.

Die Erde stellt den Ort dar, an dem wir inkarniert sind, um uns mit der Arbeit auseinanderzusetzen. Im Erdenleben geht es um Erfolg oder Mißerfolg, und Typ 3 stellt sich dieser Aufgabe »ganz irdisch«, wenn er auch dabei oft über das Ziel hinausschießt.

Astrologie

Am dritten Enneagramm-Punkt finden wir das Feuerzeichen Löwe. Der Löwe symbolisiert das nach außen gehende, erfolgversprechende Prinzip im Zodiak. Löwe will wie Typ 3 glänzen und bekommt die Fähigkeit dazu durch seine Leidenschaft.

Mit Löwe betreten wir das fünfte Haus des Horoskops, »das ist der Bereich von Lebensantrieb, Wille und schöpferischem Selbstausdruck«[4], wie der deutsche Symbolspezialist Johannes Fiebig schreibt. Und genau dieses fünfte Haus entspricht der Qualität des dritten Enneagramm-Punktes, an dem ein neuer Wille, ein neuer Lebensantrieb durch den hier erfolgenden Außenimpuls wachgerufen wird. Es ist an diesem Enneagramm-Punkt eine typische Erfahrung, daß man einen Lehrer trifft, den man durch seine innere Situation anzieht, und dadurch zunächst einmal einen mächtigen Antrieb bekommt. Allerdings zeigt der nächste Enneagramm-Punkt, der der Jungfrau, welch harte Arbeit hinter der kurzen Euphorie des Löwen-Prinzips anliegt.

---

4 Johannes Fiebig: Der Löwe in uns, Königsförde 1991, S. 21.

Tiersymbole

Das Chamäleon, welches die Anpassungsfähigkeit dieses Enneagramm-Typs betont, gilt als klassisches Symboltier des dritten Enneagramm-Typs.

Ferner wird dieser Enneagramm-Typ durch den Pfau symbolisiert, der als altes alchemistisches Symbol der Verwandlung und des Wandlungsprozesses gilt, der an diesem ersten Schockpunkt des Enneagramms stattfinden muß, damit der Prozeß weiter in Richtung auf das erwünschte Ziel hin läuft.

Als höchste und erlöste Form des dritten Enneagramm-Punktes gilt der Adler, der sich hoch über alles erheben kann und so den Überblick behält.

Persönlichkeiten

Diesem dritten Enneagramm-Typ entsprechen besonders Menschen, die erfolgreiche Geschäftsleute und Personen des öffentlichen Interesses sind. Jeder, der seine Persönlichkeit erfolgreich vermarktet, besitzt einen deutlichen »Magier«-Anteil. Dazu gehören besonders Politiker wie Ronald Reagan und John F. Kennedy und Rockstars wie der unermüdliche, hart arbeitende Mick Jagger.

Land

Das typische Land des dritten Enneagramm-Punktes sind die USA als Land der unbegrenzten Möglichkeiten und somit als magisches Land – kurzum: ein Land für Typ 3.

Astrologie
Erde
Mond

Farbe
Blau

Chakra
Manipura (Nabel-Chakra)
Hara im Japanischen

Kabbala
Chessed oder Hod (Chod) (allerdings paßt Hod im großen und ganzen besser zum siebten Enneagramm-Typ)
Chessed ist die Liebe, die beim dritten Enneagramm-Typ verletzt worden ist und die ihn zugleich anspornt, schöpferisch und erfolgreich zu sein.

Körper
Der Tod des Körpers (Gurdjieff)

Bachblüten
Oak
Rock Water (als Mittel von Enneagramm-Typ 6, der den Entlastungstyp für den Dreier darstellt)

Zeitgefühl
Zeit wird als Möglichkeit zur Leistung und als Mittel zum Zweck gesehen. Typ 3 liebt die schnelle Entscheidung und schiebt selten etwas auf. Eigentlich hätte für ihn alles schon gestern erledigt werden müssen. Der »Magier« muß unbedingt lernen, sich etwas Zeit für sich selbst zu nehmen. Ein charakteristischer Typ 3 arbeitet stets für zukünftige Ziele.

Schlüsselfragen

(Je mehr Fragen Sie mit Ja beantworten können, um so deutlicher leben Sie diesen Typ.)

- Lieben Sie pflegeleichte Beziehungen, die wenig Ansprüche stellen?
- Macht es Ihnen Spaß, mit Dingen und Situationen zu spielen?
- Fällt es Ihnen schwer, nichts zu tun?
- Halten andere Sie für einen »Glückspilz«?
- Können Sie sich gut präsentieren und selbstdarstellen?
- Erleben Sie sich oft als Anführer oder Initiator einer Gruppe oder eines Projektes?
- Ist es Ihnen wichtig, schnell zu einem möglichst großen Erfolg zu gelangen?
- Würden Sie dem Sprichwort zustimmen: »Jede Beziehung ist einen Taler wert«?
- Halten Sie sich nicht immer unbedingt an die Wahrheit?

Enneagramm-Punkt 4

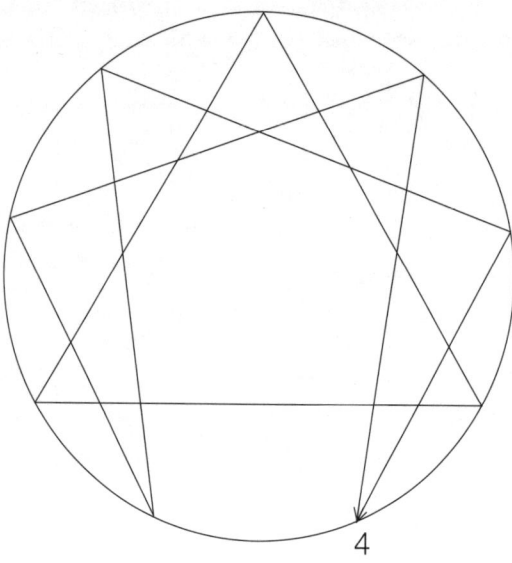

Allgemeine Charakterisierung des vierten Enneagramm-Punktes

Mit dem vierten Enneagramm-Punkt betreten wir den Mittelteil des Enneagramms. Dieser Mittelteil des Enneagramms ist vom Erlebnis der Widerstände geprägt. Am vierten Enneagramm-Punkt sieht man nur die Schwierigkeiten und die rechte Seite des Enneagramms (die Perspektive geht an Enneagramm-Punkt 4 zurück zum ersten und zweiten Enneagramm-Punkt). Durch den dritten Enneagramm-Punkt ist man sich seiner Situation bewußt geworden und wird jetzt mit der eigenen Unfähigkeit und Disziplinlosigkeit konfrontiert.

Der Übergang vom vierten zum fünften Enneagramm-Punkt ist schon von der Geometrie des Enneagramms her der schwierigste im gesamten Enneagramm, weswegen man am vierten Enneagramm-Punkt leicht dahin tendiert, statt vorwärts zu gehen auf den zweiten oder ersten Enneagramm-Punkt, zurückzufallen.

Der vierte Enneagramm-Punkt kann als der Krisenpunkt des Enneagramms bezeichnet werden.

PROZESSE

Prozesse

Man weiß hier, wie der Prozeß neu zu organisieren ist, daß er weiter in die gewünschte Richtung läuft, aber nun stellen sich unvorhergesehene Schwierigkeiten ein. Der Prozeß zeigt Widerstände und droht, in die falsche Richtung zu laufen. Man muß hier äußerst wachsam sein und permanent den Prozeß beobachten, sonst besteht die Gefahr, daß er in die falsche Richtung läuft.

1. Ökonomische Prozesse
Bei ökonomischen Prozessen tritt am vierten Enneagramm-Punkt häufig ein plötzlicher Kapitalmangel auf. Die neue Arbeitsorganisation war aufwendiger als vermutet. Man braucht zum Beispiel mehr Personal oder technische Hilfsmittel als geplant oder die Konkurrenz vermarktet gerade eine ähnliche Idee.

Setzt man sich mit dieser Situation bewußt auseinander, kann das zu einem großen ökonomischen Erfolg führen. Allerdings läuft man hier immer leicht Gefahr, den gesamten Produktionsprozeß abzubrechen und auf alte, sogenannte bewährte Methoden zurückzugreifen. Daß in dieser verständlichen, aber gefährlichen Haltung die Gefahr der Stagnation des Unternehmens liegt, ist einem zu diesem Zeitpunkt oftmals nicht klar.

2. Soziale Prozesse
Die Beziehung, die Gruppe oder das Gemeinwesen werden an dieser Stelle häufig von großen inneren Spannungen heimgesucht. Man kommt miteinander nicht mehr zurecht und wartet ungeduldig darauf, daß sich endlich etwas ändert. Es ändert sich aber nichts, sondern man gewinnt hier vielmehr ein Be-

Persönliches Wachstum

Auf der Ebene des vierten Enneagramm-Punktes wird man mit enormen inneren Spannungen konfrontiert. An Enneagramm-Punkt 3 bekam man den Schlüssel zu seiner Veränderung und am vierten Enneagramm-Punkt bemerkt man nun, wie schwierig es ist, sich wirklich zu ändern. Notwendige Übungen und regelmäßige Aufmerksamkeit machen viel mehr Schwierigkeiten, als man sich je ausmalte, und man verzweifelt an seiner Unfähigkeit, diszipliniert auf eine Veränderung hinzuarbeiten. Dazu kommt noch, daß man hier oft gemäß der Perspektive des Enneagramms zurückschaut und größte Schwierigkeiten hat, nicht in alte Verhaltensweisen zurückzufallen.

Diese Situation wird sehr anschaulich in der zweiten Geschichte der »Jataka«-Sammlung[5] (Buddha-Geschichten) von Buddha erläutert:

Eine Karawane wird von einem Karawanenführer nachts durch die Wüste geführt. Der Führer liegt dabei auf dem ersten Wagen und läßt sich von den Sternen den Weg weisen. Sie kommen gut voran und vor der letzten Nacht trinken Sie den Rest des Wassers aus. In dieser Nacht schläft der Karawanenführer ein, und die Karawane fährt im Kreis, wodurch alle zugrunde gehen. – Durch dieses Zurückfallen in den Schlaf kommt es zu einer zirkulären Bewegung, die alle untergehen läßt. Das genau ist die Gefahr an Enneagramm-Punkt 4, daß man nach all den Mühen zu früh aufgibt und dadurch sein Ziel nicht erreicht, sondern wieder in den Schlaf, das heißt in die Bewußtlosigkeit, fällt.

Dieser Punkt wird als der Krisenpunkt im Enneagramm angesehen, durch den man einfach hindurch muß, auch wenn alles aussichtslos erscheint. Durch die enorme emotionale Spannung an diesem Enneagramm-Punkt kann man an ihm all das lernen, was man für seinen weiteren Weg benötigt und

---

[5] Rhys Davids (Hrsg.): Stories of the Buddha – being Selections from the Jataka, London 1929, S. 1–5. Die zitierte Geschichte ist auch unter dem Titel: »Das Jataka der sandigen Straße« (The Sandy Road Jataka) bekannt.

wußtsein über die eigene Trägheit und die der Gruppe. Das ist der Punkt, an dem viele Gruppen und Beziehungen auseinandergehen. Man hat das Gefühl, sich vergeblich um eine Veränderung bemüht zu haben, und daß jetzt nichts geschieht, zeigt einem, daß all diese Bemühungen keinen Sinn mehr haben; man gibt auf.

Man würde wachsen und eine Wiederholung von Fehlern an diesem Punkt besonders in Beziehungen durchbrechen, wenn man gerade hier weitermachen und den Druck noch etwas länger aushalten würde.

vor allem Spannungen auszuhalten, was sehr wichtig für den weiteren Weg sein wird. Denn nur eine bewußt erlebte Spannung kann aufgelöst und in etwas Positives, nämlich in Bewußtsein, umgewandelt werden.

Übung:
Um sich an diesem Krisenpunkt zu stabilisieren, hilft es, in meditativer Ruhe all das niederzuschreiben, was man erreichen möchte. Machen Sie sich eine ausführliche Liste, in der Sie wirklich alles, was Sie erreichen möchten, ohne jegliche Bewertung aufschreiben. Nachdem Sie diese Liste aufgestellt haben, lesen Sie sich diese täglich durch und stellen Sie sich anschließend für etwa drei Minuten vor, daß Sie all diese Punkte schon erreicht haben.

TYPEN: DER BETROFFENE

Stichworte

Der Künstler (Eli Jaxon-Bear und Richard Riso)
Der tragische Romantiker (Helen Palmer)
Der Individualist (Kathleen V. Hurley und Theodore E. Dobson)
Der Betroffene (Klausbernd Vollmar)

Nach Oscar Ichazo: der klagende, unverstandene Künstler, der häufig dem Neid verfällt

Schlüsselworte

Der Krisenpunkt des Enneagramms
kreativer Einzelgänger
launisch, emotional labil
neidisch

Lieblingsgedanke dieses Typs nach Rohr und Ebert: Ich bin besonders und anders.

Allgemeine Charakterisierung

Dieser Typ ist der kreativste und einzelgängerischste aller Enneagramm-Typen. Der vierte Enneagramm-Typ vermeidet jegliche Gewöhnlichkeit, wo es nur geht. Er fühlt sich als etwas Besonderes und Außergewöhnliches, was er oft nach außen hin nur zu deutlich zeigt, auch wenn er es nur indirekt kundtut. Dahinter steht jedoch die nicht verstandene Suche des vierten Enneagramm-Typs nach Echtheit. Der »Betroffene« ist hochsensibel und spürt sofort, was echt ist und was nicht.

Typ 4 wird von anderen Enneagramm-Typen als launisch und gefühlsmäßig labil eingeschätzt, weswegen sie oft Schwierigkeiten im Zusammenleben oder Zusammenarbeiten mit ihm haben. Er ist ängstlich (phobisch), scheu und stark emotional veranlagt.

»Betroffene« halten sich für zu kurz gekommen und meinen, daß andere Menschen (unberechtigterweise) oft mehr Glück haben als sie. Das macht sie konkurrenzbesessen, aber auch unglücklich romantisch.

Der Lieblingssatz von Typ 4 lautet: »Mich versteht keiner.«

Er lebt in der Spannung von

1. Außergewöhnlichkeit und Sentimentalität,
2. Licht (größte Glücksgefühle) und Finsternis (fürchterlichste Zweifel).

Stärke

Typ 4 bringt Intuition und die Sensibilität ins Enneagramm. Er hat ein Gespür für Menschen und Situationen wie auch für den Umgang mit den unterschiedlichsten Materialien. Meist lebt er in einer sehr ästhetischen Umgebung, die er, wo immer er auch ist, ähnlich wie Typ 2 schnell einrichten kann. Der »Betroffene« ist meistens geschmackvoll gekleidet und ein Meister in der symbolischen Kommunikation.

Vierer sind immer äußerst emotionale Typen und können die Emotionalität auch aus den anderen Typen, mit denen sie zu tun haben, herauslocken.

Der »Betroffene« inspiriert oft andere Menschen.

Schwäche (der Schatten)

Ein Problem des vierten Enneagramm-Typs ist seine Verschlossenheit. Immer scheint er ein Geheimnis zu wahren, und andere Enneagramm-Typen haben das Gefühl, Typ 4 nie richtig verstehen zu können. Er ist derart von seinem Gefühl abhängig, daß er meistens launisch ist und emotional oft sehr kompliziert. Er neigt zu plötzlichen Wutausbrüchen, spontanen Unüberlegtheiten und harten Bewertungen. Man sagt ihm dazu noch nach, daß er neidisch sei – zumindest meint er, daß die meisten anderen es besser haben als er, der sowieso nie verstanden wird. Wahrscheinlich ist es aber nicht eigentlich der Neid, der ihn so plagt, sondern eine chronische Unzufriedenheit mit dem, was er hat. Der »Betroffene« liebt das Unerreichbare, was ihn oft melancholisch werden läßt.

Aus Selbstschutz lehnt Enneagramm-Typ 4 oft in überheblicher, arroganter Weise das Gewöhnliche ab. Es ist ihm äußerst wichtig, besonders zu sein.

Frauen dieses Typs möchten oft lieber Männer sein. Männer legen als Typ 4 ein unübliches Sexualverhalten an den Tag. Man liebt als Vierer den anderen immer nur dann aus vollem Herzen, wenn er unerreichbar ist. Alle »Betroffenen«, ob Mann oder Frau, besitzen aber dennoch ein starkes sexuelles Ausdrucksvermögen und wirken deswegen sexuell begehrenswert.

Übung:

Dem »Betroffenen« fallen Visualisierungen meist sehr leicht, da er ein optisch veranlagter Typ ist. Folgende Visualisierung mag Typ 4 stabilisieren:

Entspannen Sie sich so tief wie möglich und malen Sie sich in dieser tiefen Entspannung den Wert des Gewöhnlichen und Normalen aus. Sehen Sie es sich genau an. Nun lassen Sie dieses Bild sich auflösen und visualisieren Sie sich selbst. Stellen Sie sich vor, daß Sie ganz gewöhnlich angezogen sind, Ihr Haar und Ihr Auftreten ganz gewöhnlich ist. Malen Sie sich aus, im Bus oder in der U-Bahn zu sitzen und mit ganz normalen Menschen zu kommunizieren. Nun lösen Sie auch dieses Bild wieder auf und sinnen dem Ganzen noch etwas nach, bevor Sie sich wieder in Ihr Alltagsleben begeben.

Malen Sie sich einmal, wenn Sie Zeit und Lust dazu haben, als gewöhnlicher Mensch, und stellen Sie dann dieses Bild dort auf, wo Sie es täglich sehen.

Es kommt bei dieser Übung darauf an, daß Sie den normalen beziehungsweise gewöhnlichen Anteil in sich aufspüren, den jeder von uns besitzt.

Wichtig ist bei dieser Visualisierung, daß Sie das Visualisierte sich nicht nur so deutlich wie möglich vorstellen, sondern es auch körperlich spüren.

Chakra

Ebenfalls wie Enneagramm-Punkt 3 wird Enneagramm-Punkt 4 das Nabel- oder Manipura-Chakra zugeordnet. Das Prinzip dieses Chakras organisiert den Umgang mit unseren Emotionen, deswegen kann eine Harmonisierung der Energien des Manipura-Chakras dem »Betroffenen« sehr helfen.

Übung:

Um mit Ihrem Nabel-Chakra zu arbeiten, legen Sie sich flach auf den Boden, und zwar auf den Rücken, und schließen Ihre Augen. Sie entspannen sich so tief wie möglich und horchen in Ihren Körper hinein. Spüren Sie Ihren Körper ganz deutlich, zum Beispiel besonders die Stellen, mit denen Sie auf dem Boden aufliegen. Nun atmen Sie mit verbundenen Atem in Ihren Nabel hinein. Das heißt, Sie machen keine Pause zwischen Ein- und Ausatmen und zwischen Aus- und Einatmen. Wenn Sie so etwa fünfzehn bis zwanzig Atemzüge lang geatmet haben, kehren Sie wieder zu Ihrem normalen Atemrhythmus zurück, entspannen Ihren Bauch und die Gegend um Ihren Nabel herum.

Wenn Sie diese kleine Übung regelmäßig einmal pro Tag durchführen, werden Sie auf die Dauer Ihre Emotionen harmonisieren und stabilisieren.

Ein hilfreicher Effekt bei dieser Atemübung besteht darin, daß Sie sich auf die Dauer immer weniger mit Ihren Emotionen identifizieren.

Farbe

Den beiden Enneagramm-Punkten 4 und 5 wird die Farbe Grün zugeordnet. Diese Farbe ist deswegen in spezieller Weise mit den Emotionen verbunden, da sich in ihr nach Goethes Farbenlehre der farbliche Repräsentant des Lichtes (Gelb) mit dem farblichen Repräsentanten der Finsternis (Blau) mischt. Man kann es auch anders ausdrücken: Grün verbindet den Schatten mit unserer lichten Seite. Ein reines Grün genau in der Mitte zwischen Gelb und Blau symbolisiert die Harmonie unserer Gefühle. Im Grün sind unsere lichte Seite und unser Schatten ausgeglichen, wir können beides leben.

Eine andere sinnvolle Zuordnungsmöglichkeit verbindet die Farbe Blau mit dem vierten Enneagramm-Punkt. Blau als die Symbolfarbe der Seele, die so tief wie das blaue Meer ist und so unendlich wie der blaue Himmel, steht für das menschliche Gefühl. Dies entspricht genau dem Enneagramm nach Gurdjieff, da nach seiner Auffassung mit dem vierten Enneagramm-Punkt der Bereich des Gefühls betreten wird.

Übung:

Es hilft zur Harmonisierung seiner Gefühle, wenn sich Typ 4 seine Bauch- und Nabelgegend, in blauer und/oder grüner Farbe eingehüllt, visualisiert. Stellen Sie sich dazu vor, daß Sie mit jedem Atemzug Grün oder Blau als eine Art Farbwolke einatmen, die Sie in die Gegend des Nabel-Chakras hinunterleiten, und dann atmen Sie wieder Grün oder Blau aus Ihrem Nabel-Chakra aus. Mit jedem Atemzug wird Ihr Nabel-Chakra immer tiefer grün oder blau. Halten Sie diese Farbvorstellung an Ihrem Nabel-Chakra für etwa zehn Atemzüge und kehren Sie dann langsam in Ihr alltägliches Leben zurück.

Die Jesuiten ordnen diesem Enneagramm-Punkt 4 die Farbe hellviolett zu, was daher zu verstehen ist, daß Violett häufig als Symbolfarbe des künstlerischen Ausdrucks und der Intuition betrachtet wird.

KOSMOLOGIE

Astronomie

An Enneagramm-Punkt 4 steht Mars mit seiner komplexen Bahn, die die Komplexität der Gefühle dieses Enneagramm-Typs ausdrückt. Genauso wie die Marsbahn als vierte Umlaufbahn um die Sonne schwer nachvollziehbar ist, so sind auch die emotionalen Bewegungen von Typ 4 schwer ergründbar.

Astrologie

Als astrologisches Prinzip finden wir an Enneagramm-Punkt 4 das Sternbild der Jungfrau. Jungfrau spricht genau das an, was für den vierten Enneagramm-Typ notwendig ist, nämlich seine Erdung.

Ferner hilft es dem »Betroffenen«, die analysierende Haltung des Jungfrau-Prinzips einzunehmen, da ihn diese von seiner unseligen Verstrickung in seine Vorstellungsbilder wegzieht und ihn wieder mit den harten Tatsachen der Realität konfrontiert. Das Schweizer Astrologen-Ehepaar Huber sagt dem Jungfrau-Typ Arbeitsprobleme nach, die ganz klar, vom Enneagramm her gesehen durch seine Übersensibilität zustande kommen. Wie der vierte Enneagramm-Typ wird auch das Sternzeichen der Jungfrau meist ablehnend bis negativ in der Fach-Literatur bewertet.

Tiersymbole

Dem »Betroffenen« entspricht die Taube als der sensible Seelenvogel und der ebenfalls so sensible wie unberechenbare Basset, ein französischer Jagdhund, der mit seinen kurzen Beinen so merkwürdig aussieht. Ferner wird der Typ 4 durch das Rassepferd, das übersensibel und launisch reagieren kann, treffend symbolisiert.

Die Auster verbildlicht seine Verzauberung und Abkapselung.

Persönlichkeiten

Besonders die Dichter und Philosophen der Romantik und alle melancholischen Künstler, wie zum Beispiel Novalis (Friedrich von Hardenberg, 1772-1801), Franz Schubert (1797-1828) und Richard Wagner (1813-1883), wiesen deutliche Typ-4-Anteile auf. Die führenden romantischen Philosophen wie Friedrich Wilhelm Schelling (1775-1854) und Johann Gottfried Herder (1744-1803) versuchten in typischer Viererart die Welt vom eigenen Gefühl her zu erfassen. Ferner kann man den dänischen Philosophen Sören Kierkegaard (1813-1855) als Enneagramm-Typ 4 bezeichnen. Kierkegaard litt nicht nur unter Schwermut, sondern fühlte sich auch zutiefst unverstanden. Er suchte in seiner Philosophie das, was für das eigene Leben wichtig ist. Dabei wandte er sich wie Gurdjieff gegen Schwätzer und Vielredner.

Zu den »Betroffenen« gehören ferner die großen Hollywood-Stars Charly Chaplin, James Dean, Marilyn Monroe, Marlon Brando und Andy Warhol. Den Reigen der Prominenten beendet André Heller.

Land

Frankreich als das klassische Land der Bohemiens gilt als das typische Land für den vierten Enneagramm-Typ.

Astrologie	
Mars	
Jungfrau	
Farbe	
Grün beziehungsweise Blau	
Chakra	
Manipura (Nabel-Chakra)	
Kabbala	
Gebura oder teilweise auch Tipheret, wobei Tipheret die ideale Zuordnung zum fünften Enneagramm-Typ darstellt.	
Gebura ist die leidenschaftliche Kraft, die den vierten Enneagramm-Typen prägt und die er dahingehend zu nutzen hat, daß sie zur Kraft der klaren Gedanken wird.	
Körper	
Blutkreislauf	
Bachblüten	
Willow	
Vervain (Blüte des ersten Enneagramm-Typs, der der Entlastungstyp des »Betroffenen« ist)	
Zeitgefühl	
Zeit wird sehr subjektiv erfaßt und wird unter dem Gesichtspunkt von Gefühlsintensität gesehen. Die mit Liebhabern oder Freunden verbrachte Zeit ist sinnvoll genutzte Zeit. Ihr wird immer gegenüber allen anderen Verpflichtungen der Vorrang eingeräumt.	
Typ 4 lebt oft aus seiner Vergangenheit heraus.	

Schlüsselfragen

(Je mehr Fragen Sie mit Ja beantworten können, um so deutlicher leben Sie diesen Typ.)

- Enttäuscht man Sie beständig, und meinen Sie, daß das Leben im Grunde zu hart für Sie ist?
- Werden Sie oft nicht verstanden?
- Beschreibt Ihr Partner Sie als launisch?
- Lieben Sie Ihre Gefühle, und fühlen Sie sich dennoch von ihnen hin- und hergeworfen?
- Trauern Sie häufig Ihrer eigenen Vergangenheit nach?
- Sehnen Sie sich nach dem, was Sie schwer erreichen können?
- Fühlen Sie sich meistens von anderen distanziert?
- Wirft man Ihnen immer wieder vor, daß Sie zu dramatisch reagieren?
- Finden Sie es notwendig, sich ausgiebig mit sich selbst zu beschäftigen?

Enneagramm-Punkt 5

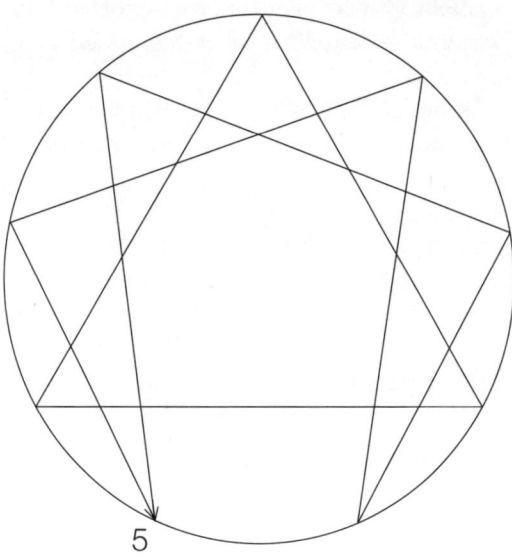

Allgemeine Charakterisierung des fünften Enneagramm-Punktes

Der fünfte Enneagramm-Punkt ist von einer klaren Orientierung auf das Ziel hin geprägt. Mit ihm wurde die linke Seite des Enneagramms erreicht, die von dem erwünschten Ziel charakterisiert ist. Der Übergang vom vierten zum fünften Enneagramm- Punkt ist sowohl der schwierigste als auch der wichtigste im Enneagramm, da er von der rechten zur linken Seite des Enneagramms stattfindet. Die rechte Seite des Enneagramms ist vom mechanischen und eher unbewußten Verhalten geprägt, die linke Seite des Enneagramms wird dagegen von entwickeltem Bewußtsein und Willensstärke charakterisiert.

Wenn man sich auch am fünften Enneagramm-Punkt seinem Ziel noch fern fühlt, hat man dennoch bereits den größten und schwierigsten Schritt im Enneagramm getan. Und trotzdem schwingt hier noch die Frustration des vierten Enneagramm-Punktes mit, die sich darin ausdrückt, daß man sich seinem Ziel sehr fern fühlt, obwohl man es greifbar nahe vor Augen hat.

PROZESSE

Prozesse

Durch die Erfahrung der Stagnation des Prozesses am vorigen Enneagramm-Punkt werden wir hier angeregt, alle unsere Bemühungen und unser gesamtes Organisationstalent dafür einzusetzen, daß der Prozeß konsequent auf sein Ziel hin organisiert wird. Das Ziel wird noch einmal ganz klar und eindeutig formuliert, und daraus werden die notwendigen Konsequenzen gezogen.

Wir sind ungeduldig und verärgert, daß der Prozeß nicht schneller abläuft, aber das gibt uns die Chance, uns noch einmal völlig klar darüber zu werden, wo wir hin wollen und welche Leistungen beziehungsweise Opfer wir dazu bringen müssen.

1. Ökonomische Prozesse

Ich muß hier wahrscheinlich Änderungen an meinen Produktionsmitteln oder meiner Produktionsorganisation vornehmen; zumindest muß ich den ganzen Produktionsablauf noch einmal von seinem Ziel her (dem idealen Produkt) überdenken und seine einzelnen Elemente feiner aufeinander abstimmen.

2. Soziale Prozesse

In einer Gruppe, Familie oder Beziehung wird einem klar, wo man hinkommen möchte und was man dafür zu tun hat. Allein, es fehlt an Elan, das Notwendige auch wirklich zu tun. Dafür bedarf es meist am fünften Enneagramm-Punkt einer Umorganisation der Zusammenarbeit oder des Zusammenlebens in der Gruppe, um leichter die notwendigen Änderungen durchführen zu können.

Wichtig ist an dieser Stelle, sich immer wieder klarzumachen, daß, wenn der soziale Prozeß auch zu stagnieren scheint, man dennoch sein Ziel weiter verfolgt. Man ist nun so weit gemeinsam gegangen, daß man auch die letzten Schritte auf das Ziel hin zusammen geht. Nachdem man die Schwierigkeiten des vierten Enneagramm-Punktes überwunden hat, braucht man nichts mehr zu befürchten.

Persönliches Wachstum

An Punkt 5 hat man das Schlimmste überstanden. Man ist zwar äußerlich nicht viel weiter gekommen, aber durch das Standhalten am vorigen Enneagramm-Punkt hat man sein Ziel klar vor Augen. Typ 5 sieht auf Punkt 7 und 8 hin, er schaut nicht auf vorige Stadien zurück.

Auf der Ebene des fünften Punktes leidet man darunter, daß man nicht schneller weiterkommt, aber es wird einem klar, daß man nur durch bewußtes Leiden weiterkommt.

Als emotionaler Typ muß sich Typ 5 wie Typ 4 mit seinem Leiden auseinandersetzen, da er sonst nicht weiterkommt. Für beide besteht die Lernaufgabe darin, sich nicht mit ihrem Leiden zu identifizieren.

Übung:

An Punkt 4 und 5 leidet der Suchende darunter, daß er in Gedanken in die Vergangenheit abschweift und in Krisensituationen sich innerlich mit früheren negativen Ereignissen und Mißerfolgen beschäftigt. Dadurch fällt er leicht in ein negatives Denken, das an dieser emotional schwierigen Stelle zu vermeiden ist. Um die Hemmungen zu umgehen, die durch solch ein Denken zustande kommen, sollte man zu der NLP (Neurolinguistisches Programmieren) -Technik greifen und seine Erinnerungen von all dem reinigen, was nicht mit dem übereinstimmt, was man will. Dazu stellt man am besten eine Liste auf, in der man all seine negativen Gedanken in bezug auf Erfolg, Beziehung und Geld und was einem sonst noch wichtig ist, einträgt. Bei jedem Problem fragt man sich, was die Ursache für dieses Problem ist und löst diese dann in der Vorstellung und danach auch real auf.

Auf diese Weise kann man sich tatsächlich von negativen Programmierungen befreien, eine der wichtigsten Aufgaben, die an Enneagramm-Punkt 5 anliegt.

Versuchen Sie es einmal.

TYPEN: DER BEOBACHTER

Stichworte

Der mystische Philosoph (Eli Jaxon-Bear)
Der Denker (Richard Riso)
Der Beobachter (Helen Palmer, Kathleen V. Hurley, Theodore E. Dobson und Klausbernd Vollmar)

Nach Oscar Ichazo: der zurückgezogene Denker, der an der Sinnlosigkeit der Welt leidet

Schlüsselworte

Der Punkt des wichtigsten und zugleich schwierigsten Fortschritts im Enneagramm
zurückhaltend bis zurückgezogen
objektiver Beobachter
viel Wissen
handlungsgehemmt

Diesem fünften Enneagramm-Typ könnte man den in England so beliebten Satz: »My home is my castle« zuschreiben.

Rohr und Ebert legen diesem Typen den Satz »Ich blicke durch« in den Mund.

Allgemeine Charakterisierung

Typ 5 stellt zusammen mit Typ 4 den emotionalen Pol des Enneagramms dar, wenn auch der »Beobachter« seine Gefühle oftmals hinter seinem Intellekt versteckt, weil er sie fürchtet.

Typisch für Typ 5 ist seine paranoid-schizoide Reaktionsweise. Er lebt in der Angst, in Gefühle verwickelt zu werden. Deswegen flieht er ins analytische Denken und liebt Systeme (viele Menschen dieses Typs beschäftigen sich eingehend mit dem Enneagramm[1]), die ihm Sicherheit vermitteln. Man kann den fünften Enneagramm-Typ auch als einen Typ charakterisieren, der viel weiß und wenig handelt. Handeln ist für ihn zu gefährlich, da er sich dadurch emotional verwickeln könnte.

Der »Beobachter« ist zuversichtlich, mit einem Hang zum britischen Humor, der oft übersehen wird. Er gibt sich den Anstrich des Elitären, um die Umwelt auf Distanz zu halten.

Er sucht Wissen, er ist der klassisch wissensdurstige Mensch und fast immer ein guter Lehrer. Erstaunlicherweise verarbeitet der »Beobachter« all dieses Wissen auch innerlich.

Der fünfte Enneagramm-Typ lebt in der Spannung von

1. Wissen und Handlungsunfähigkeit,
2. Klugheit und scheuem Rückzug.

---

[1] In meinen Enneagramm-Workshops ist Typ 5 und etwas seltener auch Typ 7 immer am stärksten vertreten.

Stärke

Zunächst wirkt Typ 5 auf alle anderen Enneagramm-Typen scheu und in sich zurückgezogen. Oft kultiviert er diese Haltung noch durch seinen Hang zu kauziger Exzentrik, wie man sie häufig in England findet. Auch durch seine distanzierte Art wirkt der »Beobachter« nicht selten sehr britisch. Seine Zurückhaltung und nüchterne Distanz lassen ihn oft als Ruhepol in einer hysterisch aufgeladenen Welt wirken.

Seine Art hat etwas Feines, das von einem Hang zu subtilem Humor und analytischer Schärfe geprägt ist. Dazu kommt, daß Typ 5 meist eine intellektuelle Sicht der Welt repräsentiert, was es oft sehr informativ und angenehm macht, sich mit ihm zu unterhalten. Man hat sogleich das Gefühl, daß er den Durchblick hat, und das ist meistens auch tatsächlich der Fall. Aber Typ 5 ist keineswegs der »nur Intellektuelle«, sondern er ist vor allem einmal ein Gefühlsmensch und kann sich als solcher gut in sein Gegenüber einfühlen. Ferner ist er ein Meister der objektiven Selbstbeobachtung. Sein Wissen ist also nichts Isoliertes, nur Angelesenes, sondern er hat es selbst verarbeitet und verinnerlicht.

»Beobachtern« sagt man nach, daß sie in ihren Beziehungen geduldig und loyal sind. Sie sind zwar keine aufregenden, aber doch angenehme Sexualpartner.

Schwäche (der Schatten)

Der »Beobachter« hat Angst, emotional verwickelt zu werden, deswegen sucht er einseitig nach Wissen und isoliert sich von anderen, wenn er sich bedroht fühlt. Seine teilweise extreme Wissensausrichtung läßt seine Emotionalität nicht mehr durchscheinen. Leider wird jedoch das angesammelte Wissen nicht frei mitgeteilt, sondern Typ 5 hält es oft zurück, da er es für sich braucht, um seine innere Leere zu füllen. Dieses Wissen soll die sonst unerträgliche Leere stopfen, vor der er größte Angst hat. Diese Leere ist aus seinem Problem mit der Angst vor emotionaler Verwicklung entstanden, die ihn emotional distanziert auftreten läßt. Allerdings wirkt er dort sehr emotional, wenn auch oft etwas unbeholfen, wo er Vertrauen besitzt.

Der »Beobachter« versteht nicht, daß Wissen mitgeteilt und ausgedrückt werden will, ja daß das Universum geradezu danach verlangt, daß Wissen weitergegeben und angewandt wird. Man muß Typ 5 sein Wissen immer erst im vertraulichen Gespräch entlocken.

Übung:

Dem »Beobachter« hilft wie keinem anderen Enneagramm-Typ die Besinnung auf seine Gefühle. Eine der radikalsten Partner-Übungen für ihn besteht darin, sich seinem Partner gegenüberzusetzen, ihm oder ihr in die Augen zu schauen, um dann immer wieder »Ich liebe dich« zu sagen und sein Gegenüber dabei zu beobachten.

Diese Übung bringt selbst Typ 5 dazu, seine Gefühle auszudrücken, wenn er sie nur lange genug durchführt (mindestens fünf, maximal zehn Minuten).

Etwas sanfter wird Typ 5 durch das regelmäßige Tagebuch-Schreiben auf den Ausdruck seiner Gefühle gebracht. Seine Aufgabe ist verblüffend leicht: Er schreibt jeden Abend in sein Tagebuch, was er am Tag *emotional* erlebt hat. Die genaue analytische Beobachtung, zu welcher er sonst in der Lage ist, kann er ebensogut auf sich selbst anwenden. Das wird ihm helfen, das Ergebnis seiner Selbstbeobachtungen schriftlich in seinem Tagebuch auszudrücken. Manchen »Beobachtern« hilft es, wenn sie jeden Tagebucheintrag mit der Formel: »Ich fühlte...« beginnen.

Chakra

Das Anahata- oder Herz-Chakra wird dem fünften Enneagramm-Typ zugesprochen. Der Sufi-Lehre zufolge wohnt die Weisheit im Herzen des Menschen. Das ist es, wohin Enneagramm-Typ 5 blicken sollte: in sein Herz. Er wird dann bemerken, daß er keine Angst mehr vor seinen Gefühlen zu haben braucht und daß in seinem Herzen eine Weisheit lebt, die der seines Kopfes weit überlegen ist.

Übung:

»Beobachter« sollten auf ihr Herz meditieren, indem sie sich ihr Herz so genau wie möglich erspüren und vorstellen. Sie werden merken, daß sie durch ihre Herzenskraft erst zu der wahren Weisheit kommen, die sie anstreben.

Sie stellen sich, in tiefer Entspannung auf dem Rücken liegend, Ihr Herz so genau wie möglich vor. Zuerst bemerken Sie, wie es schlägt, und dann versuchen Sie, ein genaues Bild von Ihrem Herzen vor Ihren geschlossenen Augen zu erzeugen. Fällt Ihnen das schwer, dann schlagen Sie einmal in einem Anatomie-Buch nach, wie Ihr Herz aussieht. Danach können Sie es oftmals leichter erspüren. Fühlen Sie jetzt in Ihr Herz hinein, und lassen Sie alle Gefühle und Bilder hochsteigen, die hochsteigen möchten. Sehen Sie sich diese an, ohne sie zu verändern.

Farbe

Dem fünften Enneagramm-Typ wird Grün zugeordnet. Grün ist die Farbe des Herzens, das den emotionalen Schwerpunkt des Körpers bildet. Das Herz-Chakra ist das mittlere Chakra und deswegen ist ihm auch die mittlere Farbe des Farbenkreises, das reine Grün zugeordnet.

Übung:

Da auch dieses Chakra wie das vorige noch im emotionalen Bereich der Enneagramm-Punkte liegt, hilft bei ihm die Meditation auf die Farbe Grün.

Setzen Sie sich hin, und versuchen Sie, Ihre Wirbelsäule so gerade wie möglich zu halten. Sie schließen Ihre Augen und stellen sich eine Buddhafigur vor. Haben Sie ein klares Bild dieser Figur, dann visualisieren Sie, wie von Ihrem Herzen mit jedem Atemzug ein grünes Licht ausgeht und das Herz des Buddhas berührt und wie aus dem Herz des Buddhas ebenfalls ein grünes Licht ausgesandt wird, das Ihr Herz berührt. Halten Sie diese Vorstellung für etwa fünf Atemzüge, bevor Sie wieder in Ihr Alltagsleben zurückkehren.

Denken Sie nicht über diese Übung nach, sondern führen Sie sie einfach durch. Die Übung wird ganz ohne Ihr Zutun auf die Dauer Ihre Herzenskraft stärken.

Die Jesuiten wie auch Ebert und Rohr ordnen dem fünften Enneagramm-Punkt die Farbe Blau zu. Blau als klassische Symbolfarbe der Seele charakterisiert den mittleren Enneagramm-Abschnitt, in dem es um die Gefühlskraft geht.

KOSMOLOGIE

Astronomie

Dem fünften Enneagramm-Punkt wird Jupiter zugeordnet, da er die fünfte Planetenbahn um die Sonne beschreibt. Wie das Herz-Chakra den Mittelpunkt aller Chakras des Menschen bildet, so bildet die Bahn des Jupiter die mittlere aller Planetenbahnen. Zugleich verbindet Jupiter mit Mars (auf Enneagramm-Punkt 4) und Saturn (auf Enneagramm-Punkt 6) die gleiche Periodik seiner Sichtbarkeit.

Astrologie

Das Sternzeichen Skorpion liegt auf Enneagramm-Punkt 5. Dieses Prinzip des Zodiaks geht in die Tiefe, und genau das ist es, was Typ 5 charakterisiert. Beide, Skorpion und »Beobachter«, stellen scheue, zurückgezogene Menschen dar, die dem introvertierten Typ nach Carl Gustav Jung entsprechen. Das Prinzip des Skorpions hängt mit dem Mysterium von Tod und Geburt zusammen. Dies kann sehr gut die Situation am fünften Enneagramm-Punkt charakterisieren: Es muß erst der emotional mechanisch reagierende Mensch sterben, ehe der bewußte Mensch an Enneagramm-Punkt 6 geboren werden kann. Das ist die zweite Geburt, die in esoterischen Schriften als Notwendigkeit auf der letzten Stufe des spirituellen Weges gesehen wird. Der alte unbewußte und mechanische Mensch muß sterben, um für den neuen bewußten Menschen Platz zu machen, der die Enneagramm-Punkte 6, 7 und 8 als geistiges Tertial prägt.

Auch der dem fünften Enneagramm-Punkt zugeordnete Jupiter wird von dem italienischen Astrologen Roberto Sicuteri[2] als ein Prinzip angesehen, das die Tore zu Individuation und höherem Bewußtsein öffnet.

---

[2] Roberto Sicuteri: Astrologie und Mythos. Mythen und Symbole im Spiegel der Tiefenpsychologie, Freiburg 1983, S. 191.

Tiersymbole

Das typische Tier des fünften Enneagramm-Punktes ist die Eule. Sie gilt als Symboltier der Klugheit und gleichzeitig als scheuer Nachtvogel. Ähnlich verhält es sich mit dem Fuchs, der ein kluges, aber scheues Tier ist, das sich in die Erde vergräbt. Die Jesuiten ordnen noch den Hamster diesem Enneagramm-Typ zu, da er Nahrungsmittel sammelt, wie der Beobachter Wissen und Informationen hortet.

Persönlichkeiten

Zum »Beobachter« rechne ich alle gut informierten Einzelgänger und einsame Spezialisten ihres Gebietes oder Philosophen; so etwa Thomas von Aquin (1225-1274), der die Wege von Glauben und Vernunft beobachtete, René Descartes (1596-1650), der die neuzeitliche Philosophie systematisierte, und der introvertierte Existenzphilosoph Martin Heidegger (1889-1976). Als Wissenschaftler finden wir hier Charles Darwin (1809-1882), der mit dem Schiff HMS Beagle von 1831 bis 1836 die Küsten und Ozeane der Welt bereiste, alles genau beobachtete und erst über zwanzig Jahre später seine Vorstellungen veröffentlichte.

Eine Anekdote erzählt über Immanuel Kant (1724-1804), der die Welt von Königsberg aus beobachtete, daß er eines Tages an die Tür seines Vorlesungssaals schrieb: »Kann heute nicht kommen, ich bin mit dem Denken nicht fertig geworden.«

Land

Das typische Land von Typ 5 ist Großbritannien, das Land der »splendid isolation« [der perfekten Isolation, »abgeschirmt von der Außenwelt«] und der Exzentriker, unter denen sich viele »Beobachter« finden.

Astrologie	Jupiter Skorpion
Farbe	Grün
Chakra	Anahata (Herz-Chakra)
Kabbala	Tipheret oder Chessed Tipheret stellt die Schönheit dar, die in der Kabbala als spekulativ und ehrlich angesehen wird. Der fünfte Enneagramm-Typ, der von dieser Schönheit geprägt ist, muß lernen, daß Tipheret auch eine durchaus aktive Seite besitzt.
Körper	keine Zuordnung
Bachblüten	Water Violet Vine (Blüte des achten Enneagramm-Typs, der Entlastungstyp)
Zeitgefühl	Zeit wird als Gelegenheit zur Beobachtung und zum Sammeln von Informationen gesehen. Da »Beobachter« gern nachdenken, werden sie von anderen oft als langsam eingeschätzt. Sie sind immer an der Vergangenheit interessiert.

Schlüsselfragen

(Je mehr Fragen Sie mit Ja beantworten können, um so deutlicher leben Sie diesen Typ.)

- Ist es Ihnen wichtig, alles zu wissen und mitzubekommen?
- Fühlen Sie sich in der Umgebung anderer Menschen gehemmt?
- Wissen Sie sehr viel, ohne daß Sie eine Ahnung haben, was Sie damit anfangen können?
- Sagen Sie sich oft den Satz: »Wäre ich doch lieber zu Hause geblieben«?
- Beobachten Sie gern andere Menschen?
- Halten Sie sich für einen tiefgründigen Denker?
- Verstecken Sie sich häufig vor anderen?
- Können Sie am besten selbst entscheiden, ohne den Rat von anderen einzuholen?
- Brauchen Sie viel Zeit für sich allein?

Enneagramm-Punkt 6

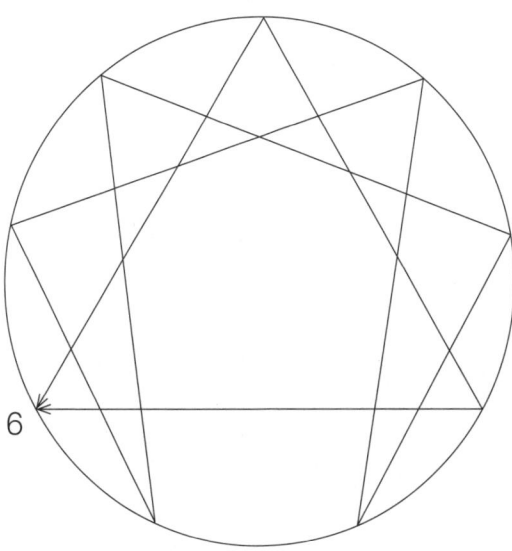

Allgemeine Charakterisierung des sechsten Enneagramm-Punktes

Der sechste Enneagramm-Punkt ist wie bereits der dritte Enneagramm-Punkt als Schockpunkt von einem Außenimpuls gekennzeichnet, der nun den Anstoß gibt, das gewünschte Ziel zu erreichen. Ohne diesen »Kick« könnte der angelaufene Prozeß nicht vollendet werden.

Der sechste Enneagramm-Punkt bringt meistens tiefe Einsichten oder unerwartete Lösungen. Dieser Enneagramm-Punkt verbindet den mittleren Teil des Enneagramms mit seinem letzten Teil und schafft somit den Übergang vom kritischen zum Zielbereich des Enneagramms.

Im Gegensatz zum ersten Schockpunkt an Enneagramm-Punkt 3 sucht und nimmt man an diesem zweiten Schockpunkt mit hoher Bewußtheit den Außenimpuls auf. Diese Bewußtheit ist nötig, um den Prozeß seinem Ziel nahezubringen.

PROZESSE

Prozesse

Mit dem sechsten Enneagramm-Punkt befinden wir uns am zweiten Schockpunkt des Enneagramms. Nur durch einen Impuls von außen kommen wir weiter.

An Enneagramm-Punkt 4 und 5 hatten wir das Gefühl, daß es überhaupt nicht weitergeht. Die dadurch provozierte verstärkte Auseinandersetzung mit unserem Ziel ließ uns letztendlich wieder Hilfe von außen suchen. Wieder ist es ein Lehrer, eine Freundin oder ein Freund, ein Buch oder ein Therapeut, der uns an dieser Stelle weiterhilft. Im Grunde brauchen wir nur noch einen kleinen Anstoß, um zu unserem Ziel zu kommen, und dieser Anstoß wird von außen gegeben. Kommt dieser Anstoß nicht, dann läuft sich der Prozeß tot, und er kann nicht erfolgreich beendet werden.

1. Ökonomische Prozesse

Auf der Ebene der ökonomischen Prozesse geht es an dieser Stelle darum, ein stimmiges Image für sein Produkt zu schaffen. Das herzustellende Produkt oder die angebotene Dienstleistung müssen in Zusammenhang mit der ganzen Gesellschaft betrachtet werden, denn an Enneagramm-Punkt 6 geht es um die gesellschaftliche Präsentation des Produktes.

Der an Enneagramm-Punkt 4 und 5 stagnierende Prozeß kommt wieder in Bewegung und läuft planmäßig auf sein Ziel zu.

2. Soziale Prozesse

In Gruppen aller Art lernt man an Enneagramm-Punkt 6 meistens durch therapeutische Einsicht, seine Projektionen als solche zu erkennen. Damit ist es möglich, diese Projektionen zurückzuziehen, was sich positiv auf die Gruppensituation auswirkt. Jetzt erst kann man seine Situation in der Gruppe und die der Gruppe realistisch betrachten. Das bildet die Grundlage für ein zügiges Voranschreiten auf das erwünschte Ziel hin.

Persönliches Wachstum

Enneagramm-Punkt 6 stellt den zweiten, und zwar den bewußten Schockpunkt des Enneagramms dar. Hier ist die Abhängigkeit von den Emotionen überwunden worden, was jedoch nicht heißt, daß man nun emotionslos ist. Ab dem sechsten Enneagramm-Punkt kann man seine Emotionen bewußt steuern und erleben; das heißt, man nimmt seine Emotionen wahr, identifiziert sich jedoch nicht mehr mit ihnen. Dadurch kann man frei entscheiden, ob man sie ausdrückt oder nicht.

Mit dem sechsten Enneagramm-Typ kommt die Willensfreiheit ins Spiel. Bis hierher war kein Wille vorhanden, da man viel zu sehr von seinem Körper und seinen Gefühlen abhängig war. Ab hier ist man für seine Handlungen verantwortlich, denn man kann bewußt entscheiden, was man tut.

Die Psychologie und Philosophie des Positivismus lehnt den freien Willen ab. Das ist verständlich, denn aus der Sicht Gurdjieffs gelangt schwerlich jemand bis zum sechsten Enneagramm-Punkt.

In der Tradition des Vierten Weges nimmt man an, daß der Schüler nur mit einem Lehrer und einer Studiengruppe diesen zweiten Schockpunkt erreichen kann.

TYPEN: DER HELD

Stichworte

Der Held (Eli Jaxon-Bear und Klausbernd Vollmar)
Der Loyale (Richard Riso)
Der Advokat des Teufels (Helen Palmer)
Der Mitstreiter (Kathleen V. Hurley und Theodore E. Dobson)

Nach Oscar Ichazo: der ängstliche und zweifelnde Mensch

Schlüsselworte

Der Punkt des bewußten letzten Anstoßes
Treue
Sicherheit

Rohr und Ebert legen diesen Typen den Satz: »Ich tue meine Pflicht« in den Mund.

Allgemeine Charakterisierung

1. Dieser Typ nach Ichazo und dessen Nachfolgern:
Der sechste Enneagramm-Typ ist der loyalste Typ des Enneagramms. Er entspricht dem Ideal des treuen Dieners oder des treuen Beamten. »Pflichtbewußtsein über alles« lautet seine Devise. Die Sechser brauchen und suchen die Sicherheit, die sie sich von der biederen Pflichterfüllung erhoffen. Enneagramm-Typ 6 vermeidet deswegen Fehlverhalten und kann als der angepaßteste Enneagramm-Typ angesehen werden.
Er ist aber auch ein mißtrauischer Zweifler, der große Probleme mit eigenen Entscheidungen hat, weswegen er oft in großen Organisationen oder Bürokratien zu finden ist, wo er sich wohl und sicher fühlt und auf alle Fälle nichts selbst zu entscheiden hat.
Er lebt in der Spannung von

1. Sicherheit und ängstlichem Zweifel,
2. Standhalten und Flucht.

2. Dieser Typ nach Gurdjieff und dessen Nachfolgern:
Der sechste Enneagramm-Typ steht an der Nahtstelle zwischen dem Bereich der Emotionen und dem des Bewußtseins. Er hat Anteil am Leiden der Enneagramm-Typen 4 und 5, aber auch an der Bewußtseinsklarheit, die die Enneagramm-Typen 7 und 8 erreichen können. Von dieser Position her gelingt es Typ 6, zielstrebig und selbstbestimmt seinen Weg zu gehen und einer Sache zu dienen. Er ist damit auch der loyale Diener einer speziellen Aufgabe, der er sich verschreibt. Diese Aufgabe wurde aber nicht von außen an den Helden herangetragen, sondern er fühlt sich ihr aus seinem Inneren heraus verbunden.

Stärke

Typ 6 ist derjenige, der sich den eigenen Raum schafft. Der Kubus hat sechs Ecken und symbolisiert den Raum, an dem man sich sammelt und zur Ruhe kommt. Genau diesen Raum der Sicherheit schafft der »Held«. In diesem Raum der Familie, einer Institution, einer Firma oder auch einer bestimmten Aufgabe ist er ein liebenswürdiger Mensch, der äußerst kooperativ ist. Besonders seiner Aufgabe gegenüber fühlt sich der »Held« treu ergeben und versucht ihr auch bei größten Schwierigkeiten nachzukommen.

Er ist stets pflichtbewußt und geht beharrlich, geduldig und zielstrebig seinen eigenen Weg. Er kann Konflikte ertragen, ohne außer sich zu geraten. Er ist eine Person, der man Vertrauen schenken kann und dabei sicher nicht enttäuscht wird.

Typ 6 gelingt es meist, seine Situation relativ objektiv einzuschätzen und aus dieser Einschätzung heraus zielgerichtet zu handeln.

Schwäche (der Schatten)

1. Nach Ichazo und seinen Nachfolgern: Enneagramm-Typ 6 ist meistens zu feige, offen Stellung zu beziehen. Er versteckt höchst mißtrauisch seine wirklichen Ansichten und vertritt nach außen hin die herrschende Meinung. Muß der »Held« einmal eigenständig entscheiden, was ihm ein Greuel ist, dann ist seine Rede vom Konjunktiv (der Möglichkeitsform) geprägt. Bei ihm beliebte Floskeln sind ferner: »Es kommt darauf an...«, »Vielleicht, wenn es sich ergibt...«, »Mal sehen...« und ähnlich vage Redewendungen. Deswegen kann man mit Typ 6 nur schwer Geschäfte machen. Er tummelt sich eher in verwaltenden und buchhalterischen Positionen, da er Entscheidungen über alles fürchtet. Er braucht eine Autorität über sich, der er oft hörig ist.

»Helden« können schlecht mit Originalität umgehen und repräsentieren ein langweiliges Mittelmaß, das sie ohne Selbstbewußtsein darstellen.

2. Nach Gurdjieff und seinen Nachfolgern: Die Fähigkeit von Typ 6 zur Objektivität ist auch seine große Schwäche, denn er sieht sich und andere dadurch nur aus der Distanz und neigt zudem dazu, auf seine Mitmenschen mit einem gewissen Hochmut herabzublikken. Der »Held« muß sich davor in acht nehmen, nicht seine Fähigkeiten skrupellos für seinen eigenen Vorteil auszunutzen und seinen Machtphantasien zu erliegen.

Übung:
Typ 6 ist von der Angst vor dem Verlust seiner Sicherheiten geprägt. Er sollte lernen, daß er sich selbst die Sicherheiten geben kann, die er zu seinem Wohlergehen benötigt.

Ein wichtiger Schritt, um zu dieser Sicherheit zu kommen, besteht darin, sein Mißtrauen anderen Menschen gegenüber zu überwinden. Dazu ist folgende Partner-Übung sehr geeignet: Der »Held« sucht sich einen Partner, mit dem er diese Übung durchführen möchte. Der Partner stellt sich hinter ihn, nachdem er ihm zuvor die Augen verbunden hat. Nun läßt Typ 6 sich nach einigem Schaukeln einfach nach hinten fallen, wobei sein Partner ihn so knapp wie möglich vor dem Boden auffängt. Diese Übung sollte Typ 6 regelmäßig durchführen, da sie ihn daran erinnert, daß er anderen vertrauen kann und selbstsicher genug sein kann, sich anderen in die Hand zu geben.

Chakra

Diesem sechsten Enneagramm-Punkt entspricht wie Enneagramm-Punkt 5 das Herz-Chakra, das im inneren Siebeneck des Enneagramms diesen beiden Punkten gegenüberliegt.

Gemäß der Lehre Gurdjieffs wird an diesem zweiten Schockpunkt des Enneagramms die Gefühlskraft in eine bewußte Kraft verwandelt, und als neue Qualität kommt hier die Geisteskraft ins System. Geisteskraft kann man vielleicht besser als Bewußtseinskraft verstehen, denn ab diesem Enneagramm-Punkt ist sich das Individuum bewußt, was es fühlt und wie es handelt. Das ist die von den Sufis beschriebene Weisheit des Herzens, bei der das Herz als Erkenntnisorgan angesehen wird, in welchem eine hohe Bewußtheit entsteht.

Um das Herz-Chakra anzuregen und so den Übergang zu einem höheren Bewußtsein zu schaffen, helfen jede Art von Bewußtseinsübungen.

Übung:
Ich würde Ihnen an diesem Enneagramm-Punkt 6 vorschlagen, zumindest einmal für eine Woche lang Ihre negativen Gefühle nicht auszudrücken, sich aber zugleich dieser Gefühle bewußt zu sein. Nehmen Sie sich in tiefer Entspannung morgens im Bett nach dem Aufwachen vor, sich genau des Zeitpunktes bewußt zu sein, wo sich Ihr Gefühl zum Negativen hin wandelt. Wenn dann im Alltagsleben negative Gefühle provoziert werden, drücken Sie diese nicht aus, sondern besinnen sich statt dessen auf sich selbst. Dazu halten Sie erst einmal in Ihrem Tagesablauf inne und werden sich Ihres Körpers bewußt. Wenn Ihnen das gelingt, werden Sie bemerken, daß sich Ihre Gefühle aufspalten: Da ist ein Teil in Ihnen, der sich ruhig und gelassen die Situation anschaut, und ein anderer Teil, der von Negativität besessen ist. Stellen Sie sich bewußt auf die Seite des gelassenen Teils in Ihnen – so können Sie

weitaus besser mit schwierigen Situationen umgehen.

Befinden Sie sich allerdings schon im Sog des Negativen, indem Sie wütend reagieren und in Ihren Phantasien alle möglichen Rachepläne schmieden, dann halten Sie ebenfalls inne, wenn Ihnen diese Situation bewußt wird, und vergegenwärtigen Sie sich den Punkt, an dem die Negativität begann. Machen Sie sich klar

1. an welchen Punkten Sie negativ zu reagieren pflegen,
2. wieviel Energie diese Negativität Ihnen raubt.

Sehen Sie sich das genau an und nehmen Sie sich vor, beim nächsten Mal eher einzugreifen.

Bewußt nicht geäußerte Negativität läßt in unserem Inneren etwas Neues entstehen, das uns eine innere Sicherheit und Stärke vermittelt. Diese Haltung ist nicht zu verwechseln mit der Verdrängung von Negativität, die unbewußt geschieht.

Farbe

Diesem Enneagramm-Punkt wird die Farbe Gelb zugeordnet. Gelb als Symbolfarbe des Geistes, der über seine Grenzen hinaus leuchtet wie diese Farbe, deutet auf die neue Qualität hin, die am sechsten Enneagramm-Punkt entsteht: das Geistige.

Übung:
Es hilft auf dieser Stufe, »gelbe Farbe zu atmen«. Man stellt sich hierbei vor, daß man mit jedem Atemzug gelbe Farbe einatmet, die den ganzen Körper in ein gelbes, durchsichtiges Licht hüllt. Man hält diese Vorstellung des gelben Körpers für etwa zehn Atemzüge und kehrt dann zu seinem Alltagsleben zurück.

Ein reines Gelb reinigt den Geist von allen Giften, die sich als Negativität bemerkbar machen.

Rohr und Ebert ordnen dem sechsten Enneagramm-Punkt die Farbe Beigebraun zu. Die Zuordnung dieser gebrochenen Farbe zu Enneagramm-Punkt 6 kann ich mir nur so erklären, daß Beigebraun eine sehr differenzierte Mischfarbe darstellt, welche die Komplexität des sechsten Enneagramm-Typs verdeutlichen soll.

KOSMOLOGIE

Astronomie

An diesem zweiten Schockpunkt des Enneagramms, der eine Schwelle zu der neuen Bewußtseinsqualität darstellt, steht folgerichtig Saturn. Er als Hüter der Schwelle ist der letzte mit bloßem Auge sichtbare Planet. Gleichzeitig umkreist er die Sonne auf der sechsten Planetenbahn.

Astrologie

Astrologisch entspricht die Qualität von Enneagramm-Punkt 6 der des Sternzeichens Schütze. Schütze weiß sein Ziel zu erreichen, da er den Überblick hat. Er läßt sich nicht vom Detail ablenken, sondern sieht das Ganze und Wichtige, eine Eigenschaft, die ab dem sechsten Enneagramm-Punkt erreicht wird.

Schütze geht seinen Weg wie der »Held«, der im Enneagramm dadurch charakterisiert wird, daß er sich und seine Umwelt (relativ) objektiv zu betrachten vermag.

Tiersymbole

Nach der Ichazo folgenden jesuitischen Einteilung werden die scheuen Tiere wie Hase, Reh und Maus dem sechsten Enneagramm-Punkt zugeordnet.

Nach Gurdjieff und seinen Nachfolgern kann man allerdings eher den Wolf, der als kluger Einzelgänger angesehen wird und der oft im Märchen und der Fabel seine Macht auszunutzen versucht, und die Ratte, die als clever gilt, diesem Enneagramm-Punkt zuordnen.

Persönlichkeiten

Der Typenlehre Ichazos folgend, kann man den Typ, der von Woody Allen in seinen Filmen verkörpert wird, der verzauberten Form des sechsten Enneagramm-Punktes zuordnen. Eine andere Seite dieses Typs wird erstaunlich treffend in Sören Kierkegaards Philosophie unter dem Aspekt des Pflichtmenschen (»der Mensch des ethischen Stadiums«) geschildert. Das ist der Mensch, der sein gesamtes Handeln an höheren (autoritären) Maßstäben mißt.

Nach der Gurdjieffschen Auffassung würde ich jedoch eher an Persönlichkeiten wie Adolf Hitler (1889-1945) und Wladimir Iljitsch Lenin (eigentlich Uljanow, 1870-1924) denken.

Land

Als typisches Land des sechsten Enneagramm-Punktes wird Deutschland angesehen. Besonders im Ausland besteht das Image des Deutschen darin, daß er sich besonders bereitwillig großen Ideen verschreibt.

Astrologie	Saturn, Schütze
Farbe	Grün
Chakra	Anahata (Herz-Chakra)
Kabbala	Nezach oder teilweise auch Geburah. Nezach stellt die Ausdauer und die Loyalität dar, die der sechste Enneagramm-Typ ja zur Genüge besitzt. Dieser Enneagramm-Typ kann von Nezach die lebhafte und offene Seite lernen.
Körper	das Ende der Abhängigkeit vom Gefühl (Gurdjieff)
Bachblüten	Rock Water. Wild Rose (Blüte von Enneagramm-Typ 9, der Entlastungstyp)
Zeitgefühl	Zeit ist eine Autorität, der man sich unbedingt beugen und unterwerfen muß. Ferner ist für Typ 6 die Zeit dann sinnvoll genutzt, wenn er etwas für eine Autorität getan hat – das heißt, wenn er Anweisungen und Befehle ausführte. Der »Held« versucht immer das Beste aus der Gegenwart zu machen.

Schlüsselfragen

(Je mehr Fragen Sie mit Ja beantworten können, um so deutlicher leben Sie diesen Typ.)

Fragen, die sich auf diesen Typ nach Ichazo beziehen:

– Haben Sie sich in Ihrem Leben schon einmal einer Aufgabe oder einer Idee völlig verschrieben?

– Meinen Sie, daß man von der »guten alten Zeit« lernen kann, als Autoritäten noch etwas galten?

– Können Sie sich nur schwer Neuerungen gegenüber öffnen?

– Ertragen Sie keine Ablehnung oder Kritik?

– Fürchten Sie Exzesse?

– Tendieren Sie dazu, ängstlich und vorsichtig zu reagieren?

– Holen Sie vor Entscheidungen am liebsten den Ratschlag von Freunden und Mitarbeitern ein?

– Halten Sie sich für korrekt?

– Können Sie sich gut in Gruppen einordnen?

Fragen, die sich auf diesen Typ nach den Schulen des Vierten Weges beziehen:

– Reagieren Sie in Konfliktsituationen mit der Flucht nach vorn?

– Haben Sie das Gefühl, sich selbst zu kennen?

– Haben Sie öfter Machtphantasien?

Enneagramm-Punkt 7

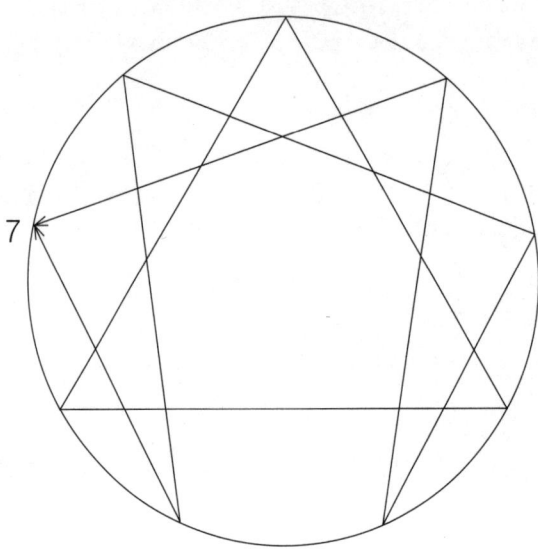

Allgemeine Charakterisierung des siebten Enneagramm-Punktes

Der siebte Enneagramm-Punkt stellt die unterste Stufe des erreichten Zieles dar. Mit diesem Enneagramm-Punkt hat man den dritten und letzten Abschnitt des Enneagramms erreicht, der vom angestrebten Ziel geprägt ist. Am siebten Enneagramm-Punkt kann man deswegen seine Suche beenden oder den Prozeß weitertreiben, indem man zum achten und neunten Enneagramm-Punkt weiterschreitet und so vollständig in seinem Ziel aufgeht.

PROZESSE

Prozesse

Endlich sind wir an unserem Ziel angelangt, der Prozeß ist dort, wo wir ihn immer haben wollten. Wir haben also unser Ziel erreicht.

1. Ökonomische Prozesse
An Enneagramm-Punkt 7 ist der Kreislauf des Produktionsprozesses geschlossen. Man hat den Produktionsprozeß abgeschlossen, das Produkt ist fertig. Jetzt geht es um den Vertrieb beziehungsweise um die Organisation des Verkaufs dieses Produktes.

2. Soziale Prozesse
Endlich können wir leben, wie wir wollen. In bezug auf Gruppen hat man jetzt die Übereinstimmungen und die Organisation gefunden, die die Gruppe produktiv zusammenleben oder -arbeiten läßt.

Persönliches Wachstum

An Punkt 7 hat man das Ziel erreicht. Man kann sich selbst bewußt und objektiv betrachten. Der Suchende besitzt die Fähigkeit zu entscheiden, was er will. Er ist fähig, seine Zukunft so zu bestimmen, daß das, was er will, auch eintritt. Hier sind folgende wichtige Entwicklungsschritte erreicht:

1. Man handelt nicht mehr unbewußt.
2. Man kann willentlich über längere Zeiträume Bewußtseinsklarheit aufrechterhalten.
3. Man identifiziert sich nicht mehr mit seinen Gefühlen und Gedanken.
4. Man hat einen eigenen Willen.

So hat der Suchende erreicht, was er erreichen wollte, Herr seines Körpers, seiner Gefühle und Gedanken zu sein. Das heißt jedoch nicht, daß er nicht mehr leidet. Er nimmt freiwillig das Leiden auf sich. Der Suchende kann ab diesem Punkt so leben, wie er möchte.

Ab dieser Stufe bekommt man einen Zugang zu seinen höheren Zentren. Um mit diesen arbeiten zu können, muß man einen besonderen Körper entwickeln. Das heißt, daß man sich nicht mehr mit seinen unterschiedlichen, widerstreitenden Ichs identifiziert, sondern daß man die Bewegungen in seiner Psyche ohne einzugreifen beobachtet und dann aus dieser unidentifizierten Haltung heraus intuitiv und sicher reagiert. Diese Fähigkeit, von seinen höheren Zentren heraus sicher zu reagieren, entspricht im tibetischen Buddhismus der Bewußtseinsstufe der beiden höchsten Chakras. Auf dieser Ebene, so betonen die buddhistischen Texte, steht man außerhalb seiner selbst, man ist also nicht mehr mit sich identifiziert und läßt sein Höheres Selbst reagieren. Genau diese Haltung ist mit der Formung eines neuen Körpers gemeint. Wer sich einen neuen Körper gebildet hat, der vermag zu warten, und wer Geduld üben kann, der legt die Grundlage, um aus seinen höheren Zentren heraus zu handeln.

TYPEN: DER OPTIMIST

Stichworte

Das magische Kind (Eli Jaxon-Bear)
Der Vielseitige (Richard Riso)
Der Epikureer (Helen Palmer)
Der Träumer (Kathleen V. Hurley und Theodore E. Dobson)
Der Optimist (Klausbernd Vollmar)
Der Generalist

Nach Oscar Ichazo: das gierige Kind

Schlüsselworte

Die unterste Stufe des erstrebten Zieles
Schnelligkeit
Entscheidungsfreude
oberflächlicher Optimist
lustbetonter Macher
Idealist

Nach Rohr und Ebert lautet der Lieblingssatz von Typ 7: »Ich bin glücklich.«

Für mich hat er den in Kalifornien so beliebten Ausspruch »Life is easy« geprägt. Oder erfand er gar zusammen mit Typ 3 den Satz »Tiefsinn ist Neurose«?

Allgemeine Charakterisierung

Typ 7 ist mit umwerfendem Optimismus und schneller Auffassungsgabe gesegnet. Er ist äußerst aktiv und handelt schnell. Sein ganzes Leben ist von einer hohen Geschwindigkeit geprägt, die den »Optimisten« aber nicht stört, da er Geschwindigkeit liebt. Er kann als der beweglichste Typ des Enneagramms bezeichnet werden.

Er ist hochgradig reizempfänglich und hat seine Finger in allen möglichen Angelegenheiten. Er legt sich selten fest, und er vermeidet Schmerz und Leiden, wo es nur geht. Indem er sich alle Wege offen läßt, meint er Leiden ausweichen zu können.

Typ 7 ist oft sehr gierig und will soviel Lust wie nur möglich haben.

Mit Enneagramm-Punkt 7 haben wir den intellektuellen Bereich des Enneagramms betreten und diese Intellektualität zeigt sich bei Typ 7 in seinen fortwährenden Forschungen in allen möglichen (oftmals auch abgelegenen) Interessengebieten. Seine bewegliche Intellektualität dominiert oft seine Emotionalität. Obwohl er auf den ersten Blick oft sehr emotional wirkt, ist er eher rational ausgerichtet.

Der siebte Enneagramm-Typ lebt in der Spannung von

1. unbekümmertem Optimismus und nervöser Aktivität,
2. Vielseitigkeit und Tiefe.

Stärke

Typ 7 ist der Optimist des Enneagramms.

Dieser Typ strahlt eine gewisse einnehmende Kindlichkeit aus (er ist der puer aeternus nach Carl Gustav Jung und der entsprechende mädchenhafte Typ [puella aeterna] bei der Frau), der man sich nur schwer entziehen kann, und zeigt eine erstaunliche Leichtigkeit im geselligen Umgang. Er ist ein unbekümmerter, lustiger und guter Unterhalter. Meist verkörpert er den immer dynamisch wirkenden Optimisten. Er ist ein Glückskind (ähnlich wie Typ 3) und durch seine schnelle Auffassungsgabe ein intellektueller »Überflieger«, weswegen er es schon in der Schule leicht hat. Dazu kommt noch, daß er vielfach talentiert ist und nach vielen Seiten interessiert.

Obwohl er häufig materialistisch eingestellt ist, besitzt Enneagramm-Typ 7 auch eine stark ausgeprägte idealistische Seite. Er ist der lustige, aber auch der ehrgeizige Mensch, der immer nur das Beste will.

Der »Optimist« haßt den Schmerz und weicht dem Leiden aus, wo es nur geht. Das läßt ihn gehetzt und getrieben erscheinen.

Schwäche (der Schatten)

Typ 7 ist häufig nervös, überaktiv und viel zu schnell, da er sich beständig auf der Flucht vor Langeweile und Leiden befindet. Er sucht überall Lust, was ihn zum genußsüchtigen Dilettanten oder Narziß werden läßt. Häufig ist er unmäßig bis gierig, und seine Parole lautet »Je mehr, desto besser!« Besonders liebt er es, neue Erfahrungen zu machen; damit verdrängt er die Erfahrung des Schmerzes und seine Angst vor Intimität. Fast jeder vom Typ 7 neigt dem Don-Juan-Syndrom zu (Gier nach sexueller Erfahrung). Immer meint er, einen noch besseren Partner suchen zu müssen, und findet den alten Partner erschreckend schnell langweilig.

Übung:

Der »Optimist« findet seine Ruhe in der Tiefe. »Qualität statt Quantität« lautet für ihn die heilsame Maxime. Diese Tiefe erreicht der Enneagramm-Typ 7, indem er sehr viel langsamer lebt. Er muß sich – zumindest zu Beginn – dazu zwingen, sein Lebenstempo radikal herabzusetzen und zugleich bei einer Sache oder einem Partner zu bleiben.

Als tägliche Übung hilft es dem »rasenden« Typ 7, sich die Forderung Gurdjieffs zu eigen zu machen, nämlich daß man jede Sache, die man tut, hundertprozentig tun sollte. Da er mit seinen Arbeiten meist vor dem gesetzten Termin fertig ist, sollte er sich zwingen, die verbleibende Zeit zur Überarbeitung und Vertiefung seiner Arbeit zu nutzen.

Der »Optimist« muß einsehen, daß die hundertprozentige Ausführung einer Aufgabe sein Leben bedeutender macht und ihm mehr Tiefe verleiht. Wenn man sich zurückhält und eine Aufgabe nicht perfekt löst, behindert man sich nur selbst im Erreichen seiner Ziele und hält sich auch davon ab, hundertprozentig zu leben.

Typ 7 benötigt tägliche Meditation und zwar ganz streng eine Viertelstunde lang jeden Abend. Dabei sollte er versuchen, sich nicht mit seinen Gedanken und inneren Bildern zu identifizieren. Er nimmt sie zwar wahr, bleibt aber nicht an ihnen hängen. Falls es ihm hilft, arbeitet er mit der Affirmation: Gedanken kommen und gehen.

Gerade die Meditation hilft ihm, sein Tempo zu verringern und sich selbst besser kennenzulernen und nicht nur an der Oberfläche zu leben.

Chakra

Dem siebten Enneagramm-Punkt entspricht das Kehl-Chakra. Dieses Chakra leitet unsere Kommunikation, und Typ 7 ist oft ein vielschillernder Meister der Kommunikation. Zugleich steht ab hier von der Ordnung der Chakras[3] und vom Enneagramm her das Geistige im Vordergrund. Auf einer tieferen Ebene führt nämlich das Kehl-Chakra in das eigene Innere, da bei ihm die Frage der eigenen Wahrheit gestellt wird. Diese Frage muß sich Typ 7 stellen, denn als »Hans Dampf in allen Gassen« stürmt er durch das Leben, letztendlich auf der Flucht vor sich selbst.

Übung:

Enneagramm-Typ 7 hilft es sehr, wenn er sich ruhig hinsetzt und auf seine Kehle und seinen Hals meditiert. Er stellt sich dabei vor, daß beim ruhigen und regelmäßigen Atmen seine Kehle immer entspannter und weiter wird. In dieses Gefühl läßt er sich tiefer und tiefer fallen und genießt seine innere Ruhe.

---

3 Vgl. dazu genauer: Klausbernd Vollmar: Chakren – Lebenskraft und Lebensfreude aus der eigenen Mitte, München [4]1993, besonders S. 62 ff., und Klausbernd Vollmar: Fahrplan durch die Chakren, S. 85 ff.

Farbe

Dem siebten Enneagramm-Punkt wird die Farbe Orange zugeordnet. Hierin drückt sich der Idealismus des siebten Enneagramm-Typs aus, denn orange sind traditionell die Gewänder der buddhistischen Mönche gefärbt, wobei Orange als der Wärmepol des Farbspektrums das Mitgefühl symbolisiert. Der oft zur Egozentrik tendierende Typ 7 wird hiermit an seine Erlösung erinnert, die in der Haltung des Mitgefühls und der Warmherzigkeit liegt.

Übung:

Es hilft dem »Optimisten«, wenn er sich regelmäßig in tiefer Entspannung die Farbe Orange vor seinem inneren Auge vorstellt. Er konzentriert sich hierfür mit geschlossenen Augen auf diese Farbe und hält sie dann für etwa zehn Atemzüge. Danach kehrt er langsam wieder in sein Alltagsleben zurück.

Nach der zweiten Möglichkeit der Farbzuordnung wird diesem Enneagramm-Punkt die Farbe Gelb zugeordnet. Diese Farbzuordnung betont die geistige Beweglichkeit dieses Enneagramm-Typs.

Rohr und Ebert verbinden wie die Jesuiten diesen Enneagramm-Punkt mit der Farbe Grün.

KOSMOLOGIE

Astronomie

Der siebte Enneagramm-Punkt wird mit dem transsaturnischen Planeten Neptun in Zusammenhang gebracht, der auf der siebten Planetenbahn die Sonne umkreist.

Mit dem siebten Enneagramm-Punkt haben wir den geistigen oder feinstofflichen Bereich betreten, der durch die transsaturnischen Planeten ausgedrückt wird, die nicht mehr mit dem unbewaffneten Auge sichtbar sind.

Astrologie

Wie gesagt, entspricht diesem Enneagramm-Punkt der Planet Neptun, dessen Schatten die Illusion symbolisiert. Die Illusion stellt ein großes Problem für den Enneagramm-Typ 7 dar, der sich leicht in seiner Oberflächlichkeit etwas selbst vormacht. Typ 7 geht immer davon aus, daß es ihm gut geht und das Leben leicht ist, egal, was kommt. In schwierigsten Situationen pflegt er noch einen Witz zu machen. Er ist der Sonnyboy des Enneagramms, egal, wie es ihm geht. Neptun macht ihn auf diese Illusion aufmerksam, symbolisiert aber auch zugleich eine Stärke des »Optimisten«, nämlich im höchsten Maße (ähnlich wie Typ 4) kreativ zu sein.

Mit dem Neptun betreten wir den Bereich der überpersönlichen Planeten, wobei wieder auf die notwendige Ich-Überwindung für diesen Typ verwiesen wird.

Als Sternzeichen wird dem siebten Enneagramm-Typ Steinbock zugeordnet. Als von Saturn regiertes Zeichen verweist Steinbock auf die notwendige Vertiefung für Typ 7, die ihn gesunden läßt. Als Erdzeichen betont Steinbock zugleich die notwendige Erdung, die Typ 7 nur zu leicht vergißt. Teilweise kann das Steinbockprinzip geradezu als Gegenbild zum »Optimisten« angesehen werden. Es zeigt genau auf, was diesem Enneagramm-Typ fehlt: Zähigkeit, Ausdauer und Problembewußtsein. Diese Eigenschaften würden ihm dabei helfen, sich nicht in neurotischer Weise zu verausgaben und zu verströmen.

Tiersymbole

Das Symboltier des siebten Enneagramm-Punktes ist der Affe, der ebenso unstet von Baum zu Baum hüpft, wie das Interesse des »Optimisten« charakterisiert ist.

Ebenso verhält es sich mit dem Schmetterling, der von einer Pflanze zur anderen gaukelt.

Persönlichkeiten

Typische Vertreter von Typ 7 sind Publikumslieblinge und Dauer-Optimisten in Film und Fernsehen, wie zum Beispiel Thomas Gottschalk. Ihre Philosophie wurde von dem griechischen Philosophen Epikur (341-271 v. Chr.) und besonders dessen Schüler Aristippos geprägt, der behauptete, daß das höchste Gut des Menschen seine Lust und das größte Übel sein Schmerz sei. Aristippos wollte als typischer »Optimist« eine Lebenskunst entwickeln, die jegliche Form des Schmerzes vermied. Die Schüler des Epikur pflegten sich in einem Garten zu treffen, über dessen Eingang gestanden haben soll: »Hier ist die Lust das höchste Gut.«

Sir Lancelot aus der Artus-Sage könnte man als Typ 7 bezeichnen, ein ganz eindeutiger »Optimist« war der österreichische Komponist Wolfgang Amadeus Mozart (1756-1791), und ferner gehören Walt Disney und Osho (Baghwan Sri Rajnesh) dazu.

Nach Freud ist ein Neurotiker zu Typ 7 zu rechnen, da er mit großer Energie das Unbehagen aus seinem Bewußtsein zu verbannen sucht.

Land

Die dem siebten Enneagramm-Punkt zugeordneten Staaten sind Irland und Brasilien. In beiden Staaten verdrängt man das Bewußtsein der Armut gern durch Lebensfreude.

Astrologie	Neptun Steinbock
Farbe	Orange
Chakra	Vishuddha (Kehl-Chakra)
Kabbala	Hod oder teilweise, für den Träumeraspekt dieses Enneagramm-Typs, auch Daath (verborgener Sephirot) Hod ist mächtig und vielschillernd wie der siebte Enneagramm-Typ. Er kann von Hod lernen, philosophisch in die Tiefe zu gehen, was ihn heilt, und edel zu handeln und in seinem Denken scharfsinnig zu werden.
Körper	Sprechwerkzeuge
Bachblüten	Heather Water Violet (Blüte des fünften Enneagramm-Typs, der Entlastungstyp)
Zeitgefühl	Zeit ist ausdehnbar, und man hat das Gefühl, daß man unbegrenzt Zeit für seine Lust und seinen Spaß hat. Typ 7 lebt oft in der Zukunft und entflieht der Gegenwart.

Schlüsselfragen

(Je mehr Fragen Sie mit Ja beantworten können, um so deutlicher leben Sie diesen Typ.)

- Gelingt es Ihnen schnell, Beziehungen zu knüpfen?
- Meinen Sie, daß das Leben im Grunde leicht ist?
- Brauchen Sie Ihre tägliche Portion Aufregung?
- Kennen Sie sich in vielen unterschiedlichen Gebieten aus, und haben Sie viele verschiedene Erfahrungen gemacht?
- Halten Sie sich für begeisterungsfähig?

- Sehen Sie viele Möglichkeiten für Ihre Zukunft?
- Würden Sie dem Satz zustimmen »Tiefsinn ist Neurose«?
- Vermeiden Sie Probleme, wo Sie nur können?
- Haben Sie meistens wenig Schwierigkeiten, sich für etwas zu entscheiden?

Enneagramm-Punkt 8

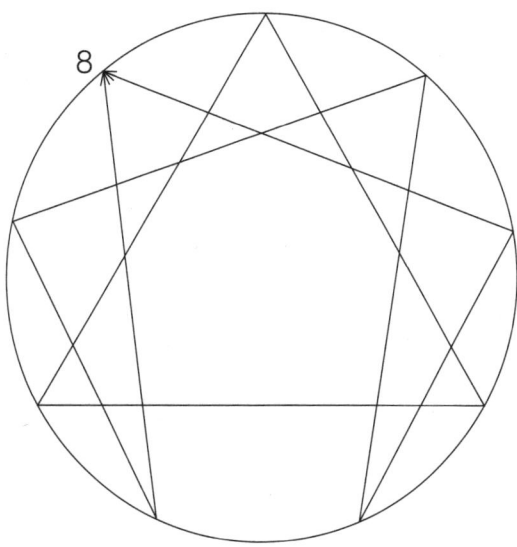

Allgemeine Charakterisierung des achten Enneagramm-Punktes

Mit dem achten Enneagramm-Punkt hat man die höchste Stufe seines Zieles und des Enneagramms erreicht. Der neunte Enneagramm-Punkt stellt nämlich letztendlich nur eine kurze Übergangssituation zu einem neuen Zyklus dar, wohingegen der achte Enneagramm-Punkt den bestehenden Zyklus beendet. An diesem Enneagramm-Punkt ist man voll in seinem Ziel aufgegangen, was sich schon in der Geometrie des Enneagramms darin zeigt, daß der achte Enneagramm-Punkt mit dem fünften und dem zweiten Enneagramm-Punkt verbunden ist: Der fünfte wie auch der zweite Enneagramm-Punkt symbolisieren jeweils die höchsten Bewußtseinsstufen in ihrem Enneagramm-Abschnitt (dem zweiten und ersten Tertial).

PROZESSE

Prozesse

Der Prozeß hat nicht nur sein Ziel erreicht, sondern wir haben uns jetzt völlig diesem Prozeß verschrieben und leben seine Vollendung. Wir gehen sozusagen in diesem Prozeß auf, oder man könnte auch sagen, daß wir diesem Prozeß dienen.

1. Ökonomische Prozesse

Das Produkt ist auf dem Markt, beziehungsweise die Dienstleistung wird von Kunden wahrgenommen. Wir richten jetzt alles daraufhin ein, daß der Kunde zufrieden ist. Das ist der sogenannte »Kundendienst«, dem wir uns verschreiben.

2. Soziale Prozesse

Wir gehen nun völlig in der Gruppe auf, in der wir diesen Prozeß durchgemacht haben, und dienen ihr selbstlos. Wir wissen genau, was uns und der Gruppe guttut, und richten uns ohne Bedenken danach.

Persönliches Wachstum

Auf der Ebene des achten Enneagramm-Punktes hat man nicht nur sein Ziel erreicht, sondern sich ihm auch völlig verschrieben. Man dient seiner Lebensaufgabe, die der Suchende hier gefunden hat, und ist zufrieden, wenn nicht sogar jenseits eines Standpunktes von Zufrieden- und Unzufriedenheit.

Spirituelle Führer und Weisheitslehrer stehen meistens an diesem Enneagramm-Punkt, auf dem man auch Gurdjieff und Ichazo ansiedeln könnte.

Übung:

Auf dieser höchsten Stufe des Enneagramms geht es nur noch darum, sein Bestes zu geben. Sie kommen hier weiter, das heißt, Sie können zum Übergangspunkt 9 fortschreiten, an dem Sie sich in einen neuen Prozeß begeben, wenn Sie Ihre Arbeit perfekt ausführen. Gurdjieff riet seinen Schülern fortwährend, alles, was sie taten, bewußt hundertprozentig zu tun, egal, wieviel es kostete. Eine Arbeit hundertprozentig auszuführen bedeutet, hochkonzentriert und bewußt zu arbeiten, und darauf kommt es an. Um sich zu dieser Form der Arbeit anzuhalten, stellen Sie sich ein Kärtchen an Ihren Arbeitsplatz, auf das Sie schreiben:

»Ich finde Freude darin, meine Arbeit perfekt auszuführen.«

Diesen Satz können Sie auch wie eine Affirmation behandeln.

TYPEN: DER VERMITTLER

Stichworte

Der Krieger (Eli Jaxon-Bear)
Der Führer (Richard Riso)
Der Boss (Helen Palmer)
Der Kämpfer (Kathleen V. Hurley und Theodore E. Dobson)
Der Vermittler (Klausbernd Vollmar)

Nach Oscar Ichazo: der mächtige Kämpfer für seine Ideale

Schlüsselworte

Die Vollendung des Ziels
Selbstbewußtsein
Sicherheit und Stärke
Aggression

Der Lieblingssatz vom Typ 8 nach Rohr und Ebert: »Ich bin stark.«

Allgemeine Charakterisierung

Typ 8 ist der selbstsicherste, aber auch der selbstgerechteste Typ des Enneagramms. Nach der Dynamik des Enneagramms hat dieser Typ nicht nur sein Ziel erreicht, sondern er geht auch vollständig in seinem Ziel auf. Die Handlungen des aktiven »Vermittlers« sind von seinen Idealen geprägt, an denen er starr festhält.

Enneagramm-Typ 8 weiß jederzeit den eigenen Vorteil zu nutzen. Sein Leitspruch lautet: »Divide et impera!« (teile und herrsche). Er ist angriffslustig und besitzt ein großes Selbstbewußtsein.

Typ 8 vermeidet Schwäche und pflegt deswegen andere zu manipulieren und zu kontrollieren, er kann aber auch beschützend auftreten.

Er ist fähig zur Hingabe und sehr abhängig von Besitz.

Er sucht Gerechtigkeit und lebt in der Spannung von

1. Selbstgerechtigkeit, Arroganz und sozialen Haltungen und Einstellungen,
2. unterdrückter Wut und offenem Kampf.

Nach der ursprünglichen Lehre des Enneagramms ist dieser Typ ein Vermittler, da er nicht nur Situationen relativ objektiv betrachten kann, sondern auch gern eine neutrale Haltung einnimmt, zu der ihn seine große Erfahrung befähigt.

Stärke

Der achte Enneagramm-Typ ist sehr gerecht und wahrheitsliebend. Er hat die Kraft, Gerechtigkeit durchzusetzen. Mit seinem starken Durchsetzungsvermögen ist dieser Enneagramm-Typ der ideale Chef einer Firma, da er nicht platt nur machtbesessen agiert, sondern auch neutral im Namen der Gerechtigkeit vermitteln kann.

Sein Selbstvertrauen ist enorm und kann für viele andere Enneagramm-Typen als Vorbild betrachtet werden.

Schwäche (der Schatten)

Enneagramm-Typ 8 neigt dazu, andere als Objekt für seine Ziele zu benutzen und zu herrschen. Er kann keine Begrenzung ertragen, und man findet ihn deswegen fast nie in untergeordneten Stellungen.

Er ist oft sehr aggressiv bei der Durchsetzung seiner Ziele; sensiblere Typen unterstellen ihm sogar, daß er über Leichen geht, um seine Machtstellung auszubauen.

Frauen dieses Typs wollen in der Sexualität den totalen Besitz des Partners, Männer verlangen völlige Hingabe. Sexualität wird beim Typ 8 leicht zu einem Machtspiel.

Übung:

Für den achten Enneagramm-Typ kommt es darauf an, den anderen wirklich wahrzunehmen. Aus diesem Grund bietet sich für ihn eine Wahrnehmungsübung mit einem Partner an, die er regelmäßig zwei- bis dreimal pro Woche für etwa zehn Minuten durchführen sollte.

Er setzt sich bequem einem Partner gegenüber, entspannt sich und schaut seinem Partner dann für etwa drei Minuten direkt in die Augen. Danach schließt er seine Augen und versucht sich das Bild des anderen so genau wie möglich zu visualisieren. Er malt sich das Bild im Detail für etwa zwei Minuten aus und öffnet dann seine Augen, um sein Vorstellungsbild wieder mit der Realität zu vergleichen.

Danach spricht er mit seinem Partner ausführlich über seine Erfahrung mit dieser Wahrnehmungsübung. Es sollte hierbei unbedingt angesprochen werden, welche Bedürfnisse im Gegenüber wahrgenommen wurden.

Man kann zur Not diese Wahrnehmungsübung auch mit einer Fotografie durchführen.

Diese Übung läßt uns den anderen nicht nur genau wahrnehmen, sondern sie zeigt uns ferner, wie schnell und unbewußt wir unsere eigenen Bedürfnisse und Sichtweisen auf den anderen projizieren. Das zu sehen, hilft dem Enneagramm-Typ 8 sehr, der mit seiner Selbstgerechtigkeit und seinem Durchsetzungsvermögen andere Menschen oft gar nicht richtig wahrnimmt.

Chakra

Dem Enneagramm-Typ 8 wird das Dritte Auge – auch Ajna-Chakra genannt – zugeordnet. Das Dritte Auge symbolisiert unsere geistigen Kräfte, und der achte Enneagramm-Punkt steht zentral im geistigen Feld des Enneagramms nach Gurdjieff.

Übung:

Der achte Enneagramm-Typ findet seine Entspannung, indem er auf sein Drittes Auge meditiert. Er setzt oder legt sich entspannt hin, schließt seine Augen und entspannt sich, so tief er kann. In dieser tiefen Entspannung sendet er einen summenden Ton in sein Drittes Auge. Er kann mit etwas Übung diesen Ton an der Stelle seines Ajna-Chakras als ein leicht kribbelndes Gefühl wahrnehmen. Nach etwa zwei bis drei Minuten beendet er das Summen und hört diesen summenden Ton in seinem Dritten Auge nachhallen. Danach beendet er diese Übung.

Durch diese Übung löst sich auf die Dauer die Anspannung, die Ausdruck der materialistischen, aggressiven und angriffslustigen Haltung des »Vermittlers« ist. Allerdings muß diese Übung regelmäßig einmal pro Tag über Monate hinweg durchgeführt werden.

Farbe

Wie Typ 7 wird auch dem achten Enneagramm-Typ die Farbe Orange zugeordnet. Diese wärmste aller Farben erinnert ihn daran, daß er der Allgemeinheit oder auch Gott, wenn man so will, zu dienen hat. Orange ist die Farbe der Gewänder buddhistischer Mönche, die selbstlos ihrem Ideal oder Höherem Selbst dienen.

Mit Enneagramm-Punkt 8 ist nach der Auffassung Gurdjieffs das Ziel eines Entwicklungsprozesses erreicht. Dieses Ziel sollte immer in eine überpersönliche Haltung münden – man kann es auch so ausdrücken, daß man an Enneagramm-Punkt 8 nur noch dem Ziel dient. Genau das drücken die orangefarbenen Gewänder der ostasiatischen Mönche aus. Hier wurde das Ich überwunden.

Die Meditation auf die Farbe Orange, wie sie im Abschnitt über den siebten Enneagramm-Typ ausführlich beschrieben wird, kann auch dem »Vermittler« helfen, Mitgefühl und Wärme zu zeigen. Das ist für ihn eine Herausforderung, die anzunehmen sich für ihn lohnt.

Den Jesuiten zufolge werden dem achten Enneagramm-Punkt die Farben Schwarz und Weiß zugeordnet. Schwarz und Weiß als Farben, die alle anderen Farben enthalten, können diesen Enneagramm-Punkt gut charakterisieren. Wie sich alle Lichtfarben zu Weiß mischen, so mischen sich alle Flächenfarben zu Schwarz, das auch »die Mutter der Farben« genannt wird. Der Schwarz-Weiß-Kontrast stellt den denkbar größten Farbkontrast dar, der die Härte des achten Enneagramm-Punktes anschaulich symbolisiert.

KOSMOLOGIE

Astronomie

Dem achten Enneagramm-Punkt wird Uranus zugeordnet, jener Planet, der bei Anbruch der Französischen Revolution entdeckt wurde. Uranus liegt auf der achten und somit vorletzten Planetenbahn um die Sonne.

Astrologie

Mit Uranus befinden wir uns im überpersönlichen oder transsaturnischen Bereich des Enneagramms. Hier geht es um die höheren oder geistigen Werte, die jetzt, nachdem die Entwicklung durch Materie und Gefühl an ihr Ende gelangt ist, zur Geltung kommen. Am achten Enneagramm-Punkt kann der Mensch bewußt handeln und seine Situation verändern, eine Qualität, die auch das Uranus-Prinzip ausdrückt. Uranus als Oktave von Merkur drückt ja in vorzüglicher Weise diese höhere Form des Bewußtseins aus, die an Enneagramm-Punkt 8 erreicht wird.

Als Sternzeichen entspricht dem achten Enneagramm-Punkt Fische. Mit dem Prinzip Fische ist auf der Ebene des Zodiaks das Ziel erreicht. Fische stellt das zwölfte und letzte Zeichen des Sternkreises dar, sozusagen dessen Vollendung.

Das Fische-Prinzip symbolisiert die Tiefe der Seele, die am achten Enneagramm-Punkt erreicht werden kann. Männliches und Weibliches fallen hier zusammen, denn der Fisch gilt in unterschiedlichen Kulturen sowohl als männliches als auch als weibliches Symbol. An Enneagramm-Punkt 8 heben sich also die Gegensätze auf, und für einen kurzen Moment steht die Zeit still, um dann wieder am neunten Enneagramm-Punkt in einen neuen Zyklus einzutreten.

Tiersymbole

Die Typenlehre der Jesuiten ordnet die starken und gefährlichen Tiere wie Nashorn, Klapperschlange, Tiger und Stier dem achten Enneagramm-Punkt zu.

Persönlichkeiten

Der klassische Enneagramm-Typ 8 wurde von Heinrich von Kleist (1777-1811) in die literarische Figur des Michael Kohlhaas (aus der gleichnamigen Novelle von 1810) eingepaßt; noch deutlicher verkörpert der italienische Philosoph und Staatsmann Niccolò Macchiavelli (1469-1527) mit seinem berühmten Ausspruch »Recht ist, was dem Stärkeren nützt« diesen Typ.

Georg Iwanowitsch Gurdjieff rechne ich wie den Gestaltpsychologen Fritz Perls diesem Enneagramm-Typ zu. Beide galten als sehr starke und zugleich abweisende Persönlichkeiten. In diese Reihe gehören ferner der Komponist Ludwig van Beethoven (1770-1827) und Nikos Kazantzakis (1883-1957), ein griechischer Autor, der unter anderem »Alexis Sorbas« schrieb, und die exzentrische Madame Blavatski, die Gründerin der Theosophischen Gesellschaft.

Henry Miller schrieb als Autor aus der Sicht von Typ 8, als Schauspieler spielte John Wayne diesen Typ.

Land

Das von den Jesuiten dem achten Enneagramm-Punkt zugeordnete Land ist Spanien – zumindest das Spanien, das Ernest Hemingway so bewunderte.

Astrologie	Neptun Saturn
Farbe	Orange
Chakra	Ajna-Chakra (Drittes Auge oder Stirn-Chakra)
Kabbala	Jessod oder teilweise auch Chochma (Chokmah) Jessod verkörpert die reale Welt, der sich der achte Enneagramm-Typ eifrig zuwendet. Er kann von Jessod lernen, wie er andere inspiriert und einfühlsam anspornt.
Körper	keine Körperzuordnung
Bachblüten	Vine Chicory (Blüte des Entlastungstyps, des zweiten Enneagramm-Typs)
Zeitgefühl	Hier ist man absolut pünktlich. Typ 8 hat das Gefühl, beständig für eine bessere Zukunft arbeiten zu müssen.

Schlüsselfragen

(Je mehr Fragen Sie mit Ja beantworten können, um so deutlicher leben Sie diesen Typ.)

Fragen, die sich auf diesen Typ nach der Zuordnung Ichazos beziehen:

- Haben Sie eine feste Meinung, die Sie gut vertreten können?
- Sind Ihre Handlungen von taktischen Überlegungen geprägt?
- Halten andere Sie für aggressiv?
- Fällt es Ihnen leicht, Nein zu sagen?
- Neigen Sie dazu, andere zu entlarven und deren schwache Punkte sofort zu registrieren?
- Gefällt Ihnen Stärke bei sich und anderen?
- Haben Sie Schwierigkeiten mit Vorgesetzten und Autoritäten?
- Halten Sie sich für offen und klar?
- Stellt Gerechtigkeit einen wichtigen Wert für Sie dar?

Fragen, die sich auf diese Typen nach den Schulen des Vierten Weges beziehen:

- Können Sie gut Konflikte lösen?
- Schätzt man Sie wegen Ihrer neutralen Haltung?
- Kämpfen Sie gern?

Enneagramm-Punkt 9

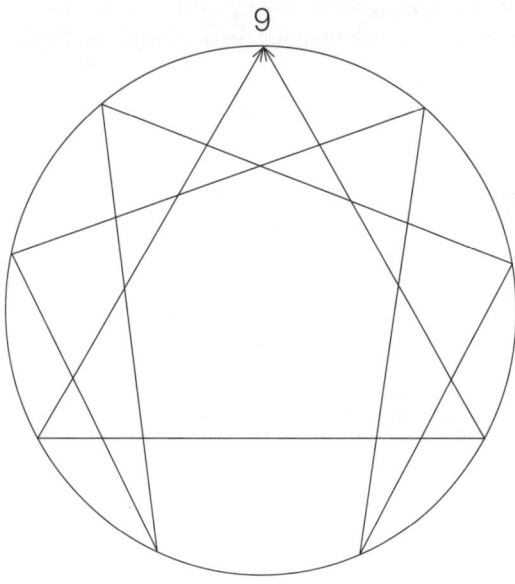

Allgemeine Charakterisierung des neunten Enneagramm-Punktes

Enneagramm-Punkt 9 als der letzte und dritte Schockpunkt des Enneagramms hat eine eigenartige Zwitterstellung inne. Er zeigt einmal den Abschluß einer geplanten Aufgabe an, und zum anderen steht er zugleich für den Übergang zu einem neuen Prozeß. Deswegen wird dieser Enneagramm-Punkt sowohl als 9 als auch als 0 bezeichnet. Diese Zwitterstellung zeigt sich deutlich von der astrologischen Zuordnung her: Einmal entspricht diesem Enneagramm-Punkt Pluto als sonnenfernster Planet, und zum anderen das Sternzeichen Widder, das den Beginn des Zodiaks markiert.

Interessanterweise kann man diesen neunten Enneagramm-Punkt in seiner Zwitterstellung als Anfangs- und Endpunkt eines Prozesses auch gut auf das Tarot beziehen: Als Endpunkt der Entwicklung finden wir hier die neunte Karte der Großen Arkana, den Einsiedler. Er hat erkannt, wer er wirklich ist, und eine wichtige Erfahrung gemacht. Und den Anfangsaspekt des neunten Enneagramm-Punktes zeigt der Narr an, dem alle Möglichkeiten offen sind, der ein Symbol der Prima Materia ist, aus der alles entsteht. Sehen wir den neunten Enneagramm-Punkt als das zu erreichende Ziel an, dann entspricht ihm im Tarot die Karte 21, die Welt, die die höchste Persönlichkeitsentfaltung anzeigt.

PROZESSE

Prozesse

Der neunte Enneagramm-Punkt ist der Punkt des Übergangs, der uns im System des Enneagramms daran erinnert, daß das Leben nie in Ruhe ist, sondern sich in stetiger Bewegung befindet.

Es wäre im Grunde viel anschaulicher, sich das Enneagramm als eine endlose Spirale vorzustellen, die in neun Schritten eine Umdrehung vollzieht.

Persönliches Wachstum

Sie haben all das erreicht, was Sie erreichen wollten, und auch noch viel mehr, von dessen Existenz Sie zu Beginn Ihres Wegs gar nicht wußten. Hier stellt sich die Frage, ob Sie in diesem Zustand verbleiben oder ob Sie in einen neuen Prozeß eintreten wollen, der nun auf höherer Ebene, das heißt auf der Grundlage Ihrer jetzigen Erfahrungen, wieder die neun Punkte des Enneagramms durchläuft.

Das Enneagramm stellt sich als eine Symbolisierung von Lebensprozessen dar. An den drei Schockpunkten des Enneagramms geschieht etwas Bestimmtes – man findet zum Beispiel einen Lehrer, oder es ereignet sich ein einschneidendes Erlebnis –, und eh man sich versieht, befindet man sich auf einer anderen Bewußtseinsebene, was einem oft so vorkommt, als lebe man plötzlich in anderen Welt. Das Besondere am dritten Schockpunkt, dem Enneagramm-Punkt 9, besteht darin, daß man diesen Übergang in eine andere Welt, eine neue Sicht- oder Verhaltensweise *bewußt* gestalten kann. Man vollzieht also den Übergang in die neue Bewußtseinsebene bewußt und nicht mechanisch.

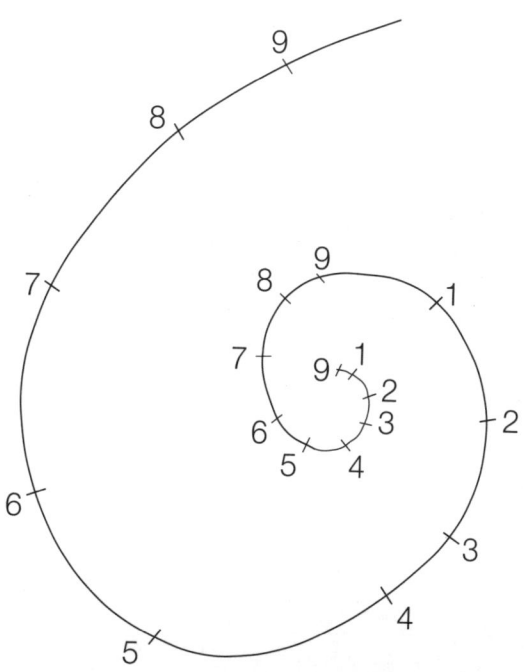

Das Enneagramm als Spirale II

An dieser Abbildung erkennen wir deutlich, daß Punkt 9 immer wieder zu Punkt 1 des Enneagramms führt und am Übergang zu einem neuen Prozeß steht (eine abermalige Drehung der Spirale). An Enneagramm-Punkt 9 geht ein Prozeß auf eine neue Ebene über. So ist das Verständnis dieses Enneagramm-Punktes zentral für das Erfassen der Dynamik des Enneagramms.

Neun ist die Zahl des erreichten Ziels. Sie zeigt in der Kunst des Wahrsagens den glücklichen Abschluß eines Prozesses an.

C.G. Jung erzählt von einem Schatz der in neun Jahren, neun Monaten und neun Nächten emporblühe. Wenn er in der letzten Nacht nicht gefunden werde, sinke er wieder hinab, und alles beginne wieder von neuem.[4] Der Schatz ist jenes Seelengold, das wir durch die neun Schritte des Enneagramms zu heben vermögen. Wer den rechten Zeitpunkt versäumt, der muß wieder von vorn beginnen. Gurdjieff betont immer wieder, daß es bei den Schockpunkten – und besonders bei dem dritten Schockpunkt – darauf ankommt, den rechten Zeitpunkt zu nutzen.

1. Ökonomische Prozesse
An dieser Stelle können Sie sich überlegen, ob Sie jetzt noch ein Nachfolgeprodukt herstellen wollen oder an Ihr Produkt oder Ihre Dienstleistung eine weitere Produkt- oder Servicekette anschließen wollen. Falls das der Fall ist, begeben Sie sich jetzt auf einer neuen Ebene erneut in den Kreislauf des Enneagramms.

2. Soziale Prozesse
Sie verharren entweder auf der Ebene des achten Enneagramm-Punktes oder können sich auf der Ebene des neunten Enneagramm-Punktes einer neuen oder erweiterten Aufgabe zuwenden.

---

[4] Carl Gustav Jung: GW 5, S. 91.

TYPEN: DER LIEBENDE

Stichworte

Der Heilige (Eli Jaxon-Bear)
Der Friedliebende (Richard Riso)
Der Vermittler (Helen Palmer)
Der Bewahrer (Kathleen V. Hurley und Theodore E. Dobson)
Der Liebende (Klausbernd Vollmar)

Nach Oscar Ichazo: das faule Genie

Schlüsselworte

Der Punkt des Übergangs
friedliebend
harmonisch
phlegmatisch, faul und träge
passiv

Nach Rohr und Ebert lebt dieser Typ nach der Devise »Ich bin zufrieden.«

Häufig hört man ihn sagen: »Wir wollen uns wieder vertragen. Das ist doch alles nur halb so schlimm.«

Allgemeine Charakterisierung

Der neunte und letzte Enneagramm-Typ ist der friedfertigste und zugleich der faulste Typ des gesamten Enneagramms. Er ist oft sehr passiv und abhängig von harmonischer Stimmung. Deswegen vermeidet Enneagramm-Typ 9 Konflikte um jeden Preis. Sein Streben gilt der Vereinigung (der »Coniunctio« der mittelalterlichen Alchemisten), und er hat das hohe Ideal der Liebe verstanden, das eine reife, von Mitgefühl und Solidarität geprägte Haltung darstellt. Aber oftmals sucht er zuerst einmal nach Ruhe. Ein Teil von ihm ist im Grunde seines Herzens der typische Kleinbürger, der unter der Devise »Meine Ruhe will ich haben« lebt. Wird diese Ruhe allerdings gestört, kann Typ 9 erstaunlich widerborstig, störrisch und unangenehm werden. Trotz allen Harmoniestrebens und aller Friedfertigkeit weiß er sich durchzusetzen.

Auf der anderen Seite besitzt der »Liebende« großes Einfühlungsvermögen in andere Menschen, die ihn deswegen häufig um Rat ansprechen. Von ihm fühlt man sich einfach verstanden, von ihm scheinen heilende Kräfte auszugehen. Er nimmt sich geduldig Zeit, spendet Zuspruch und Rat und vermittelt immer Harmonie.

Der Liebende selbst lebt in der Spannung von

1. Friedfertigkeit und Kampf,
2. Einsicht und träger Unschlüssigkeit.

Stärke	Schwäche (der Schatten)

Enneagramm-Typ 9 ist äußerst umgänglich und erstaunlich friedfertig. Er kann ein Feld von Harmonie um sich herum ausbreiten und anderen helfen, ebenfalls in solch einen harmonischen Zustand zu gelangen. Dabei hilft ihm sein großes Einfühlungsvermögen in andere, das er ohne jegliche Hintergedanken und Ansätze zur Manipulation benutzt. Der ideale Beruf für den neunten Enneagramm-Typ ist der eines Therapeuten oder auch Diplomaten, zumal sich dieser Typ auch gut mit seinem eigenen Ich und seinen Problemen zurückhalten kann.

Enneagramm-Typ 9 hat keine Probleme mit geschlechtlicher Identität, wenn er auch manchmal zum wahllosen Ausleben seiner Sexualität neigt, die ihm und den Partnern aber meistens guttut.

Der Enneagramm-Typ 9 ist äußerst bequem, faul und träge. Ihm fehlt häufig das Interesse an irgend etwas, er ist antriebslos und phlegmatisch und kann sich zu nichts aufraffen. Dazu kommt noch seine häufig aufgesetzt wirkende, sanfte Art, die viele andere Enneagramm-Typen zur Weißglut bringen kann. Auf Typ 3, 4 und 7 wirkt der »Liebende« oft sehr langweilig, ja, sie nehmen ihn häufig gar nicht für voll.

Der neunte Enneagramm-Typ zeigt deswegen solch ein passives Verhalten, da er keinen Konflikt ertragen kann. Er sucht immer Harmonie und kehrt dabei vieles unter den Teppich, was eigentlich auf den Tisch gehörte. Aber da Enneagramm-Typ 9 kaum in der Lage ist, sich abzugrenzen, kann er schlecht Probleme ansprechen (das gelingt nur sehr entwickelten »Liebenden« wie C.G. Jung, denen dabei ihr Einfühlungsvermögen hilft).

Bei solch einem Typ ist nicht verwunderlich, daß es zu indirektem Widerstand bei Bedrohungen und Angriffen auf seine Ruhe kommt. In solchen Situationen wird Typ 9 extrem störrisch, sperrt sich gegen seinen Kontrahenten und bietet ihm mit derartiger Intensität passiv die Stirn, daß jeder Angriff auf ihn sich mit der Zeit totläuft. Ich würde sagen, daß der »Liebende« ein Meister des passiven und indirekten Widerstandes ist, der jeden Gegner verzweifeln läßt.

Übung:

Ich halte es für Typ 9 für sehr wichtig, daß er seine Aggressivität offen und direkt auszudrücken lernt. Er muß verstehen, daß der Schatten – und das ist bei Enneagramm-Typ 9 immer seine Aggressivität – zur Ganzheit seiner Persönlichkeit gehört und integriert werden muß. Erst dann kann Typ 9 richtig sein Harmoniebedürfnis leben.

Hier bieten sich Kampfsportarten wie Judo, Karate und Tai Chi (als Kampfsport mit Säbelführung) an. Ich würde dem »Liebenden« vorschlagen, regelmäßig seine Träume zu analysieren und dabei auf das zu achten, was ihn verfolgt, angreift und stört. Das ist sein Schatten, der von ihm aufgenommen werden möchte und den er genauestens ansehen und eventuell auch malen sollte.

Ihm helfen auch Aggressionsübungen aus der Bioenergetik, die er aber in einer Gruppe mit qualifiziertem Leiter durchführen sollte.

Chakra

Dem letzten Enneagramm-Punkt entspricht das oberste Chakra des Menschen: das Kronen- oder Sahasrara-Chakra, das auch der tausendblättrige Lotos genannt wird.

Wie an Enneagramm-Punkt 9 ein Prozeß zu seinem Ende geführt wird und sich zugleich der Beginn eines neuen Prozesses ankündigt, so markiert auch das siebte menschliche Chakra einen Übergangs- oder Umkehrpunkt: Hier wird höchstes Bewußtsein und höchste Klarheit erreicht, um dann wieder die Energien nach unten bis in den grobstofflichen und physischen Bereich fallen zu lassen. Enneagramm-Punkt 9 wie auch das Sahasrara-Chakra dürfen keineswegs als Punkte des Ausruhens mißverstanden werden. Sie bilden vielmehr den Übergang zu einer neuen Ebene, was, auf den Menschen bezogen, eine neue Bewußtseinsebene meint, mit der man jetzt sich selbst und seine Umwelt betrachtet. Man ist sich seiner selbst mit seinen Schattenseiten und Stärken, mit seinen Projektionen und seiner Intuition bewußter geworden und vertieft diese Bewußtheit beim abermaligen Durchlaufen des neuen Zyklus noch. Das zeigen uns der tausendblättrige Lotos und der neunte Enneagramm-Punkt als Übergangspunkte im System an.

Bis zum Stirn-Chakra an Enneagramm-Punkt 8 gelangt man mit Hilfe eines Lehrers und spezieller Techniken, das Kronen-Chakra erreicht man nur, wenn man sich nicht mehr an Vorgegebenes hält. An dieser Stelle ist der Meditierende erwachsen geworden, und er erreicht selbständig den höchsten Bewußtseinsstand. Gurdjieff sagt, daß das höchste Ziel eines Menschen darin besteht, zu einem Individuum zu werden. Genau das drückt in der Yoga-Philosophie auch der Schritt auf die Bewußtseinsstufe des Kronen-Chakras aus.

Farbe

Es ist logisch, daß dem neunten Enneagramm-Punkt, sozusagen der Steigerung oder Vollendung des Enneagramms, die Farbe Rot zugeordnet wird. Rot stellt im Farbenkreis Goethes die Steigerung der beiden Grundfarben Gelb und Blau dar. Rot oder Goethes Purpur[5] ist der König der Farben, weswegen Könige auch Gewänder dieser Farbe zu tragen pflegen.

Rot symbolisiert Blut und Feuer und damit menschliche Leidenschaft, die als enorme Energie diesen Enneagramm-Typ aus seiner Trägheit reißt. »Liebende« sollten sich deswegen mit dieser Farbe auseinandersetzen, denn Rot gibt Energie und Aktivität. Ob sie nun rote Bilder malen oder sich selbst als rote Person (eingehüllt in einer roten Farbwolke) visualisieren, spielt keine große Rolle; wichtig ist nur die Auseinandersetzung mit der roten Energie.

---

5 Vgl. zur Farbe Rot genauer: Klausbernd Vollmar: Das Geheimnis der Farbe Rot. Zur Psychologie und Symbolik einer starken Farbe, St. Goar 1993.

KOSMOLOGIE

Astronomie

Die neunte Umlaufbahn der Planeten wird von Pluto, dem sonnenfernsten Planeten unseres Sonnensystems, eingenommen. Pluto symbolisiert eine unfaßbare, feinstoffliche Energie, die allerdings hochexplosiv werden kann. Immerhin wurde Pluto in einer Zeit entdeckt, zu der die erste Kernspaltung im Labor gelang.

Mit Pluto ist zunächst einmal der Reigen der Planeten abgeschlossen, genauso wie sich mit Enneagramm-Punkt 9 das Enneagramm zunächst einmal vollendet hat.

Astrologie

Wie der Regenbogen mit der Farbe Rot beginnt, so beginnt der Sternenkreis mit der Energie vom Widder, die auch mit der Farbe Rot und mit dem neunten Enneagramm-Punkt verbunden wird. Hier wird die Energie des Anfangs betont, die diesem letzten Enneagramm-Punkt nach Gurdjieff, Ouspensky und Bennett innewohnt.

Der neunte Enneagramm-Punkt charakterisiert das Ende und den Anfang eines Prozesses. Man kann auch sagen, daß er zwei verschiedene Perspektiven einer Übergangssituation innerhalb eines Prozesses darstellt. Das wird auch in seiner astrologischen Zuordnung zu Pluto und dem Widder ausgedrückt, denn Pluto stellt die Oktave von Mars dar, der das Sternzeichen Widder regiert. Wenn die Oktave als höchste Energieform erreicht ist, muß man sich wieder der niedrigeren Energieform zuwenden. Nachdem ein Bewußtseinsfortschritt erreicht wurde, muß man daran arbeiten, diesen neuen Bewußtseinsstand zu integrieren. Wie heißt es so schön:

»Vor der Erleuchtung: Wasserholen und Holzhacken, nach der Erleuchtung: Wasserholen und Holzhacken.«

Tiersymbole

Die friedliebenden Tiere ordne ich diesem letzten Enneagramm-Punkt zu: der Elefant als gutmütiges Tier, das als dickhäutig und gemütlich gilt, der Wal, der das dem Elefanten vergleichbare Wassertier darstellt und besonders der Delphin als überaus friedfertiges und soziales Tier.

Persönlichkeiten

In die Gruppe der »Liebenden« gehören die beiden großen Psychotherapeuten Carl Gustav Jung und Carl Rogers, ebenso der von Jung beeinflußte amerikanische Mythenforscher Joseph Campbell und der deutsche Physiker Albert Einstein, der sich aktiv für den Frieden einsetzte.

Als sehr entwickelte Vertreter dieses Typs werden von den Jesuiten der indische Weise Ramana Maharshi und der englische Dichter Ezra Pound angesehen.

Land

Mexiko gilt als das klassische Land für Typ 9 – zumindest wie es aus US-amerikanischer Sicht gesehen wird.

Astrologie	Pluto Widder
Farbe	Rot (Purpur)
Chakra	Sahasrara (Kronen-Chakra)
Kabbala	Schechina oder Kether Schechina betont die mitfühlende, friedfertige Seite des neunten Enneagramm-Typs. Sie spornt ihn zur Mystik an. Kether als Krone und Schechina als göttliche Weisheit betonen, daß aus der Sicht Gurdjieffs dies der höchste und entwickeltste aller Enneagramm-Typen ist.
Körper	Gehirn (Cortex)
Bachblüten	Wild Rose Oak (als Blüte des dritten Enneagramm-Typs, des Entlastungstyps)
Zeitgefühl	Hier geht es um den Moment. Allerdings hält man sich im Streß entweder starr an zeitliche Pläne oder kommt notorisch zu spät und vergißt seine Termine. Oftmals hat Typ 9 das Gefühl, daß andere Menschen zuviel Zeit von ihm fordern und ihm damit Energie entziehen. Auf der anderen Seite kann Typ 9 die Zeit einfach vorbeigehen lassen und nichts tun. Er möchte am liebsten die Vergangenheit festhalten, da er sich in ihr sicher fühlt.

Schlüsselfragen

(Je mehr Fragen Sie mit Ja beantworten können, um so deutlicher leben Sie diesen Typ.)

- Machen Sie es sich häufig so bequem wie möglich?
- Halten Sie Mitgefühl und Solidarität für wesentliche Tugenden?
- Können Sie gut abschalten?
- Kommen Sie gut mit anderen aus?
- Sehen andere Sie als »lahm« an?

- Schieben Sie oft Aufgaben vor sich her?
- Erwischen Sie sich öfters dabei, daß Sie nicht bei der Sache sind?
- Neigen Sie dazu, sich vor Entscheidungen zu drücken?
- Tun Sie alles, um eine friedvolle Atmosphäre herzustellen?

Die Dynamik des Modells

In diesem Kapitel werden die Kombinationsmöglichkeiten der einzelnen Enneagramm-Qualitäten beschrieben, und somit die Komplexität und Dynamik dieses Modells dargestellt.

Bewegungsrichtungen im Enneagramm

Im gleichseitigen Dreieck und im Sechseck des Enneagramms ergeben sich jeweils zwei unterschiedliche Bewegungsrichtungen. Diese beiden Bewegungsrichtungen nenne ich

1. die Streßrichtung,
2. die Entlastungsrichtung.

1. Die Streßrichtung ist durch folgenden Weg durch das Enneagramm bestimmt:
a) im Sechseck
   $1 \rightarrow 4, 2 \rightarrow 8, 4 \rightarrow 2, 5 \rightarrow 7, 7 \rightarrow 1$ und $8 \rightarrow 5$,
b) im Dreieck
   $3 \rightarrow 9, 6 \rightarrow 3$ und $9 \rightarrow 6$.

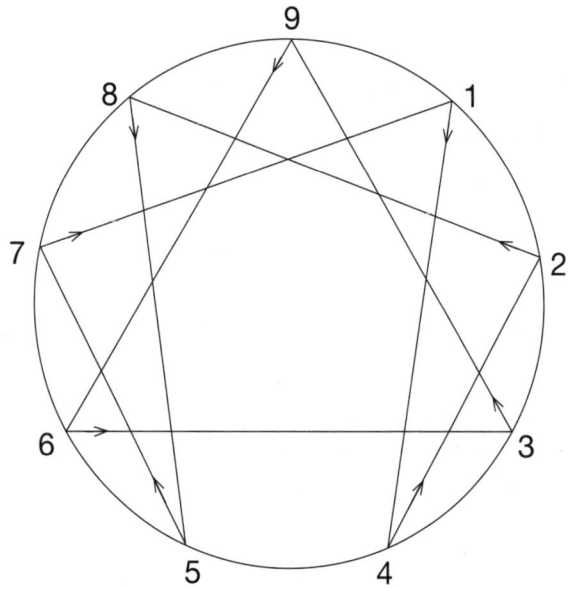

Die Streßrichtung im Enneagramm

2. Die Entlastungsrichtung verläuft in umgekehrter Richtung zur Streßbewegung und ist von folgender Reihenfolge der Enneagramm-Punkte bestimmt:

a) im Sechseck
1 → 7, 2 → 4, 4 → 1, 5 → 8, 7 → 5 und 8 → 2,
b) im Dreieck
3 → 6, 6 → 9 und 9 → 3.

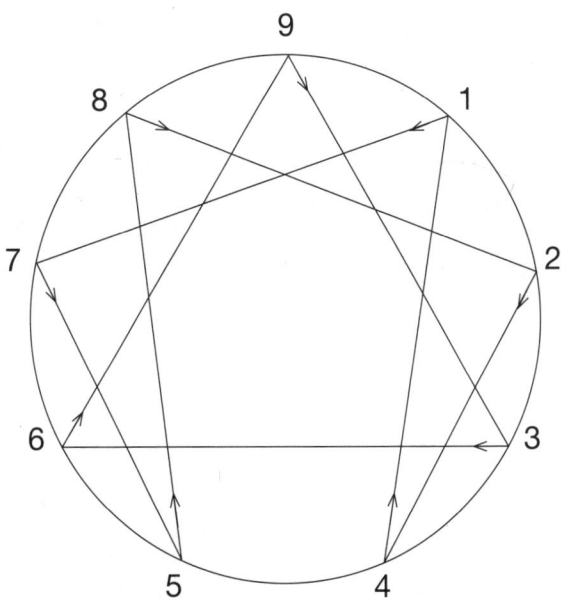

Die Entlastungsrichtung im Enneagramm

In einer Streßsituation pflegt ein Mensch zuerst gemäß der Abwehrmechanismen seines eigenen Typs zu reagieren. Nimmt der Streß zu, so pflegt er gemäß dem sogenannten Streßpunkt zu seinem Typ zu reagieren. Dies kann Ihnen verdeutlichen, welche Enneagramm-Strategien Sie bei Konflikten zeigen.

Rohr und Ebert[1] gehen davon aus, daß gestreßte Menschen meistens versuchen, sich Trost bei ihren Streßtypen zu holen. Dieser Trost erweist sich natürlich als trügerisch und führt oftmals noch tiefer in die inneren Spannungen hinein. Riso[2] behauptet sogar, daß eine Bewegung auf den Streßtypen zu unweigerlich in Neurotisierung und Krankheit führt.

In Zeiten der Ausgeglichenheit neigt ein Mensch dazu, zunächst die positiven Seiten seines eigenen Typs auszuleben. Hält diese Ausgeglichenheit über einen längeren Zeitraum an, so wird er gemäß dem Typ seines Entspannungspunktes reagieren. Wer sich auf Dauer die Reaktionsmöglichkeiten seines Entlastungstyps aneignet, wird gesund und kann sich selbst leben.

---

1 Richard Rohr/Andreas Ebert: Das Enneagramm. Die neun Gesichter der Seele, München 1989, S. 217ff.
2 Don Richard Riso: Discovering Your Personality Type. The Enneagramm Questionnaire, Boston, New York, London 1992, S. 16.

Streßpunkte als Schattenprojektion

Mir scheinen die Streßpunkte den Schatten des entsprechenden Typs auszudrücken. In Typ 1, der immer recht haben muß, lebt zum Beispiel ein abgelehnter Typ 4, der sich als etwas Besonderes fühlt und so leicht verletzbar ist. In Typ 2, der anderen dient, um sie zu manipulieren, lebt zugleich ein ungelebter Typ 8, der sich anderen gegenüber hart durchsetzt, wenn es darauf ankommt. In jedem leistungsorientierten Typ 3 lebt ein unterdrückter, fauler Typ 9, wie in jedem sensiblen Typ 4 ein unbeachteter Typ 2 lebt, der anderen dient und so sein Ich zurückstellen kann. Im tiefsinnigen Typ 5 lebt ein unangenommener, flippiger Typ 7, und im biederen Beamtentyp 6 macht sich ein ausgesprochen arbeitsfreudiger Typ 3 als Schattenprojektion bemerkbar. Der oberflächliche Typ 7 projiziert seinen Schatten auf den rechthaberischen Typ 1, der Ellenbogentyp 8 kann den beobachtenden und passiven Typ 5 nicht ertragen, und der faule Typ 9 lehnt den Beamten in sich ab, den Typ 6 symbolisiert.

Aus diesen Schattenprojektionen heraus läßt sich erklären, warum wir in Streßsituationen in einer Weise reagieren, die wir an uns selbst nicht leiden können: Hier zeigen wir deutlich unsere Schattenseite.

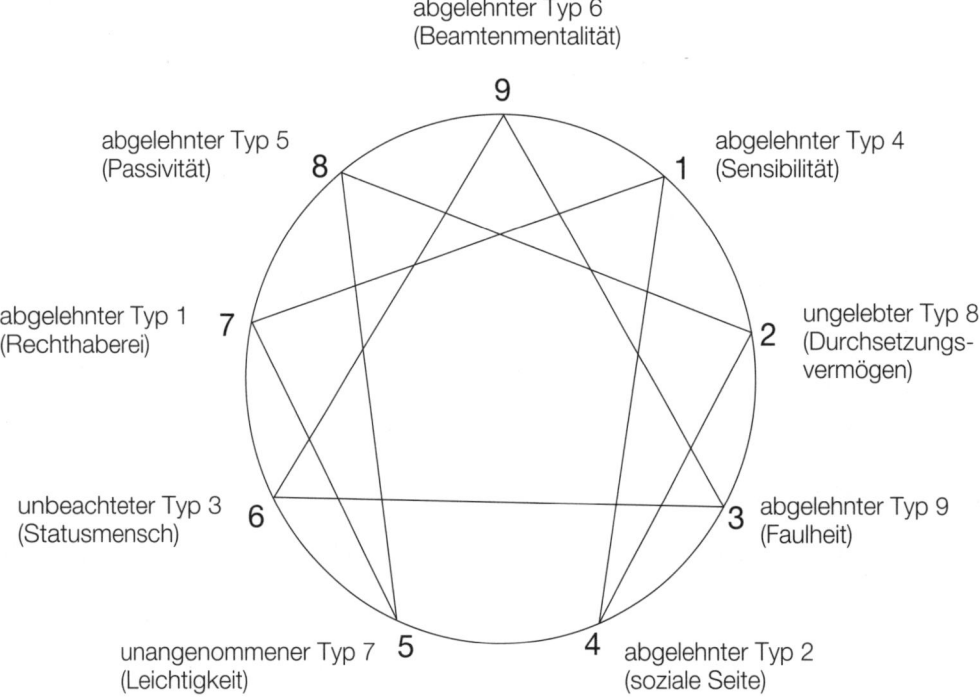

Die Schattenprojektion im Enneagramm

Streßpunkte und Partnerwahl

Ich habe beobachten können, daß wir, wenn wir einen Partner wählen, der den Streßtyp zu unserem Enneagramm-Typ verkörpert, zwar viel zusammen mit dem anderen lernen können, dieses Lernen uns aber extrem schwerfällt. Haben wir dagegen einen Partner gewählt, der unserem Entlastungstyp entspricht, dann kommen wir mit diesem Menschen meist sehr gut aus und können uns bei ihm ausruhen und entspannen.

Da letztlich keiner einen reinen Enneagramm-Typ in allen Situationen verkörpert, wird das Bild bei der Partnerwahl viel komplexer. Die verschiedenen Typen des einen Menschen kommunizieren mit den unterschiedlichen Typen seines Partners. Nehmen Sie also dieses Modell nicht als »Bibel für die Wahl des geeigneten Partners«, sondern nur als Anhaltspunkt, wie man mit dem Enneagramm Partnerkonflikte verstehen kann.

Ich habe zum Beispiel beobachtet, daß der Streßpunkt des Streßpunktes zu meinem Typen oft auf absolutes Unverständnis bei mir stößt. Das heißt: der strenge Typ 1 tendiert dazu, den dienenden Typ 2 mißzuverstehen, der auf andere ausgerichtete Typ 2 wiederum den zurückgezogenen Typ 5, der sensible Typ 4 den lauten Typ 8, der zurückhaltende Typ 5 den moralisierenden Typ 1, der oberflächliche Typ 7 den tiefsinnigen Typ 4 und der machtbesessene Typ 8 den lässigen Typ 7.

Bei der Beurteilung von Partnern sollte man allgemein folgende Punkte betrachten:
1. die Enneagramm-Abschnitte, die nach Gurdjieff anders als nach Ichazo angenommen werden müssen (1,2,3 / 4,5,6 / 7,8,9 nach Gurdjieff; 9,1,2 / 3,4,5 / 6,7,8 nach Ichazo):
Partner, die dem gleichen Enneagramm-Abschnitt oder -Tertial angehören, finden oft spontan eine gemeinsame Basis des Verständnisses;
2. das Verhältnis der Entlastungspunkte beider Partner zueinander:
Stellt der Entlastungspunkt des einen Partners den Streßpunkt des anderen Partners dar, kann es in der Beziehung nur zu leicht zu Mißverständnissen kommen. Befinden Sie sich in einer Enneagramm-Position, die Ihr Partner von seiner Position aus nicht verstehen kann (Streßpunkt), wird es zu permanenten Mißverständnissen kommen. Man deutet die Verhaltensweisen des Partners falsch, da sie einem unverständlich sind.

Die folgenden Ausführungen dienen der Selbsterkenntnis in angespannten Situationen. Wenn Sie Ihre mechanischen Reaktionstendenzen durchschauen, können Sie auch an ihrem Abbau arbeiten.

Streßpunkt 1 → 4

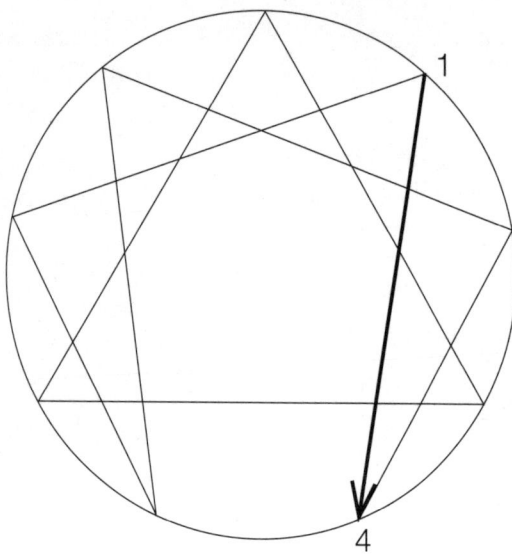

PROZESSE

Blickrichtung bei Prozessen

Die Blickrichtung von vom ersten Enneagramm-Punkt zum vierten verbindet zwei unterschiedliche Bereiche miteinander:

Bei Enneagramm-Punkt 1 werden die materiellen und grundlegenden Voraussetzungen eines Prozesses betrachtet, während es am vierten Enneagramm-Punkt darum geht, die typischen Widerstände eines Prozesses zu überwinden und den notwendigen Prozeßablauf besser zu verstehen. Diese an Enneagramm-Punkt 4 unweigerlich auftretenden Widerstände und Krisen können leicht zu einem Abbruch des Prozesses führen. Das wird jedoch dadurch vermieden, daß man sich zu Beginn des Prozesses die möglichen Schwierigkeiten deutlich vor Augen führt. Wenn man weiß, wo im Prozeß dieser verflixte Enneagramm-Punkt 4 auftauchen könnte, kann diese Krise schneller und besser überwunden werden. Die Blickrichtung vom ersten zum vierten Enneagramm-Punkt hilft uns,

1. uns mit der Krise im Prozeß auseinanderzusetzen und diese nicht zu verdrängen und dadurch zu spät auf sie zu reagieren;
2. die Ursache der Krise in unseren Voraussetzungen für den Prozeßablauf zu suchen.

Bei dieser Blickrichtung im Enneagramm können wir der Gefahr der ewigen Schleife eines Prozesses aus dem Weg gehen. Diese Schleife besteht darin, daß man in der Krisensituation an Enneagramm-Punkt 4 damit liebäugelt, sich zu den früheren Stadien des Prozesses zurückzubewegen. Hier fällt man leicht auf den ersten oder zweiten Enneagramm-Punkt zurück. Man sehnt sich nach der problemloseren Situation in der Vergangenheit. Dieser Rückfall wird dadurch vermieden, daß man gleich von Anfang an die Krise an Enneagramm-Punkt 4 in seine Überlegungen einbezieht und so dem Prozeß zu einem zügigen Ablauf verhilft.

DIE STRESS-SITUATION
DER GESTRESSTE »UNTERNEHMER«

Stichworte

Niedergeschlagener bis depressiver Typ
Selbstzerstörerischer Kritiker
Launischer Zeitgenosse bei ökonomischen Mißerfolgen

Charakterisierung dieser Kombination

Psychologie

Was kommt von Typ 1:
- Das eifrige Bemühen, besonders im materiellen Bereich perfekt und vollkommen zu sein
- Der Ausdruck der unterdrückten Wut und Aggression durch die Neigung
  1. zur oft pingeligen Kritik
  2. die eigene Meinung als die einzig richtige anzusehen

Was kommt von Typ 4:
- Die Ansicht, etwas Besonderes zu sein
- Der Ausdruck von Wut und Aggression durch
  1. Selbstaggression
  2. launisches Verhalten

Resultat

Der erste Enneagramm-Typ meint von sich, immer recht zu haben, und er kann es nur schwer ertragen, wenn andere eine von ihm nicht gebilligte Meinung vertreten. Zudem ist er eifrig um Perfektion und Vollkommenheit speziell im wirtschaftlichen Bereich bemüht, was ihn leicht in Streß bringen kann. Wenn etwas schiefgeht, wird er zum schwer erträglichen Kritiker.

Dieser Enneagramm-Typ 1 muß im Alltagsleben viel Wut unterdrücken, die in ihm schlummert und sich durch seine Kritikneigung und Moraltiraden ausdrückt. Neigt er sich unter Streß Typ 4 zu, so wird er leicht depressiv und selbstzerstörerisch, indem er seine Wut gegen sich selbst richtet. Oft ist er dann unerträglich launisch und steht unter dem Druck, etwas Besonderes darstellen zu müssen.

Streßpunkt 2 → 8

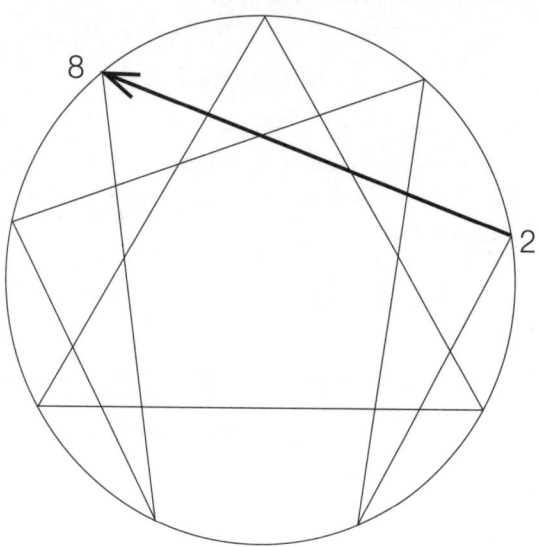

PROZESSE

Blickrichtung bei Prozessen

Wenn man vom zweiten auf den achten Enneagramm-Punkt blickt, sieht man das anzustrebende Ziel des in Frage kommenden Prozesses. Es wird einem klar, wo das Ziel liegt. Diese genaue Zielbestimmung ist notwendig,

1. um die Energie für die Durchführung des Prozesses aufzubauen,
2. um all seine Bemühungen auf das Erreichen dieses Zieles hin zu organisieren,
3. um jeden Schritt des Prozesses dahingehend analysieren zu können, ob er uns dem erstrebten Ziel näherbringt.

An Enneagramm-Punkt 2 hat man oft das Gefühl, daß der Prozeß nur äußerst schwer in Gang kommen will; wenn ich jedoch das Ziel des angestrebten Prozesses deutlich vor Augen habe, gelingt es mir, diese Anfangsschwierigkeiten leichter überwinden.

DIE STRESS-SITUATION
DER GESTRESSTE »PLANER«

Stichworte

Offene Aggression
Blinde Zerstörung von Zuneigung und Liebe

Charakterisierung dieser Kombination

Psychologie

Was kommt von Typ 2:
- Manipulation durch Ästhetik und Schmeicheln
- Unausgedrückte Wut und Aggression

Was kommt von Typ 8:
- Direkter Aggressionsausdruck
- Zeigen von Stärke
- Durchsetzungsvermögen

Resultat

Wenn Typ 2 unter Streß gerät, zum Beispiel dadurch, daß seine ästhetische Gestaltung nicht anerkannt wird und er nicht die Macht hat, eine schöne Atmosphäre zu schaffen, wird der eigentlich gutmütige Typ 2 plötzlich erschreckend aggressiv. Er versucht sich dann, in Annäherung an Enneagramm-Typ 8, mit Ellenbogen und offener Aggression und ohne Rücksicht auf Verluste durchzusetzen. Zunächst legt er allerdings meist eine eher passive Aggression an den Tag, die die Atmosphäre vergiftet. Führt dies ihn nicht zum Ziel, so vermag er sogar, im Extrem, gewalttätig zu werden. Diese Verhaltensweisen bringen Typ 2 nur noch mehr in Streß, da er jetzt all die Zuneigung, die er sich verdienen wollte und sich auch verdient hat, zerstört und am Ende völlig ungeliebt und auch machtlos dasteht.

Streßpunkt 4 → 2

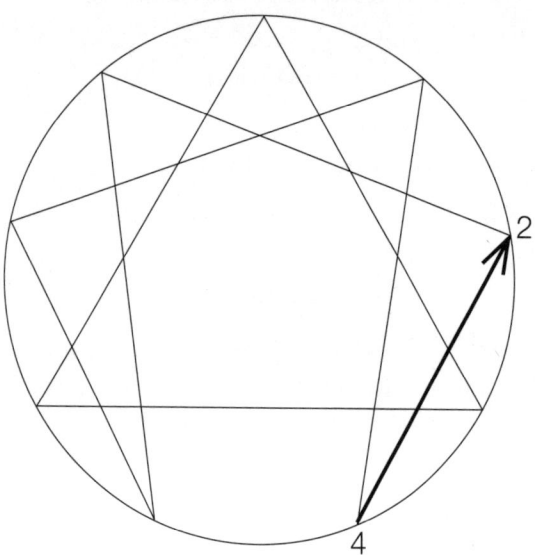

PROZESSE

Blickrichtung bei Prozessen

Die Blickrichtung vom vierten zum zweiten Enneagramm-Punkt stellt die gefährlichste Blickrichtung im Enneagramm dar. Aus dem Erlebnis der Krise am Enneagramm-Punkt 4 schaut man mit wehmütigem Blick dahin zurück, wo alles noch sehr viel einfacher zu sein schien, wo es keine solch herben Frustrationen gab und wo der Prozeß anzulaufen schien. Dieser Blick zurück verführt zum Rückfall und dazu, immer wieder an der gleichen Stelle zu scheitern. Diesen Mechanismus können Sie sehr gut bei Beziehungen beobachten: Geht man nicht über den vierten Enneagramm-Punkt, die Stelle der größten Frustration, hinaus, wird man in jeder folgenden Beziehung genau an diesem Punkt scheitern und nie weiterkommen. Was hier an Beziehungen so deutlich erlebbar ist, kann auf jede Art von Prozessen angewendet werden.

Diese Blickrichtung im Enneagramm ist nur dann produktiv, wenn man erkennt, daß der zweite Enneagramm-Punkt keine Alternative mehr darstellt, wenn man sich bereits am vierten befindet.

DIE STRESS-SITUATION
DER GESTRESSTE »BETROFFENE«

Stichworte

Der Versuch, sich Liebe zu erdienen
Selbstaggression, da man nicht gelernt hat, sich auf andere wirklich einzulassen
Abschreckendes Selbstmitleid

Charakterisierung dieser Kombination

Psychologie

Was kommt von Typ 4:
- Sich als etwas Besonderes zu fühlen und daher die Schwierigkeiten, mit anderen eine echte Beziehung einzugehen
- Selbstaggression

Was kommt von Typ 2:
- Sich für andere unentbehrlich zu machen
- Der Versuch, Liebe durch Manipulation zu erlangen

Resultat

Wenn Enneagramm-Typ 4 in Streßsituationen gerät, was bei ihm sehr schnell geschehen kann, dann wird er zunächst einmal noch launischer und unberechenbarer für seine Umwelt. Hält dieser Streß an, so versucht er in seiner Not, sich die Zuneigung von anderen zu erdienen. Er macht sich dann meistens für seinen Partner oder seine Firma unentbehrlich. Dabei gerät er allerdings mit seiner Einstellung, etwas Besonderes zu sein, an seine Grenzen, da er in dieser Situation »volkstümlich« oder »normal« sein muß.

Außerdem fällt es Typ 4 schwer, eine echte Beziehung einzugehen. Das Dienen wird zur Selbstaggression, und er beginnt schnell diejenigen zu hassen, denen er dient, und endet damit völlig unglücklich und ungeliebt in unerträglichem Selbstmitleid.

Streßpunkt 5 → 7

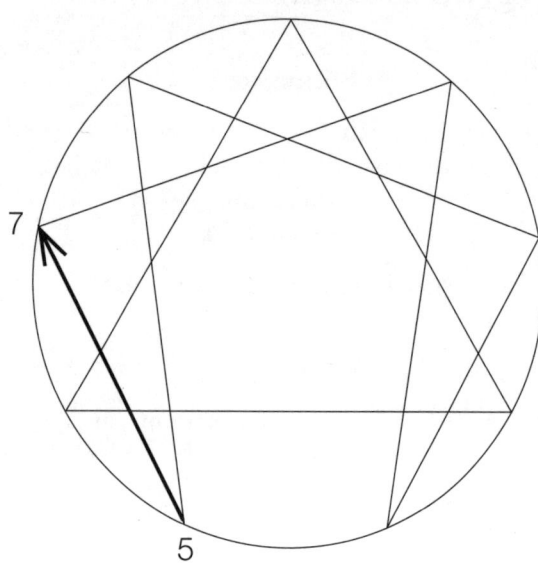

PROZESSE

Blickrichtung bei Prozessen

Am fünften Enneagramm-Punkt leidet man meistens daran, daß das erstrebte Ziel immer noch nicht erreicht ist. Jetzt kommt es darauf an, die Vision des Ziels, wie es sich an Enneagramm-Punkt 7 darstellt, nicht aus den Augen zu verlieren und sie zum Ansporn zu nehmen, alle seine Bemühungen, koste es, was es wolle, völlig auf dieses Ziel hin auszurichten.

DIE STRESS-SITUATION
DER GESTRESSTE »BEOBACHTER«

Stichworte

Sinnkrise
Nervöse, ziellose Aktivität
Verrat an seiner Stärke: dem Tiefsinn

Charakterisierung dieser Kombination

Psychologie

Was kommt von Typ 5:
- Sich zurückzuziehen
- Die Neigung zur Entwertung aller Werte

Was kommt von Typ 7:
- Die nervöse Aktivität
- Die Oberflächlichkeit
- Die Suche nach Lust

Resultat

Unter Streß reagiert der Enneagramm-Typ 5 verzweifelt. Er sieht keinen Sinn mehr im Leben, und er zieht sich noch mehr in sich selbst zurück. Wird die Belastung noch größer, so wendet er sich den Verhaltensweisen von Typ 7 zu, die ihm aber nicht angemessen sind, da er nicht dessen Leichtigkeit und Oberflächlichkeit besitzt. So findet sich Typ 5 in einem nervösen, ziellosen Handeln wieder, und die Lust, die er in diesen Aktivitäten sucht, findet er nicht. Er wird dabei immer exzentrischer und oberflächlicher und verrät damit seine Stärke, nämlich den Tiefsinn.

Streßpunkt 7 → 1

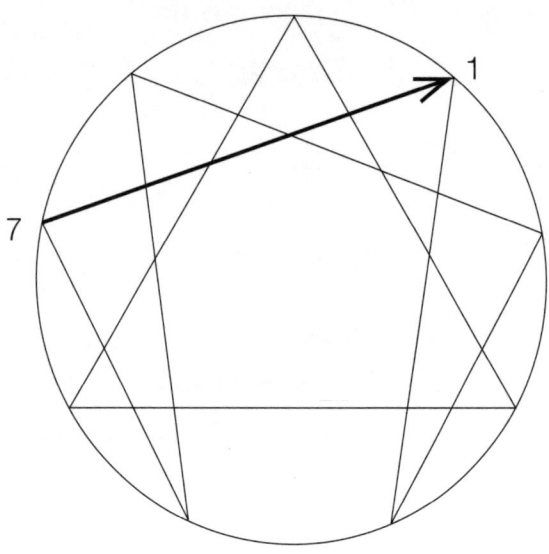

PROZESSE

Blickrichtung bei Prozessen

Man hat die erste Stufe seines Ziels erreicht und jetzt ist es wichtig zu überlegen, ob man diesen Prozeß weiterverfolgen möchte oder hier erst einmal verharrt. Um diese Frage entscheiden zu können, hilft der Blick zurück auf den ersten Enneagramm-Punkt. Er macht deutlich, wie alles anfing und von welchen Voraussetzungen her man sich in diesen Prozeß stürzte. An dieser Stelle visualisierte man zuerst das Ziel, an dem man jetzt angelangt ist. Damals besaß man nur einen begrenzten Blickwinkel, heute sieht man wahrscheinlich seinen Weg anders.

Wenn man dies erinnert und bedenkt, wird man entscheiden können, ob man sich noch weiter zu Enneagramm-Punkt 8 und 9 begibt, um den Prozeß zu vollenden, oder ob man sich mit der an Enneagramm-Punkt 7 erreichten Stufe zufriedengibt.

Ferner legt oft die Blickrichtung vom siebten auf den ersten Enneagrammpunkt nahe, auf der nächsten Ebene in einen neuen Prozeß einzusteigen. Mit den jetzigen Erfahrungen kann man auf eine neue Ebene zugehen, um sich in ein neues Enneagramm zu begeben.

Die STRESS-SITUATION
DER GESTRESSTE »OPTIMIST«

Stichworte

Radikaler Aktivismus auf der Flucht vor dem Leiden
Rationalisierung des eigenen Weges und der eigenen Weltsicht
Bekämpfung aller anderen Meinungen

Charakterisierung dieser Kombination

Psychologie

Was kommt von Typ 7:
– Lustbetonter Aktivismus

Was kommt von Typ 1:
– Rationalisierung der eigenen Handlungen durch ein perfektes System
– Kritisieren aller anderen Meinungen

Resultat

Streß wirkt auf den siebten Enneagramm-Typ zunächst einmal aktivierend. Er beginnt, noch mehr zu handeln und sich noch mehr verschiedenen Bereichen zuzuwenden, von denen er sich Lust verspricht. Dadurch verstärkt sich jedoch meist der Druck, und Typ 7 wendet sich in dieser Gefahr und Not auf der Flucht vor Leiden den Strategien von Typ 1 zu. Dieser strebt nach Perfektion und rationalisiert seine Weltsicht und Lebensweise mit einem vollkommenen System, das ihm Sicherheit gibt. Das versucht nun der gestreßte Typ 7 ebenso, indem er seine Verhaltensweise intolerant nach außen hin vertritt und dabei seine Leichtigkeit verliert. Jeder, der seine Ansicht nicht teilt, wird kritisiert und lächerlich gemacht, bis Typ 7 am Ende völlig allein dasteht.

Streßpunkt 8 → 5

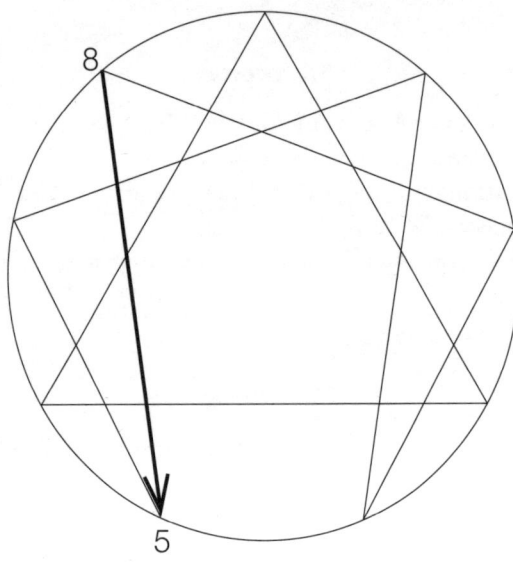

PROZESSE

Blickrichtung bei Prozessen

Am achten Enneagramm-Punkt hat sich der Suchende völlig seiner Aufgabe beziehungsweise seinem Ziel verschrieben. Blickt er aus dieser Situation zurück zum fünften Enneagramm-Punkt, so wird ihm erst richtig klar, was er alles erreicht hat. Besonders wichtig wird es für ihn sein, daß er jetzt nicht mehr von seinen Gefühlen bestimmt wird, wie es noch am fünften Enneagramm-Punkt der Fall war. Am achten Enneagramm-Punkt ist man Herr seiner Gefühle, ohne diese zu verdrängen.

Ferner verweist diese Blickrichtung darauf, daß man wieder – besonders in bezug auf seine Gefühle – einen neuen Prozeß beginnen und somit wieder von neuem sich der Erfahrungen der neun Enneagramm-Punkte ausliefern könnte. Auf der anderen Seite darf der Suchende sich hier auch erst einmal ausruhen – wobei allerdings Gurdjieff vor einem zu langen Ruhen warnen würde, denn er war der Ansicht, daß man nie länger als acht Stunden die Bewußtseinsarbeit ruhen lassen dürfe.

DIE STRESS-SITUATION
DER GESTRESSTE »VERMITTLER«

Stichworte

Große Aggressivität
Zersetzendes Grübeln
Völliger Rückzug in sich selbst

Charakterisierung dieser Kombination

Psychologie

Was kommt von Typ 8:
– Aggressivität

Was kommt von Typ 5:
– Das Nachdenken, das zum Grübeln wird
– Die Tendenz zum Rückzug
– Die Tendenz zum Selbstzweifel

Resultat

Gerät Enneagramm-Typ 8 in eine Streßsituation, dann reagiert er erschreckend gewalttätig und aggressiv. Dieses Verhalten bringt ihn allerdings in noch mehr Streß, so daß er seine Verhaltensweise ändert und sich den Eigenschaften von Enneagramm-Typ 5 zuwendet. Unter dem Einfluß dieses Enneagramm-Typs beginnt Typ 8 zu grübeln und über die Welt nachzudenken, was ihn oft in Depressionen stürzt. Dieses Grübeln führt bei Typ 8 häufig dazu, daß er sich selbst wie seiner Umwelt schwerste Vorwürfe macht und völlig zurückgezogen, in sich gekehrt und verzweifelt endet.

Streßpunkt 9 → 6

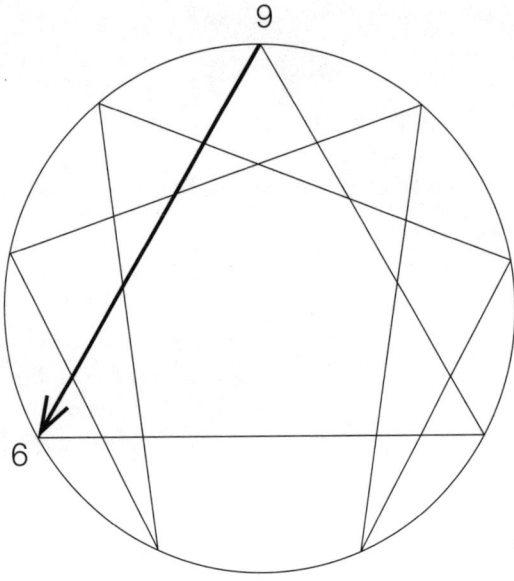

PROZESSE

Blickrichtung bei Prozessen

Diese Blickrichtung vom neunten zum sechsten Enneagramm-Punkt ist immer davon geprägt, daß man sich in einen neuerlichen Prozeß begibt und nach den Impulsen von außen Ausschau hält, die diesen neuerlichen Prozeß wieder in Gang bringen könnten. An dieser Stelle weiß der Suchende, daß er wieder einen neuen bewußten Impuls (Schockpunkt 2 ist der bewußte Schockpunkt) benötigt, um weiterzukommen.

Hier zeigt sich im besonderen Sinne die Dynamik des Enneagramms, indem nämlich dieser erwünschte Enneagramm-Punkt 6 an Enneagramm-Punkt 9 auftauchen kann und so den Bewegungsimpuls gibt, daß es weitergeht. Auf einer höheren Stufe des Enneagramm-Verständnisses kann man sich nämlich die drei Schockpunkte beweglich vorstellen. Es kommt letztendlich auf das Erkenntnisinteresse an, wie man welchen der drei Schockpunkte charakterisiert.

DIE STRESS-SITUATION
DER GESTRESSTE »LIEBENDE«

Stichworte

Extreme Passivität
Suche nach Sicherheit
Völlige Aufgabe
– jeder Selbständigkeit
– jedes wachen Bewußtseins

Charakterisierung dieser Kombination

Psychologie

Was kommt von Typ 9:
– Faulheit und Passivität

Was kommt von Typ 6:
– Sicherheitsdenken (das sich in befreiter Form im spielerischen Umgang mit Situationen und Dingen zeigt)
– Sich von anderen abhängig zu machen als Schatten der Selbständigkeit
– Unbewußtheit (der Schlaf nach Gurdjieff)

Resultat

Unter Streß kann Typ 9 immer passiver, träger und erstaunlich faul werden. Nimmt dieser Streß noch weiter zu, so drängt ihn das zur Suche nach Sicherheiten, die er im oftmals verborgenen Sicherheitsdenken des sechsten Enneagramm-Typs findet. Das führt meist dazu, daß Enneagramm-Typ 9 sich von anderen Personen oder Institutionen abhängig macht und überhaupt nicht mehr selbst denkt, sondern wie im Schlaf lebt. Er endet somit in genau der Haltung, die Gurdjieff so sehr verdammt: völlig mechanisch von außen gelenkt, sich selbst vergessend und ewig schlafend.

Streßpunkt 3 → 9

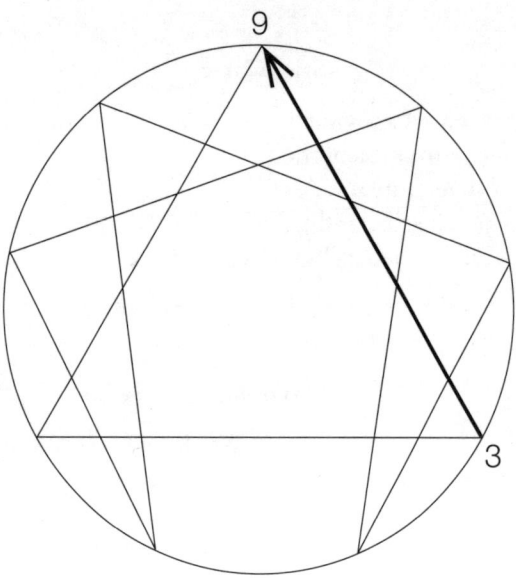

PROZESSE

Blickrichtung bei Prozessen

An Enneagramm-Punkt 3 gelingt es einem nur mit Hilfe all seiner Fähigkeiten zur Imagination und Visualisierung, den neunten Enneagramm-Punkt zu erfassen. Dieser neunte Enneagramm-Punkt, der zugleich die Vollendung des angefangenen Prozesses und den Übergang zu einem neuen Prozeß darstellt, symbolisiert nur einen flüchtigen Zustand.

Der Blick vom dritten auf den neunten Enneagramm-Punkt kann einem punktuell die ganze Dynamik des Enneagramms verständlich machen, bei der letztlich alle Enneagramm-Punkte in einem Enneagramm-Punkt gesehen werden können. Am unbewußten Schockpunkt (Enneagramm-Punkt 3) wird hier die Rolle des Bewußtseins (Enneagramm-Punkt 9) klar und auch die ewige Bewegung des Enneagramms.

Konkret und direkt auf den praktischen Prozeß bezogen, bringt diese Blickrichtung wenig Impulse.

DIE STRESS-SITUATION
DER GESTRESSTE »MAGIER«

Stichworte

Harte Arbeit
Passivität
Selbstaggression bis zum Suizid

Charakterisierung dieser Kombination

Psychologie

Was kommt von Typ 3:
- Harte Arbeit
- Image-Abhängigkeit

Was kommt von Typ 9:
- Passivität
- Selbstaggression

Resultat

Typ 3, dem als »Magier« die Selbstdarstellung über alles geht, reagiert unter Streß mit noch größerem Arbeitseinsatz, und zugleich versucht er dabei, mit Täuschung und Betrug wieder Oberwasser zu bekommen. Er versucht, die Situation so clever wie möglich zu manipulieren. Wenn ihm das allerdings nicht gelingt, dann wendet er sich dem Verhalten von Typ 9 zu. Erstaunlicherweise tut er gar nichts mehr und geht ganz passiv und nicht ohne Bitterkeit durchs Leben. Diese Haltung kann jedoch wieder plötzlich umschlagen, wenn weiterhin die Anerkennung für ihn ausbleibt. Dann richtet er all seine Aggressivität, mit der er früher seine Konkurrenten niedermachte, gegen sich selbst. Diese von Typ 9 bekannte Taktik kann nach Rohr und Ebert[3] bis zum Selbstmord führen. Der »ewige Schlaf« wird als der einzige Ausweg aus der Image-Krise gesehen.

---

3 Richard Rohr/Andreas Ebert: Das Enneagramm, S. 220.

Streßpunkt 6 → 3

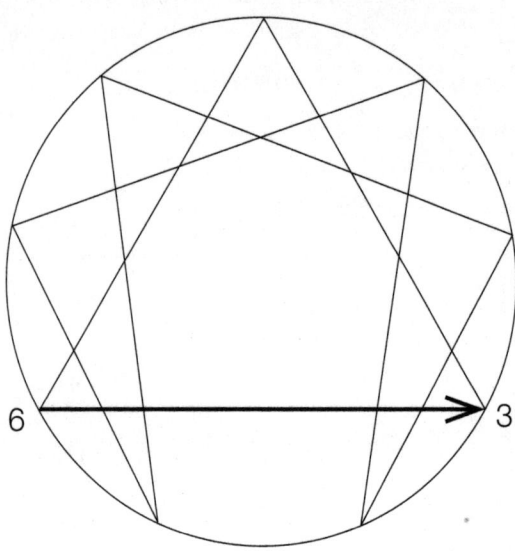

PROZESSE

Blickrichtung bei Prozessen

Hier blickt der Suchende vom bewußten auf den unbewußten Schockpunkt. Es wird ihm klar, daß ein Außenimpuls allein noch nicht ausreicht, um einen Prozeß zu seinem glücklichen Ende zu bringen. An dieser Stelle wird deutlich, daß mit einem Außenimpuls bewußt, aktiv und aufmerksam umzugehen ist, um ihn für das Weiterkommen nutzen zu können.

DIE STRESS-SITUATION
DER GESTRESSTE »HELD«

Stichworte

Mißtrauen und autoritäres Verhalten
Kompensation von Streß durch Arbeit
Sadismus

Charakterisierung dieser Kombination

Psychologie

Was kommt von Typ 6:
– Autoritäres Verhalten und Zielstrebigkeit
– Mißtrauen

Was kommt von Typ 3:
– Arbeitswut
– Täuschung und Betrug als unlautere Mittel

Resultat

Gerade unter Streß wird Typ 6 unausstehlich überheblich, autoritär und mißtrauisch, was ihm das Leben noch viel schwieriger erscheinen läßt. Nimmt der Streß zu, so versucht sich die »Heldenseele« von Typ 6 in ein Übermaß an Arbeit zu retten und bemüht sich mit aller Macht und allen Mitteln um Erfolg. Trotz seines Wissens fehlt ihm jedoch dazu die Beweglichkeit und das Organisationstalent von Typ 3, so daß er in dieser Haltung scheitert. Das macht ihn noch autoritärer und läßt ihn in seltenen Fällen sadistisch werden.

Entlastungspunkte

Entlastungspunkte brauchen nicht unbedingt mit dem Positiven verbunden werden. Gurdjieff arbeitete hauptsächlich mit den Streßpunkten, da an diesen die Spannung im Menschen deutlich ist und er sich seiner falschen Persönlichkeit bewußt werden kann. Das Problem mit den Entlastungspunkten besteht darin, daß wir an diesem Punkt aufgrund der Entspannung ein geringes Bewußtseinsniveau aufweisen. Dort, wo es uns gutgeht, sind wir leider nicht sehr bewußt. Dafür können wir jedoch an diesen Punkten sehr entspannt sein, was heilsam wirkt.

Die jetzt folgenden Ausführungen dienen der Selbsterkenntnis in entspannten Situationen. Sie helfen Ihnen, Ihre mechanischen Reaktionstendenzen bewußter zu erleben, und können Ihnen zeigen, mit welchen Verhaltensweisen Sie sich stabilisieren können.

Entlastungspunkt 1 → 7

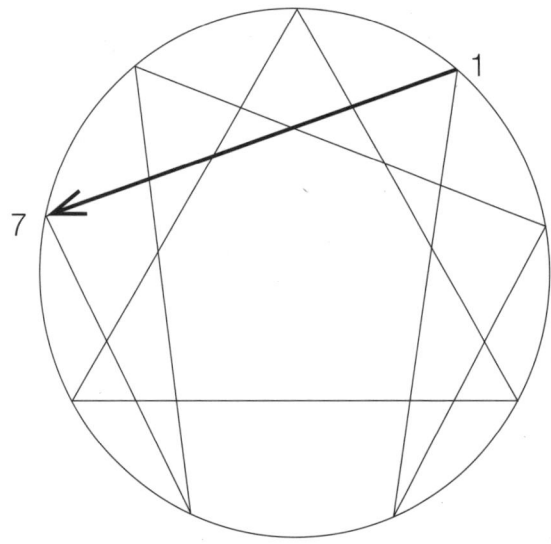

PROZESSE

Blickrichtung bei Prozessen

Schaut man am ersten Punkt auf den siebten, vergegenwärtigt man sich sein Ziel. Diese Blickrichtung ist notwendig, denn ohne sie würde ein Prozeß gar nicht in Gang kommen. Aus der Spannung zwischen dem, was ist, und dem, was sein könnte, gewinnt man die Motivation und Energie, sich in einen Entwicklungsprozeß hineinzubegeben.

Man betrachtet am Beginn des Enneagramms, seine Voraussetzungen in Hinblick auf sein Ziel, das zwar noch in weiter Ferne liegt, aber zunächst den weiteren Weg bestimmt. Man benutzt das Ziel wie einen Wegweiser, der einem zeigt, wohin man sich zu begeben hat.

Aus dieser Blickrichtung ist die Übung der Sufis zu verstehen, die schon Abd al-Khaliq Gudschduwani im 11. Jahrhundert formulierte: »Halte Dir Deine Absicht bei jedem Deiner Schritte beständig vor Augen.«

DIE ENTLASTUNGSSITUATION
DER ENTSPANNTE »UNTERNEHMER«

Stichworte

Die Starrheit wird aufgelockert
Rigidität und Perfektion wird durch Lässigkeit und Freude ersetzt

Charakterisierung dieser Kombination

Psychologie

Was kommt von Typ 1:
- Rigidität und Starrheit
- Strenge
- Perfektion

Was kommt von Typ 7:
- Lässigkeit
- Optimismus
- Lockeres Verhalten
- Lebensfreude

Resultat

Der erste Enneagramm-Typ, der oft angespannt, rigide und kontrolliert durchs Leben geht, findet seine Entspannung, indem er sich dem lässigen Verhalten von Typ 7 zuwendet. Dieser macht es sich lustig, er ist locker und ein großer Optimist. Das alles sind heilsame Haltungen für Typ 1, der immer in Gefahr ist, zu einem strengen, rechthaberischen Perfektionisten oder starren Materialisten zu werden. Die Verhaltensweisen des siebten Enneagramm-Typs lockern Typ 1 auf und lassen ihn lustig werden und entspannt das Leben genießen.

Entlastungspunkt 2 → 4

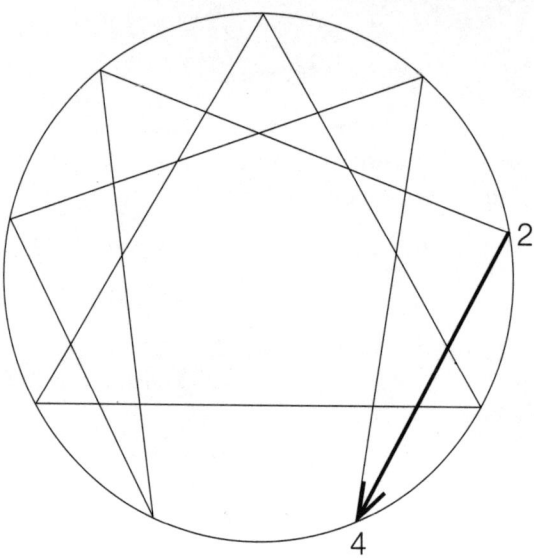

PROZESSE

Blickrichtung bei Prozessen

Der Blick vom zweiten Enneagramm-Punkt auf den vierten ist von einem Realismus geprägt, der notwendig ist, um im Prozeß weiter voranzukommen. Am zweiten Enneagramm-Punkt ist dem Suchenden seine Aufgabe klargeworden, und der Blick auf den vierten Enneagramm-Punkt zeigt ihm, daß diese Aufgabe nicht ohne innere Kämpfe, Spannungen und Krisen zu erfüllen ist. Diese Einsicht läßt ihn sich auf Schwierigkeiten vorbereiten, wodurch diese leichter zu bestehen sind. Diese Situation entspricht dem Blickpunkt vom ersten auf den vierten Enneagramm-Punkt. Der einzige Unterschied besteht darin, daß man an Enneagramm-Punkt 2 seine Aufgabe und seine Voraussetzungen deutlicher erkennen kann.

DIE ENTLASTUNGSSITUATION
DER ENTSPANNTE »PLANER«

Stichworte

Von der Ausrichtung auf andere zum Bewußtsein seiner selbst
Statt Abhängigkeit entsteht eine Fähigkeit, das eigene Leben zu leben
Realistischeres Selbstbild

Charakterisierung dieser Kombination

Psychologie

Was kommt von Typ 2:
- Der Versuch, andere von sich abhängig zu machen
- Selbst leicht abhängig zu werden
- Sich unersetzlich zu machen

Was kommt von Typ 4:
- Auf sich selbst zu achten
- Eigenständig zu leben
- Ein positives Selbstbild

Resultat

Der vom Herrschen und Manipulieren besessene Typ 2, der anderen dient, um zu herrschen und sich unersetzlich zu machen, wird durch die Haltung des vierten Enneagramm-Typs aufgelockert. Er blickt nämlich nicht mehr gebannt auf den anderen und macht sich letztendlich von ihm abhängig, indem er eigentlich ihn von sich abhängig machen möchte, sondern er bekommt ein Gefühl für sich selbst und seine eigenen Bedürfnisse und Gefühle. Typ 2, der sich Eigenschaften von Typ 4 erschließt, kann sich am Leben erfreuen und von seinem unrealistischen Selbstbild, er sei der Märtyrer oder die Liebe in Person, befreien.

Entlastungspunkt 4 → 1

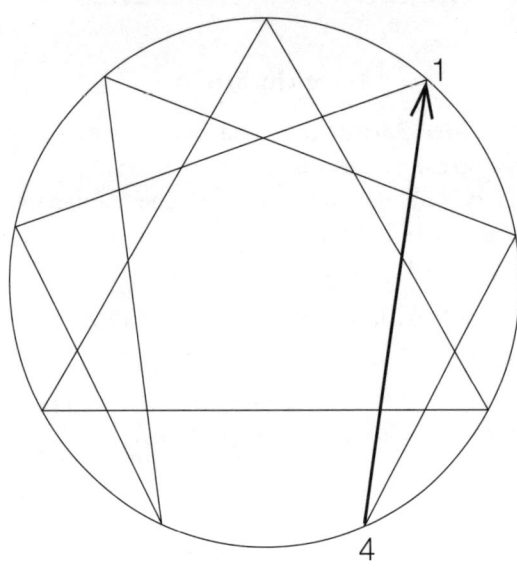

PROZESSE

Blickrichtung bei Prozessen

Wie schon die Blickrichtung vom vierten zum zweiten Enneagramm-Punkt birgt auch der Blick vom vierten zum ersten Enneagramm-Punkt größte Gefahren. Die Schwierigkeiten, die sich am vierten Enneagramm-Punkt bis zur Verzweiflung steigern können, lassen einen gern zurückschauen und die Vergangenheit idealisieren. Allerdings ging es einem am ersten Enneagramm-Punkt auch besser als hier am vierten. Man konnte am ersten Enneagramm-Punkt seine Lage ganz und gar nicht überblicken und lebte weitgehend im Bereich der Illusionen. Man machte sich etwas vor und fühlte sich so subjektiv besser. Diese Illusionen lösen sich jetzt langsam auf, und das ist schmerzhaft. Aber dennoch sollte der begonnene Weg weitergegangen werden, da er die Chance birgt, die Befreiung von allen Problemen zu erreichen, die einem jetzt so zusetzen.

DIE ENTLASTUNGSSITUATION
DER ENTSPANNTE »BETROFFENE«

Stichworte

Realitätsbezug durch feste Strukturen
Ende der emotionalen Verwirrung durch Sicherheit

Charakterisierung dieser Kombination

Psychologie

Was kommt von Typ 4:
- Verlust des Realitätsbezugs
- Verwirrung
- Zu große Identifizierung mit den eigenen Gefühlen

Was kommt von Typ 1:
- Feste Normen und Systeme
- Struktur
- Werte statt Gefühle

Resultat

Typ 4, der meint, zu kurz gekommen zu sein, obwohl er doch etwas ganz Besonderes ist, findet seine Entlastung, wenn er sich die Verhaltensweisen von Enneagramm-Punkt 1 aneignet. Die Welt der Werte, festen Systeme und Vorstellungen von Typ 1 geben dem oft an Verwirrung leidenden Typ 4 Struktur und eine Sicherheit, nach der er sich so sehnt. Durch die festen Wertsysteme von Typ 1 bekommt Typ 4 wieder Struktur und gewinnt dadurch eine Beziehung zur Realität, die er aber immer wieder leicht verliert.

Entlastungspunkt 5 → 8

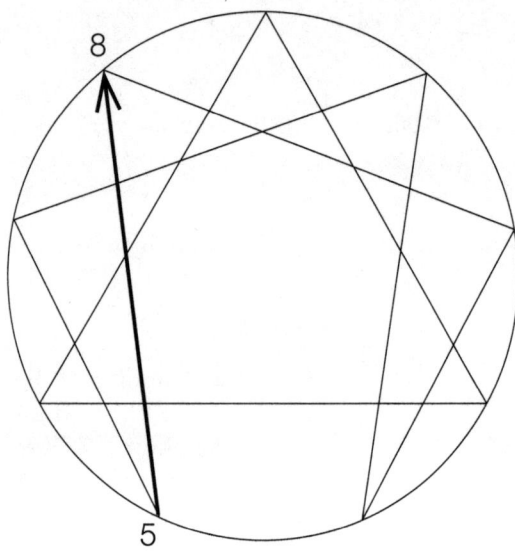

PROZESSE

Blickrichtung bei Prozessen

Am fünften Enneagramm-Punkt erlebt man seine Situation immer noch als schwierig. Man hat sein Ziel deutlich vor Augen, aber zugleich scheint es unerreichbar fern. Blickt man vom fünften Enneagramm-Punkt auf den achten, so wird einem klar, daß man sich vollständig seinem Ziel verschreiben muß, um weiterzukommen. Zugleich stellt sich hier das Ziel in seiner Vollendung so perfekt dar, daß es einen mächtigen Sog ausübt, der den Suchenden weitergehen läßt. Es motiviert stark zum Weitermachen, weil man sieht, welche Freiheit am achten Enneagramm-Punkt zu erreichen ist und wie man jetzt noch leidet.

An dieser Stelle beginnt einem die Lehre des bewußt auf sich genommenen Leidens klarzuwerden.

DIE ENTLASTUNGSSITUATION
DER ENTSPANNTE »BEOBACHTER«

Stichworte

Der Introvertierte öffnet sich der Außenwelt

Mit angehäuftem Wissen wird etwas angefangen

Charakterisierung dieser Kombination

Psychologie

Was kommt von Typ 5:
- Die Tendenz, sich zurückzuziehen
- Die Anhäufung von Wissen, ohne es zu benutzen

Was kommt von Typ 8:
- Die Wendung nach außen
- Alle seine Fähigkeiten im Außen zu erproben
- Unerschütterliche Selbstsicherheit

Resultat

Der zurückgezogene, scheue Typ 5, der nur den Lauf der Welt beobachtet, bekommt sein harmonisches Gleichgewicht dadurch, daß er etwas von den Verhaltensweisen des achten Enneagramm-Typs annimmt. Typ 8 ist der handelnde Mensch, der ins Leben hinausgeht, um seine Werte zu vertreten – er ist selbstsicher und stark. Diese Haltung tut Enneagramm-Typ 5 als dem passiven Beobachter gut, da er sonst Gefahr läuft, an seinem Wissen zu ersticken. Typ 5 muß hinaus in die Welt und dort etwas mit seinem Wissen anfangen. Er darf sein Wissen nicht geizig bei sich behalten und daran ersticken. Ein Typ 5, der nach draußen gehen und sein Wissen umsetzen kann, ist ein glücklicher und gelöster »Beobachter«.

Entlastungspunkt 7 → 5

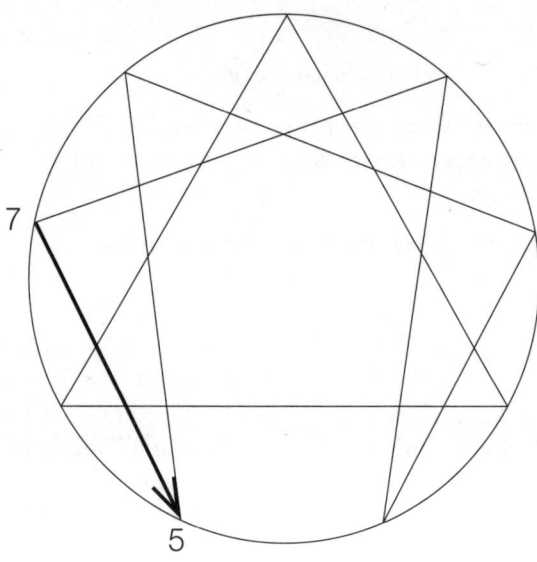

PROZESSE

Blickrichtung bei Prozessen

Blickt man auf der ersten Stufe des erreichten Ziels zum fünften Enneagramm-Punkt, so kann man sich noch einmal vergegenwärtigen, wie man durch die Bewußtseinsarbeit vorangekommen ist. Man sieht die Fortschritte, die man gemacht hat, indem man jetzt nicht mehr unter seinen Emotionen leidet, nicht mehr in lähmende Apathie verfällt, sondern bewußt sein Leben bestimmen kann. Das motiviert den Suchenden häufig, weiter zu Enneagramm-Punkt 8 zu gehen.

DIE ENTLASTUNGSSITUATION
DER ENTSPANNTE »OPTIMIST«

Stichworte

Innehalten und beobachten
Erst denken und dann handeln
Genau zu beobachten, statt sich zu verzetteln

Charakterisierung dieser Kombination

Psychologie

Was kommt von Typ 7:
- Schnelles Handeln, das oftmals durch eine Faszination ausgelöst wird
- Oberflächlichkeit
- Die Tendenz, sich zu verzetteln

Was kommt von Typ 5:
- Ruhe
- Fähigkeit zur Beobachtung
- Tiefsinn

Resultat

Der flippige und oberflächliche Typ 7, der immer in allen möglichen Projekten verwickelt ist, findet seine Ruhe durch den Tiefgang und die Ruhe von Typ 5. Typ 7 ist zu schnell fasziniert und fühlt sich zwischen vielen Dingen hin- und hergerissen. Den Ruhepunkt findet er im Innehalten, indem er, wie es Typ 5 natürlich ist, beobachtet und nachdenkt. Typ 7 handelt meist, bevor er genügend nachgedacht und genug Information bekommen hat. Die Wendung hin zu Typ 5 bringt Typ 7 in Harmonie und Ausgleich und hindert ihn daran, sich zu verzetteln.

Entlastungspunkt 8 → 2

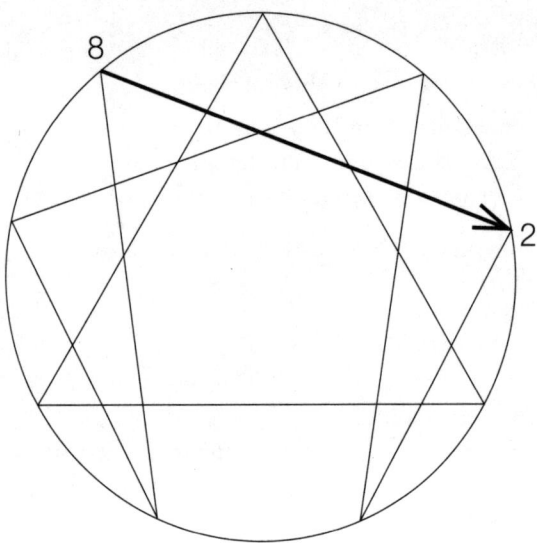

PROZESSE

Blickrichtung bei Prozessen

Blickt man am achten Enneagramm-Punkt auf den zweiten, so hat man hierbei meistens die Fortsetzung des an dieser Stelle vollendeten Prozesses auf einer neuen Stufe im Sinn. Es wird einem klar, daß man letztendlich nie sein Ziel in dem Sinne erreicht, daß es jetzt nicht mehr weitergeht und man am Ziel verharren wird. Es geht immer weiter, das Enneagramm steht nie still, und schon läßt es einen bei diesem Blick wieder die Möglichkeiten zu einer neuen Entwicklung ins Auge fassen.

DIE ENTLASTUNGSSITUATION
DER ENTSPANNTE »VERMITTLER«

Stichworte

Statt Wille zur Macht Wahrnehmung der Bedürfnisse des anderen

Statt Aggression und Gewalttätigkeit Eingehen auf den anderen

Charakterisierung dieser Kombination

Psychologie

Was kommt von Typ 8:
- Aggression und Gewalttätigkeit
- Der Wille zur Macht
- Das Übersehen des Mitmenschen

Was kommt von Typ 2:
- Mitgefühl
- Bereitschaft zu dienen
- Soziale Fähigkeiten

Resultat

Typ 8, der mit seinem Willen zur Macht von Nietzsche entworfen sein könnte, wendet sich in glücklichen Situationen Typ 2 zu. Typ 2, der anderen helfen kann und möchte, mildert den aggressiven Typ 8, der den anderen meist gar nicht erst wahrnimmt. Durch Typ-2-Eigenschaften wird Typ 8 sozialer und kann im anderen einen Partner sehen. Auch mildert die dienende Art von Typ 2 seine offene Gewalttätigkeit und Aggression. Man kann mit dem anderen mitfühlen: ein revolutionärer Gedanke für Typ 8, der ihn aber glücklicher macht, als wenn er den Machtmenschen spielt.

Entlastungspunkt 3 → 6

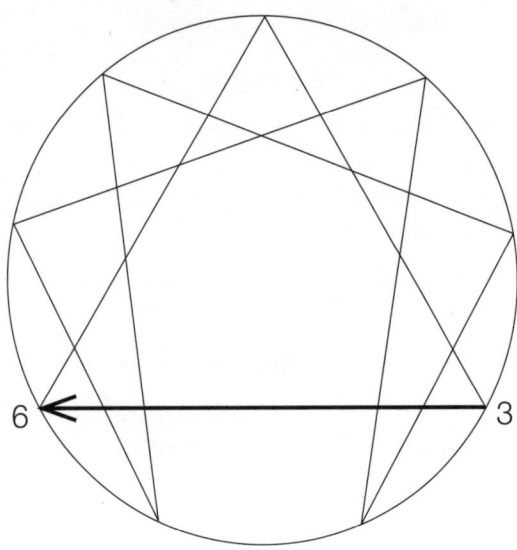

PROZESSE

Blickrichtung bei Prozessen

Der Blick vom mechanischen auf den bewußten Schockpunkt (von Enneagramm-Punkt 3 zu Enneagramm-Punkt 6) läßt uns deutlich werden, wie wesentlich das Bewußtsein und der Wille in der Fortführung von Prozessen ist. Es kommt nicht auf irgendeinen Impuls von außen an, sondern es ist hier ein bewußtes Suchen nach dem entsprechenden Außenimpuls gefordert. Man hat eine bestimmte Frage und sucht aktiv das entsprechende Buch, den entsprechenden Lehrer etc., der einem weiterhelfen kann. Die Lehre an Enneagramm-Punkt 6 lautet, daß man aktiv etwas tun muß, um weiterzukommen. Dafür wurden die Grundlagen am dritten Enneagramm-Punkt gelegt, und es ist hilfreich, sich diese Grundlagen noch einmal zu vergegenwärtigen.

DIE ENTLASTUNGSSITUATION
DER ENTSPANNTE »MAGIER«

Stichworte

Statt Karriere Treue für eine Aufgabe
Statt Betrug und Täuschung Redlichkeit

Charakterisierung dieser Kombination

Psychologie

Was kommt von Typ 3:
- Neigung zu Lug und Trug
- Karrieresucht
- Das Zeigen einer Maske

Was kommt von Typ 6:
- Treue
- Loyalität
- Rechtschaffenheit

Resultat

Typ 3, der im Zweifelsfalle zu Betrug und Täuschung greift, findet im überkorrekten sechsten Enneagramm-Typ nicht nur sein Gegenbild, sondern auch seinen notwendigen Ausgleich. Typ 3 lebt dazu noch häufig in der Angst, nur noch seine »Persona« (die Charaktermaske) zu sein und außer Erfolg nichts mehr zu haben. Die Haltung von Typ 6, treu seine Arbeit zu tun, ohne sich dabei groß herausstellen zu müssen, entspannt den ewig gestreßten Typ 3.

Entlastungspunkt 6 → 9

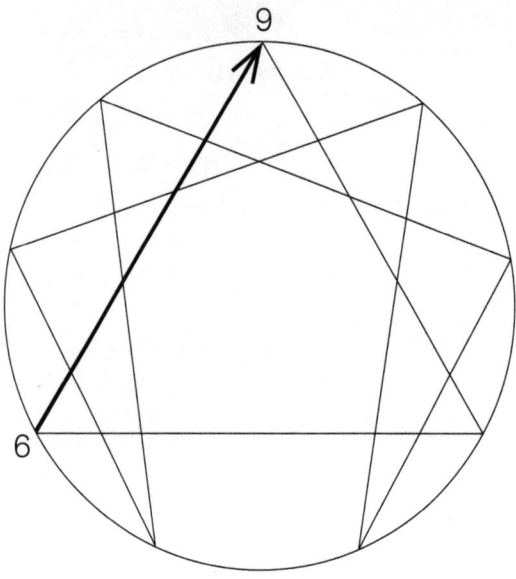

PROZESSE

Blickrichtung bei Prozessen

Blickt der Suchende vom sechsten auf den neunten Enneagramm-Punkt, so macht er sich bewußt, daß die Reise durch das Enneagramm immer weitergeht und nicht zum Stillstand kommt. Nach diesem zweiten Außenimpuls wird am neunten Enneagramm-Punkt wieder ein dritter folgen, der uns in einen neuen Prozeßablauf übergehen läßt.

Ferner können wir bei dieser Blickrichtung für einen Moment die Vision unserer idealen und vollendeten Aufgabe haben.

DIE ENTLASTUNGSSITUATION
DER ENTSPANNTE »HELD«

Stichworte

Statt ewigen Bemühens der Mut zur Faulheit
Statt Sicherheit Lässigkeit

Charakterisierung dieser Kombination

Psychologie

Was kommt von Typ 6:
- Das ewige sich Bemühen um Anpassung
- Suche nach Sicherheiten

Was kommt von Typ 9:
- Faulheit und Lässigkeit
- Gelassenheit

Resultat

Die immer bemühte Beamtenseele von Typ 6 findet ihren Ausgleich in der faulen Gelassenheit von Typ 9. Typ 6 ist deshalb so korrekt, da er ängstlich ist und viele Sicherheiten aufbauen muß. Typ 9 dagegen ist vieles egal, er will seine Ruhe haben, und ihm ist es viel zu anstrengend, sich vor irgend etwas zu fürchten. An Typ 9 kann Typ 6 lernen, daß es auch ohne Sicherheiten geht, ja, daß man ohne sie viel lockerer, fröhlicher und genüßlicher leben kann. Unsere Gesellschaft fördert allerdings das Verhalten von Typ 6 und stellt Typ 9 als faulen Nichtsnutz dar. Die richtige Mischung zwischen Typ 6 und 9 bringt Harmonie ins Leben.

Entlastungspunkt 9 → 3

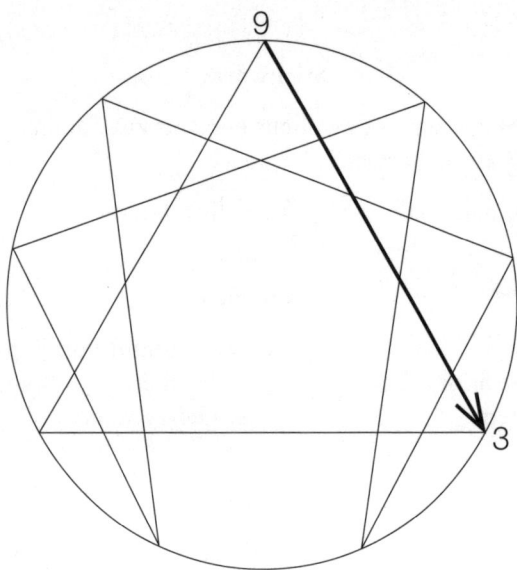

PROZESSE

Blickrichtung bei Prozessen

Schaut man am neunten Enneagramm-Punkt zum dritten, dann steht man schon am Beginn eines neuen Prozesses und erwartet bereits den Außenimpuls, der diesen Prozeß beschleunigt. Insofern ist der Blick vom neunten auf den dritten Enneagramm-Punkt kein Blick zurück, sondern vielmehr eine Vision eines neuen Prozesses, auf den man sich hier einstimmt.

DIE ENTLASTUNGSSITUATION
DER ENTSPANNTE »LIEBENDE«

Stichworte

Effektivität statt Faulheit
Organisation statt Vertrödeln des Lebens

Charakterisierung dieser Kombination

Psychologie

Was kommt von Typ 9:
- Faul- und Trägheit
- Ziellosigkeit wegen Interessenlosigkeit

Was kommt von Typ 3:
- Effektivität
- Know-how über Karriere
- Lust an der Arbeit

Resultat

Der träge Typ 9 braucht den aktiven Typ 3, um nicht ganz im Sumpf der Passivität zu versinken. Bei Typ 3 kann Typ 9 lernen, wie man zielgerichtet, effektiv und aktiv sein eigenes Leben gestaltet, und auch sehen, wieviel Spaß das machen kann. Zumindest ein wenig Erfolg braucht jeder in unserer Gesellschaft, und Typ 3 zeigt Typ 9 den Weg dorthin.

Die Kombination der einzelnen Punkte

Jede Typenlehre hat das Problem, daß, genau betrachtet, nur wenige Menschen einem Typ exakt entsprechen. Der menschliche Charakter ist sehr komplex, und auf diese Komplexität nehmen Typenlehren Rücksicht, indem sie Mischtypen einführen. Alle Typen des Enneagramms können sich mischen, außer den drei grundlegenden Typen an den Schockpunkten 3, 6 und 9.

Häufig verhalten wir uns anders als unser Haupttyp, und auch nicht wie dessen Streß- oder Entlastungstyp. Das hängt mit unserer (früh)kindlichen Erfahrung zusammen, die wir mit unserer Umgebung machten (besonders Eltern/Großeltern) und die zu einem Modell für unser Verhalten in bestimmten Situationen wurde. Das ist das sogenannte introjizierte Verhalten, ein Verhalten, das wir an Modellen unserer Jugend lernten und das unseren eigenen Enneagramm-Typ überlagert.

Ferner kann unser Verhalten durch die Persona überlagert werden.

Definition Persona:
»Die Persona ist ein kompliziertes Beziehungssystem zwischen dem individuellen Bewußtsein und der Sozietät, passenderweise eine Art Maske, welche einerseits darauf berechnet ist, einen bestimmten Eindruck auf die anderen zu machen, andererseits die wahre Natur des Individuums zu verdecken.«[1] Man könnte die Persona auch kurz als die als Maske bewußt dargestellte Wesensseite einer Person definieren.

Die Persona, die wir als professionelle Maske aufsetzen, braucht nicht unbedingt etwas mit unserem Enneagramm-Typ zu tun haben.

Durch diese Überlagerung des eigentlichen Enneagramm-Typs einer Person durch die Persona und Verhaltensmodelle der Kindheit kommt es zu den Mischtypen, die wir uns im folgenden genauer betrachten werden.

Gemäß der Gurdjieffschen Tradition zeige ich hier weitgehend nur die problematischen Punkte bei den Mischtypen auf, da wir an ihnen lernen und uns entwickeln können. Bekommen Sie also keinen Schock. Es geht im folgenden um Ihre Schattenseite; Ihre Sonnenseite kennen Sie, und sie bildet ja auch kein Problem für Sie.

Im Gegensatz zu den Anhängern der Typenlehre nach Oscar Ichazo gehe ich also davon aus, daß ein Mensch sehr wohl in sich die Eigenschaften verschiedener Typen vereinigen kann. Daß ein Mensch nur einen Typen verkörpert – wie Oscar Ichazo, Richard Riso, Andreas Ebert und Richard Rohr ihn beschreiben –, halte ich für die seltene Ausnahme. Meiner Erfahrung nach sehen Goethe und Gurdjieff den Menschen viel realistischer als ein Wesen mit vielen unterschiedlichen Ichs. Besonders seit den starren Enneagramm-Theorien, wie sie Richard Riso in seinen Büchern vertritt, geistert ein Mythos durch die Typenlehren, nämlich daß jeder Mensch nur einen Typ verkörpert. Riso und auch Rohr und Ebert gehen davon aus, daß sich Enneagramm-Typen niemals mischen. Ich halte das für eine hochtheoretische und idealtypische Aussage, die dadurch zustande kommt, daß die Anhänger der Typenlehre des Enneagramms nur die halbe Wahrheit mitbekamen. Sie sahen nicht, daß das Enneagramm keineswegs eine starre Typenlehre darstellt, sondern ein Prozeßmodell ist, das unter anderem eine dynamische Typenlehre beinhaltet. So wurde das Enneagramm zu einer theoretischen und erstarrten Typenlehre hingebogen, mit deren Hilfe man die Schwachstellen des anderen zu entdecken und zu entlarven trachtet.

Sie bemerken das selbst, wenn Sie sich einem Enneagramm-Typ zuordnen wollen, daß Sie entweder meistens die Eigenschaften von zwei (oder manchmal auch mehreren)

---
1 Carl Gustav Jung: GW 7, Paragraph 305.

Enneagramm-Typen auf sich vereinigen oder sich gar nicht zuordnen können. Reale Menschen entsprechen glücklicherweise nicht den Theorien einer starren Typenlehre. Das bemerken Sie ferner, wenn Sie sich in unterschiedlichen Perioden Ihres Lebens betrachten. Wahrscheinlich haben Sie zu verschiedenen Zeiten Ihres Lebens ganz unterschiedliche Enneagramm-Typen verkörpert. Das darf übrigens nach Riso und Ichazo nicht vorkommen, da sonst die Idee einer Typenlehre, wie sie von den Ichazo-Nachfolgern vertreten wird, ins Wanken gerät.

Es ist eine unbegründete Annahme, daß der Mensch lebenslang und auch zu einem Zeitpunkt nur einem Typ angehört. Unsere Motivationen, Bedürfnisse und Talente sind zu komplex, als daß sie vollständig in einem einzigen Enneagramm-Typ aufgehen würden. Die neun Enneagramm-Typen stellen vielmehr archetypische Verhaltensmuster dar, die sich ohne weiteres in einer realen Person mischen und überlagern können. Ein Enneagramm-Typ ist eine idealtypische Annahme, reale Menschen bestehen meiner Beobachtung nach meistens aus mindestens zwei Enneagramm-Typen wie schon Goethes Faust mit seinem berühmten Seufzer »Zwei Seelen wohnen, ach, in meiner Brust« erkannt hat. Reale Menschen handeln und betrachten die Welt von verschiedenen Standpunkten aus. Es kommt oft in einer Situation darauf an, welches Ich gerade die Oberherrschaft besitzt oder welche Ichs sich im Moment die Führung teilen. Nur bei vollentwickelten Individuen sind alle inneren Kräfte des Menschen derart organisiert, daß er nur noch einer Motivation und einem Ich folgt. Da wohl fast alle Leser dieses Buches wie ich selbst nicht diesen hohen Entwicklungsstand erreicht haben, gehe ich davon aus, daß eine Mischung von mindestens zwei Typen dem realen Menschen viel näherkommt als die Annahme von nur einem Typen. Wenn Sie nur ein wenig die Selbstbeobachtung üben, wird Ihnen sofort einleuchten, daß Sie die Tendenz zu mehr als nur einem Typ besitzen. Aus diesem Grunde betrachte ich im folgenden die Mischung verschiedener Enneagramm-Typen, die der Realität näherkommt als eine starre Auffassung der Typenlehre.

1 → 2

Was verstärkt sich

Beide Typen möchten gern Vollkommenheit erreichen. Der erste Enneagramm-Typ versucht, sich der Vollkommenheit durch Perfektion und Korrektheit anzunähern, der zweite Enneagramm-Typ versucht es durch Schönheit und Ästhetik – beide können dabei sehr von ihrer Sicht der Welt überzeugt sein. Außerdem zeigen sie eine Hemmung des direkten Aggressionsausdrucks. Sie pflegen Aggressionen indirekt auszudrücken.

Nach Gurdjieff gehören diese beiden Enneagramm-Punkte dem körperlichen beziehungsweise materiellen Feld des Enneagramms an.

Was widerspricht sich

Geht es dem ersten Enneagramm-Typ um allgemeine Werte wie Perfektion und Vollkommenheit, besonders im materiellen Bereich, so geht es dem zweiten um persönliche Werte und der Anerkennung durch den anderen. Enneagramm-Typ 1 sieht hauptsächlich sich und seine eigene Meinung, während Typ 2 sich sehr gut in die Lage eines anderen versetzen kann, was er auch normalerweise beständig tut.

Resultat

Diese Mischung der ersten beiden Enneagramm-Typen führt zu einem Typ, der meint, objektive Werte zu vertreten. Diese kann er jedoch geschickt in bezug auf die Bedürfnisse des anderen darstellen, das heißt, er vertritt seine Werte im Namen des anderen und der Allgemeinheit. Das ist der Typ, der einem bestimmte Bedürfnisse, eh man es bemerkt, unterstellt. Er gibt vor, am besten zu wissen, was einem hilft, und so spielt er sich oft als großer perfekter Helfer auf. Dabei wirkt er oft kalt und unpersönlich.

Wenn diesem Typ etwas nicht paßt, wird er erst ätzend moralisch und vorwurfsvoll, da er den anderen nicht durch seine Liebenswürdigkeit überzeugen konnte, und hilft das immer noch nicht, dann bekommt man seine Aggression indirekt zu spüren.

Dieser Typ kann zumeist leicht mit den Angelegenheiten des alltäglichen Lebens umgehen.

Ebert und Rohr[2] sprechen hier von der »Eins mit Zweier-Flügel«, die sie als heuchlerisch und kontrollierend, aber auch im erlösten Falle als barmherzig kennzeichnen.

Häufigkeit

Dieser Typ ist relativ häufig, besonders in Großstädten und großen Unternehmen, vertreten.

---

2 Richard Rohr/Andreas Ebert: Das Enneagramm, S. 213 ff.

1 → 3

Was verstärkt sich

Die Enneagramm-Typen 1 und 3 treffen sich in ihrer Tüchtigkeit, beide können hart arbeiten. Dabei geht es zwar Typ 1 eher um materielle oder grundlegend ethische Werte und Typ 3 um allgemeine Anerkennung, aber die Strategien, seine Ziele zu erreichen, sind bei beiden Enneagramm-Typen gleich: Tüchtigkeit.

Was widerspricht sich

Diesen beiden Enneagramm-Typen geht es trotz vergleichbarer Verhaltensweisen um völlig verschiedene Werte. Typ 1 ist rechtschaffen und ehrlich in seinen Unternehmungen. Typ 3 aber interessieren diese Werte wenig, ja, sie stehen ihm eher im Weg, wenn er schnell sein Ziel, den Erfolg, erreichen will. Deswegen können wir ihn in dunkle Geschäfte verwickelt finden, wo es um Betrug und Täuschung geht, während Typ 1 sich nie und nimmer zu so etwas hinreißen ließe. Das widerspricht zutiefst seiner Moral.

Resultat

Dieser Mischtyp ist arbeitsam, und es gelingt ihm meistens, sein Ziel zu erreichen. Auf dem Weg zu diesem Ziel hin spürt er häufig die Verlockung zur Illegalität, die ihn zwar einesteils fasziniert, die er aber aus Angst strikt ablehnt.

Häufigkeit

Dieser Typ ist nicht sehr häufig vertreten.

1 → 4

Was verstärkt sich

Die verzauberte Emotionalität von Enneagramm-Typ 1, die zu ständigem Agieren, zu Kritiksucht und rechthaberischen Auseinandersetzungen führt, wird durch die labile Emotionalität von Enneagramm-Typ 4 noch verstärkt. So ergibt sich bei dieser Mischung ein leicht verletzlicher, emotional sehr instabiler Typ, der sich oftmals zu überstürztem Handeln hinreißen läßt.

Der erste wie auch der vierte Enneagramm-Typ kann penetrant rechthaberisch sein.

Beide Typen neigen zur Selbstaggression.

Was widerspricht sich

Typ 1 fühlt sich mehr als Sprecher für ein Kollektiv, während Typ 4 sich als isolierter Individualist fühlt.

Der Enneagramm-Typ 1 zeigt häufig eine bewundernswürdige Disziplin, während der vierte Enneagramm-Typ eher sehr undiszipliniert ist, was mit seinen Launen zusammenhängt.

Resultat

Entweder ist dieser Mischtyp von den Gefühlsschwankungen des vierten Typs bestimmt (dann ist dieser Mischtyp oft niedergeschlagen, depressiv und häufig erschreckend selbstzerstörerisch), oder er reagiert in Streßsituationen kopflos, überstürzt und unbesonnen. Er erscheint der Außenwelt als ein launischer Kritiker, der völlig überfordert ist, an allem herummäkelt und immer das Haar in der Suppe findet.

Dominiert bei diesem Mischtyp jedoch die Disziplin von Typ 1, dann finden wir hier einen Perfektionisten, der leicht von der Angst zu verarmen heimgesucht wird. Seine Stärke bekommt er durch die Gestaltungskraft des vierten Typs. Ein gewisser Zwang zur Perfektion läßt zwar die Kreationen dieses Mischtyps manchmal etwas lebensfremd erscheinen, aber meistens fasziniert er eher seine Umwelt durch seine Gestaltungskraft, die er oft in innenarchitektonischen Ambitionen ausdrückt.

Häufigkeit

Dieser Mischtyp kommt sehr häufig vor.

1 → 5

Was verstärkt sich

Sowohl Enneagramm-Typ 1 als auch Enneagramm-Typ 5 sind im Grunde gehemmt. Bei Typ 5 drückt sich das ganz offen in seiner scheuen, zurückhaltenden Art aus, während diese Hemmung bei Typ 1 nicht so offensichtlich ist. Man kann sie jedoch an seiner Kritiksucht und rechthaberischen Art erkennen, mit der er sich seine Mitmenschen vom Leibe hält.

Diese beiden Enneagramm-Typen weisen einen Hang zur Perfektion auf: Typ 1 geht es um die Perfektion im Materiellen, die für ihn einen Selbstwert darstellt, und Typ 5 ist daran gelegen, perfekt in seiner Wissensansammlung zu sein: Für ihn muß Wissen immer möglichst vollständig sein.

Was widerspricht sich

Kann Typ 1 ohne weiteres handeln und sich durchsetzen, wenn es darauf ankommt, so ist der fünfte Enneagramm-Typ erstaunlich handlungsgehemmt und auch durchsetzungsschwach.

Neigt Typ 1 zur Kritik an anderen Meinungen, so verhält sich Typ 5 hier grundlegend anders: Er findet andere Meinungen interessant, und als Merker und Sammler von Wissen hört er sich diese mit Interesse an, um sie in seine Wissenssammlung aufzunehmen. Aufgrund dessen hat Typ 5 nicht unbedingt eine dezidierte eigene Meinung; und auch wenn er sie hätte, würde er sie nicht provokant vertreten.

Resultat

Wir können diesen Mischtyp als den gehemmten Perfektionisten bezeichnen, der oft als weltfremder Spezialist einsam durch sein Leben wandert. Er wirkt oft sozial gehemmt, wie ein Mensch, den wir als »hölzern« zu bezeichnen pflegen.

Auf jeden Fall ist dieser Mischtyp meistens sehr klug.

Häufigkeit

Dieser Typ kommt im Universitätsbereich häufiger vor, im alltäglichen Leben ist er jedoch relativ selten vertreten.

1 → 6

Was verstärkt sich

Die Enneagramm-Typen 1 und 6 suchen beide in ihrem Leben Sicherheit. Der erste Enneagramm-Typ versucht diese Sicherheit durch Perfektion und Vollkommenheit im Materiellen zu erlangen, während der sechste Enneagramm-Typ Sicherheit durch Willenskraft, Beharrlichkeit und Geduld zu erlangen sucht.

In seiner Treue einer Idee oder Sache gegenüber ist der sechste Enneagramm-Typ ebenso beharrlich wie der erste Enneagramm-Typ in seiner materiellen Organisation.

Der sechste und der erste Enneagramm-Typ sind beide sehr eigenständig und pflegen ihre eigenen Wege zu gehen.

Was widerspricht sich

Während der erste Enneagramm-Typ weitgehend im Materiellen gebunden ist und leicht von seinen Gefühlen beherrscht wird, steht der sechste Enneagramm-Typ am Übergang vom emotionalen zum intellektuellen Bereich des Enneagramms. Durch diese Stellung gelingt es ihm, sich selbst und seine Umwelt relativ objektiv zu betrachten. Das gelingt dem ersten Enneagramm-Typ nur äußerst selten.

Resultat

Im positiven Fall ergibt sich aus der Mischung dieser beiden Enneagramm-Typen ein perfekter Managertyp, der für eine mächtige Institution arbeitet und diese Institution bestens nach außen darstellen kann. Diesen Typ vertritt zum Beispiel der Pressesprecher der Regierung oder einer Partei.

Im negativen Fall bekommt dieser Mischtyp nicht genug Sicherheit, er wird von Verarmungsängsten geplagt, fühlt sich überall fehl am Platze und unter seiner Qualifikation beschäftigt.

Häufigkeit

Dieser Typ ist relativ selten. In erlöster Form findet man ihn, wie gesagt, als Sprecher großer Institutionen. In unerlöster Form kommt er jedoch leider viel häufiger vor.

1 → 7

Was verstärkt sich

Sowohl Enneagramm-Typ 1 als auch Enneagramm-Typ 7 hat einen Hang zum schnellen Handeln und ist hochgradig streßanfällig.

Typ 7 denkt sich die Welt als angenehme, große Spielwiese, auf der alle Menschen nach Lust und Laune herumtollen; Typ 1 hat ebenfalls eine positive Utopie im Kopf, die bei ihm allerdings eher materiell geprägt ist und nicht die Unbeschwertheit wie bei Typ 7 aufweist.

Was widerspricht sich

Im Grunde kann man im ersten und siebten Enneagramm-Typ zwei ganz unterschiedliche Typen sehen: Der perfekte Typ 1 stellt den Gegensatz zum beweglich spielerischen Typ 7 dar, dem Perfektion nichts als Anstrengung bedeutet. In diesem Mischtyp treffen die beiden Gegensätze Lässigkeit und Perfektion aufeinander.

Das Streben nach Perfektion und Vollkommenheit ist Typ 7 völlig fremd, da er gewohnt ist, vieles zu machen, das aber nicht unbedingt perfekt. Er ist ein lustbetonter Macher, der, wie der Volksmund sagt, fünf auch einmal gerade sein lassen kann; diese Einstellung würde Typ 1 jedoch entsetzen.

Resultat

Ist in dieser Mischung der Anteil des siebten Enneagramm-Typs stärker vertreten, dann wird dadurch die Perfektionssucht des ersten Enneagramm-Typs abgemildert. Zugleich schwächt sich die kühne Oberflächlichkeit von Typ 7 durch das Vollkommenheitsstreben von Typ 1 ab, und es kommt im günstigsten Fall zu einem Ausgleich zwischen den beiden Extremen.

Meistens kommt es jedoch bei dieser Mischung zu einem blinden Aktivismus auf der Flucht vor dem Leiden. Dieser Mischtyp sucht wie besessen nach einem Glücksweg, den er dann oftmals in der Medienarbeit findet. Gerade in den Redaktionen von Presse, Funk und Fernsehen mit ihrem hektischen Treiben fühlt sich dieser Mischtyp sehr wohl und kann dort auch gut und anerkannt arbeiten.

Häufigkeit

Den Mischtyp, der den Weg der Mitte gefunden hat, findet man seltener. Er ist das Ergebnis einer geglückten Therapie oder auch das Produkt des Alters, in dem die Lebenserfahrung die Extreme mildert.

Den Mischtyp, der erfolgreich in der Öffentlichkeit agiert, findet man relativ häufig.

1 → 8

Was verstärkt sich

Der erste und der achte Enneagramm-Typ können im Extrem beide fanatisch für ihre Ziele einstehen. Spielt Typ 1 mehr den kritisierenden und rechthaberischen Part, so übernimmt Typ 8 den aggressiven Ausdruck, den er mit Stärke und ohne Rücksicht auf Verluste durchboxt. Beide sehen in ihrem Machtspiel überhaupt nicht mehr den anderen und verlieren sich selbst. Daß solch ein Machtspiel Ängste verdecken und kompensieren soll, ist jedem außer den Beteiligten klar.

Was widerspricht sich

Dem ersten Enneagramm-Typ geht es in seinem viel zu ernst genommenen Spiel um materielle Sicherheiten, während sich Typ 8 zunächst einmal nur auf die Durchsetzung und das Spüren seiner eigenen Stärke und Macht konzentriert. Er kann, im Gegensatz zu Typ 1, nur sehr schlecht kritisieren, da er den anderen gar nicht wahrnimmt.

Resultat

Bei dieser explosiven Mischung kommt oft fanatischer Extremismus heraus. Hier verbinden sich leicht Kritiksucht und Aggression, die bis zur Gewalttätigkeit geht, und das fanatische Niedermachen anderer Meinungen. Als Auslöser steht hinter diesem unangenehmen Gemisch der Verlust von Sicherheit.

Häufigkeit

Das ist der Mischtyp, der zur Zeit in der ganzen Welt bei zunehmender Radikalität in der »Lösung« sozialer Konflikte immer häufiger auftritt. Der Deutsche kennt diesen Typ zur Genüge, aber er tritt auch im Islam, im Krieg auf dem Balkan und in Israel verstärkt auf.

1 → 9

Was verstärkt sich

Beim ersten und neunten Enneagramm-Typ verstärkt sich wegen ihrer Unterschiedlichkeit wenig. Man könnte höchstens sagen, daß die Vollkommenheit, nach welcher Typ 1 beständig sucht, vom Enneagramm-Typ 9 in selbstzufriedener Ruhe gelebt wird. Das ist freilich eine völlig andere Vollkommenheit als die, welche Typ 1 erstrebt.

Was widerspricht sich

Enneagramm-Typ 1 und Enneagramm-Typ 9 unterscheiden sich erstaunlich deutlich voneinander. Der friedliebende und auf Harmonie bedachte Typ 9 stellt geradezu das Gegenstück zu dem materiell eingestellten, kritisierenden und rechthaberischen Typ 1 dar.

Der erste Enneagramm-Typ ist nach außen gewandt und ein körperlicher Typ, der neunte Enneagramm-Typ ist ein nach innen gewandter Empfindungstyp. So ist Typ 1 aktiv und schnell, Typ 9 dagegen passiv und langsam.

Das perfekte Wirtschaften von Typ 1 bedeutet Typ 9 viel zuviel Aufwand und würde dessen ruhige Gemütlichkeit stören.

So kann man sagen, daß, zumindest in allen zentralen Punkten, diese beiden Enneagramm-Typen sich grundlegend unterscheiden.

Resultat

Im besten Falle ergibt sich aus der Mischung dieser beiden ungleichen Brüder ein Typ, der sich für so wichtige Werte wie Harmonie, Ruhe statt Hetze und Friedfertigkeit einzusetzen vermag. Rohr und Ebert[3] bezeichnen diesen sogenannten erlösten Neunerflügel des ersten Enneagramm-Typs als einen gerechten Menschen.

In der unerlösten Weise, die meines Erachtens die normale Form dieses Mischtypen darstellt, haben wir hier einen intoleranten und zugleich trägen Menschen vor uns, der nörglerisch durchs Leben geht und nichts so recht zustande bringt, worunter er allerdings leidet. Hierhin gehört auch der intolerante Mensch, der sehr selbstbezogen ist.

Häufigkeit

Meiner Erfahrung nach tritt dieser Mischtyp nicht so häufig auf. In erlöster Form stellt er den sogenannten Humanisten dar, der heute als weiser Lehrer oder reflektierter Journalist und Kulturkritiker auftritt. Den unerlösten

Mischtyp finden wir bisweilen bei Jugendlichen, die als oralgeschädigte Narzisse von den Psychologen bezeichnet werden und die, an allem nörgelnd, passiv herumhängen.

---

[3] Richard Rohr/Andreas Ebert: Das Enneagramm, S. 215.

2 → 3

Was verstärkt sich

Der zweite wie auch der dritte Enneagramm-Typ kann hart arbeiten, um seine Ziele, die allerdings sehr unterschiedlich sind, zu erreichen. Typ 2 möchte zur Macht durch seine Unersetzlichkeit, während Typ 3 die nach außen hin sichtbare Karriere anstrebt.

Beide Enneagramm-Typen verbindet, daß sie berechnend sind. Der zweite Enneagramm-Typ handelt oft um der Anerkennung willen, und das meistenteils so geschickt, daß andere es nicht merken. Er bringt die Schönheit in die Welt und möchte sich dadurch beliebt machen, was ihm häufig auch gelingt. Der Lebensinhalt von Typ 3 ist die Berechnung, wie er schnell Karriere machen kann, wie er sich ein Image aufbaut und Erfolg hat.

Beide, der zweite und dritte Enneagramm-Typ, sind durch eine gewisse Angepaßtheit gekennzeichnet.

Was widerspricht sich

Der zweite Enneagramm-Typ ist weitgehend auf andere ausgerichtet und offen zum Du hin, während der dritte Enneagramm-Typ von seinem Ich besessen ist.

Diese beiden Enneagramm-Typen sind zwar sehr berechnend, aber doch auf die gegensätzlichste Weise: Typ 3 lebt sein Erfolgsstreben meistens ganz offen aus, oder, wenn er so nicht zum gewünschten Erfolg kommt, hilft er mit Betrügereien und Unehrlichkeiten nach. Typ 2 dagegen ist ein Schmeichler, der im Hintergrund bleibt und nicht das Rampenlicht wie Typ 3 benötigt.

Resultat

Der sich hieraus ergebende Mischtyp kann als berechnend und hinterhältig bezeichnet werden. Er ist ein Meister in der Planung und in der Anwendung von Strategien und geht dabei nicht immer unbedingt die geraden Pfade. Fast wird dieser Mischtyp von seinem Willen zur Macht angetrieben.

In der erlösten Form kann dieser Mischtyp aber auch umgänglich und liebenswürdig sein. Er ist angenehm, nett und freundlich, ein umgänglicher Zeitgenosse, der nur in Notfällen seine Beziehungen über die Maßen ausnutzt.

Rohr und Ebert[4] sprechen hier vom angepaßten Typ, der den Dreierflügel von Typ 2 bildet.

Häufigkeit

Diesen Mischtyp findet man in seiner unerlösten Form sehr häufig unter Politikern auf allen Ebenen. Wahrscheinlich muß man eine gewisse Portion von diesem Mischtyp mitbekommen haben, um in Parteien aufsteigen zu können.

In erlöster Form kommt er häufiger bei älteren Menschen vor.

---

4 Richard Rohr/Andreas Ebert: Das Enneagramm, S. 215.

2 → 4

Was verstärkt sich

Der zweite und der vierte Enneagramm-Typ weisen beide eine Tendenz zur Selbstaggression auf, die sich aber bei ihnen sehr unterschiedlich äußert.

Beiden Enneagramm-Typen ist auch gemeinsam, daß sie sich nicht auf andere einlassen können. Typ 2 dient das vorgebliche Zugehen auf andere zur Kompensation seiner Minderwertigkeitsgefühle, eigentlich fehlt ihm der notwendige emotionale Tiefsinn. Typ 4 läßt sich nur auf das Unerreichbare ein, was erreichbar ist, interessiert ihn nicht.

Diese beiden Enneagramm-Typen verlieren sich leicht selbst, weswegen gerade für sie die Übung der Selbsterinnerung notwendig ist.

Was widerspricht sich

Typ 2 kann diszipliniert sein Ziel über lange Zeit im Auge behalten und es konsequent bis zur Selbstaufgabe ansteuern. Das ist Typ 4 völlig unmöglich, da er, von seinen Launen abhängig, oftmals wie ein Blatt im Wind hin- und hertreibt; er ist ein Spielball seiner Emotionen.

Er kann sich auch nicht anpassen, da er von seiner Besonderheit und Außergewöhnlichkeit überzeugt ist, wohingegen Typ 2 leicht dem Praktischen und Schönen nachgibt und sich den Gegebenheiten anpaßt.

Resultat

Auf der einen Seite kann dieser Mischtyp völlig davon besessen sein, sich Liebe und Anerkennung zu erdienen, und kommt er dabei nicht zum Ziel, so richtet er seine Energie gegen sich selbst – bis zum Selbstmordversuch. Da er sich nur schwer auf andere einlassen kann, geht er oft unglücklich durchs Leben, und das nicht ohne eine gehörige Portion Selbstmitleid, die andere abschrecken kann.

Dieser Mischtyp weist aber auch eine erlöste Form auf, durch die er sich seiner selbst bewußt wird. Er kann sich als »schöne Seele« entwerfen und dieses Ideal auch leben. Ein solch erlöster Mischtyp ist in der Lage, sein eigenes Leben glücklich zu leben.

Häufigkeit

Dieser Mischtyp ist in seiner verzauberten (unerlösten) Form relativ häufig zu finden, in seiner erlösten Form jedoch sehr selten.

2 → 5

Was verstärkt sich

Der zweite wie der fünfte Enneagramm-Typ wirken beide relativ zurückhaltend. Bei Typ 2 liegt das an seinem fehlenden emotionalen Tiefsinn, der ihn leicht distanziert wirken läßt. Typ 5 ist ein distanzierter Mensch, der aus dem Hintergrund wirkt.

Beiden Enneagramm-Typen ist die Fähigkeit zur genauen Beobachtung zu eigen. Typ 5 lebt diese Fähigkeit bis zum Exzeß aus, während sie Typ 2 als Mittel zum Zweck dient. Typ 2 beobachtet, um dem anderen dienen zu können, Typ 5 dagegen, um seinen Wissensdurst zu befriedigen, der ihm die notwendige Sicherheit vermittelt.

Was widerspricht sich

Typ 2 ist eher naiv und aktiv, Typ 5 dagegen passiv und grüblerisch. Dafür ist der zweite Enneagramm-Typ nicht so klug wie er. Der unerlöste Typ 2 ist oft oberflächlich, eitel und reflektiert sich selbst relativ wenig. Typ 5 ist klug und oft sehr gebildet und häufig intellektuell, Typ 2 ist es nur in Ausnahmefällen.

Resultat

Aus dieser Mischung ergibt sich ein guter Beobachter, der genau erkennt, was vorgeht, und seine Chancen zu nutzen weiß. Dabei vermeidet er aber aufzufallen, da es sich aus dem Hintergrund leichter manipulieren läßt. Das ist das Bild der grauen Eminenz, die aus dem Hintergrund heraus die Fäden in der Hand hält.

Häufigkeit

Dieser Mischtyp kommt nicht so häufig vor.

2 → 6

Was verstärkt sich

Typ 2 und 6 treffen sich beide im Dienen. Während Typ 2 allerdings durch sein Dienen allmählich die Macht an sich reißt, dient Typ 6 uneigennützig und loyal. Er ist der treue Diener, dem es nicht im Traum einfallen würde, seinen Herrn zu entmachten.

Beide Enneagramm-Typen suchen die Sicherheit, die Typ 2 dadurch bekommen möchte, daß er andere von sich abhängig macht. Der sechste Enneagramm-Typ hofft, diese Sicherheit als Lohn für seine Loyalität und Treue zu erhalten.

Was widerspricht sich

Der zweite Enneagramm-Typ wendet sich gegen seinen Herrn, während der sechste Enneagramm-Typ seinem Herrn hilft und ihm immer zur Seite steht. Der sechste Enneagramm-Typ dient wirklich, während Typ 2 dies nur scheinbar tut.

Resultat

Diese beiden Enneagramm-Typen 2 und 6 mischen sich zu einem völlig auf Sicherheit ausgerichteten Menschen, der sich leicht von allen möglichen Institutionen abhängig macht und unseriösen Geschäftemachern ins Netz geht.

In der unerlösten Form dient dieser Typ zwar einer Institution, aber er ist von Zweifel durchdrungen, ob ihm das genug Sicherheit bringt. So dient er einesteils treu und loyal, zum anderen spielt er mit dem Gedanken, heimlich, still und leise die Macht an sich zu reißen. Das sind nur irreale Machtphantasien, die aber seine biedere Seele quälen, in der nicht sein kann, was nicht sein darf.

Häufigkeit

Diesen Typ findet man häufig in unserer Gesellschaft, von seinen irrationalen Ängsten und seinem Sicherheitsstreben lebt das Versicherungswesen.

2 → 7

Was verstärkt sich

Der zweite und siebte Enneagramm-Typ haben wenig Gemeinsamkeiten.

Beide wirken nach außen hin in Extremsituationen hysterisch, da sie zur Überreaktion neigen.

Was widerspricht sich

Der zweite Enneagramm-Typ ist introvertiert, während der siebte Enneagramm-Typ unbekümmert nach außen geht, ja geradezu dieses Außen braucht.

Typ 7 ist ein lustbetonter Macher, der nichts zu wichtig und zu schwer nimmt, wobei der zweite Enneagramm-Typ ohne weiteres sein Leben lang bei einer Sache bleiben kann – das vermittelt ihm Sicherheit. Für Typ 7 bedeutet das dagegen Abhängigkeit, und die setzt er mit Unsicherheit gleich.

Resultat

Diese Mischung des zweiten und siebten Enneagramm-Typs stellt den schnell Handelnden dar, der mit seinen Handlungen meist unbewußt andere manipuliert. Da er aber eine gewisse Kindlichkeit zur Schau stellt, läßt man es ihm oft durchgehen, denn eigentlich hat er es ja nicht böse gemeint. Wie berechnend er ist, wird einem oft erst viel später klar, aber dann ist dieser Mischtyp schon über alle Berge.

Häufigkeit

Dieser Mischtyp kommt relativ selten vor.

2 → 8

Was verstärkt sich

Typ 2 und 8 wissen genau, was sie wollen. Und beide sind auch fest entschlossen, dieses Ziel, koste es, was es wolle, zu erreichen.

Was widerspricht sich

Um sein Ziel zu erreichen, setzt Typ 8 Aggression und Gewalt ein, wobei Typ 2 den indirekten Weg des Schmeichelns und der Manipulation wählt. Er geht nie, wie Typ 8, mit Ellenbogen und offener Aggression vor, dazu ist er zu unsicher – ihn fehlt eben die Stärke und Selbstsicherheit von Typ 8.

Resultat

In der unerlösten Form kann dieser Mischtyp gerade dann, wenn er enttäuscht wird, in blinder Wut das zerstören, wofür er lange gearbeitet hat. Oft macht er das zunichte, was ihm sehr wichtig ist, worunter er dann fürchterlich leidet.

In der erlösten Form kommt bei diesem Mischtyp die Stärke von Typ 8 und die soziale Klugheit von Typ 2 zusammen, so daß er Rücksicht auf die Bedürfnisse anderer nehmen kann, ohne dabei seine eigenen Bedürfnisse verdrängen zu müssen.

Häufigkeit

Diese Kombination kommt nicht so häufig vor.

2 → 9

Was verstärkt sich

Der zweite wie auch der neunte Enneagramm-Typ können beide gut auf andere Menschen eingehen, weswegen beide Typen häufig von anderen um Rat gefragt werden.

Beiden Enneagramm-Typen geht es um Harmonie, wobei die Harmonie von Typ 2 als Machtmittel benutzt wird, was dem neunten Enneagramm-Typ jedoch fern liegt.

Was widerspricht sich

Typ 2 möchte durch sein Verhalten herrschen, während für Typ 9 das viel zu anstrengend ist – er möchte lieber seine Ruhe haben und ist deshalb wenig an Macht interessiert.

Er möchte auch nicht dienen wie Typ 2, sondern lieber in Ruhe und Harmonie sein eigenes Leben leben.

Resultat

In der erlösten Form haben wir in diesem Mischtyp den klassischen Helfer vor uns, der andere zur Harmonie bringt. Besonders in Streßsituationen kann dieser Mischtyp sehr wohltuend auf andere wirken.

In seiner unerlösten Form ist dieser Mischtyp einer, der faul ist und sich durchs Leben schlängelt, indem er andere ausnutzt. Oft versteht er es meisterlich, bei anderen ein schlechtes Gewissen zu erzeugen, was er dann zu seinem Vorteil verwendet.

Häufigkeit

Die unerlöste Form kommt meiner Erfahrung nach häufiger als die erlöste Form vor.

3 → 4

Was verstärkt sich

Typ 3 und 4 haben relativ wenig gemeinsam. Im Enneagramm nach Gurdjieff müssen beide lernen, mit ihren Gefühlen bewußter umzugehen. Der dritte Enneagramm-Typ verdrängt durch seine Konzentration auf Karriere seine Gefühle, während der vierte Enneagramm-Typ völlig machtlos seinen Gefühlen ausgeliefert ist.

Beide Enneagramm-Typen wollen auch etwas Besonderes sein: Typ 4 zweifelt nicht daran, besonders und außergewöhnlich zu sein, und Typ 3 strebt die Außergewöhnlichkeit durch seinen Erfolg und das von ihm dargestellte Image an.

Typ 3 und 4 neigen beide zur Selbstaggression, die sich bei Typ 3 in Arbeitswut artikuliert, bei Typ 4 häufig in Suchtverhalten.

Was widerspricht sich

Während Typ 3 ein disziplinierter, äußerst erfolgsorientierter Arbeiter ist, stellt die Disziplin für den vierten Enneagramm-Typen eine ganz besondere Herausforderung dar. Erreicht Typ 3 sein Ziel, überidentifiziert er sich mit seinem Erfolg und wird zur Personifizierung dieses Erfolges, er hat dann wie Goethes Faust seine Seele verkauft.

Resultat

Diesem Mischtyp kommt es sehr darauf an, als etwas Besonderes und Außergewöhnliches angesehen zu werden, dafür nimmt er jede Mühsal in Kauf. Auf der anderen Seite wird er völlig haltlos und launisch, wenn er sein Ziel nicht erreicht.

Nach Rohr und Ebert[5] ist dieser Mischtyp in seiner unerlösten Form ein großspuriger Aufschneider und in seiner erlösten Form ein intuitiver Mensch. Meistens ist dieser Mischtyp anspruchsvoll und gibt sich nicht mit dem Gewöhnlichen und Normalen zufrieden.

Häufigkeit

Dieser Mischtyp kommt in unserer Gesellschaft besonders unter den Yuppies der Großstädte als Angeber und Aufschneider vor.

---

5 Richard Rohr/Andreas Ebert: Das Enneagramm, S. 215.

3 → 5

Was verstärkt sich

Diese beiden Enneagramm-Typen sind sich so fremd, daß es meines Erachtens keine wesentlichen Aspekte gibt, die sich bei ihnen verstärken.

Was widerspricht sich

Genau betrachtet widersprechen sich diese beiden Enneagramm-Typen auf allen Ebenen:

1. Typ 3 ist karrieresüchtig, Typ 5 ein zurückgezogener Beobachter;
2. Typ 3 ist höchst aktiv, Typ 5 ist passiv;
3. Typ 3 ist extravertiert, Typ 5 nach innen gekehrt;
4. Typ 3 ist imagebewußt, Typ 5 scheu;
5. Typ 3 neigt zu Unwahrheiten, Typ 5 ist ehrlich.

Diese Reihe ließe sich noch fortführen, dies sind nur die wesentlichsten Unterschiede dieser beiden Enneagramm-Typen.

Resultat

In ganz seltenen Fällen finden wir diesen Mischtyp an der Universität als zurückgezogenen Forscher, der gelegentlich auch seine Karriere forciert, um sich dann sogleich wieder zurückzuziehen.

Häufigkeit

Da diese beiden Enneagramm-Typen derart unterschiedlich sind, kommt eine Mischung fast nie vor, da sie von einem fast schizoiden Charakter zeugen würde.

3 → 7

Was verstärkt sich

Typ 3 und 7 können sich sehr ähneln. Sie zeigen beide

1. ein großes Maß an Aktivitäten,
2. hohe Leistungsorientiertheit,
3. ein ausgeprägtes extravertiertes Verhalten.

Was widerspricht sich

Während Typ 3 mit Ernst bei der Sache ist, spielt Typ 7. Im Grunde folgt Typ 7 dem Rat Gurdjieffs, das Leben als ein Spiel zu nehmen – allerdings tut er das nicht unbedingt bewußt.

Während Typ 3 meistens um seine Karriere besorgt ist, ist Typ 7 ein erstaunlicher Optimist. Er geht einfach davon aus, Erfolg zu haben, und bemüht sich nur halbherzig um ihn.

Typ 7 ist lustbetont, während Typ 3 eher arbeitsbetont ist.

Resultat

Im positiven Fall finden wir in diesem Mischtyp einen spielerischen, genialen Menschen, der einfach Glück im Leben hat und im Beruf Anerkennung findet. Er kann in Arbeitsgruppen andere Mitglieder durch seinen Optimismus begeistern und kennt sich meist auf vielen Gebieten gut aus.

Im unerlösten Fall tritt uns hier ein oberflächlicher Dilettant entgegen, der alles daran setzt aufzusteigen, wobei seine Mittel nicht immer die fairsten sind.

Häufigkeit

Dieser Typ kommt selten vor.

3 → 8

Was verstärkt sich

Der dritte wie der achte Enneagramm-Typ wollen beide Erfolge sehen und sind auch bereit, alles dafür zu tun. Beide können hart arbeiten und kennen genau ihr Ziel. Sie sind in der Lage, all ihre Kräfte diszipliniert auf das Erreichen dieses Zieles zu konzentrieren.

Der dritte und der achte Enneagramm-Typ tragen beide eine erstaunliche Selbstsicherheit zur Schau, die nur schwer erschüttert werden kann. Beide sind sehr ich-zentriert und übersehen leicht die Bedürfnisse anderer.

Was widerspricht sich

Benutzt der dritte Enneagramm-Typ im Notfall Betrug und Täuschung, um sein Ziel zu erreichen, so verlegt sich der achte Enneagramm-Typ eher auf Gewalt und offene Aggression. Dabei geht es ihm jedoch häufig um die Durchsetzung seiner Werte, die er für wesentlich für die Menschheit hält. Typ 3 geht es dagegen nicht um Überpersönliches, sondern einzig um seine persönliche Karriere und sein Image.

Resultat

Dieser Mischungstyp ist extrem erfolgsorientiert und weiß genau, wie er zu diesem Erfolg gelangt. Nichts kann ihn aufhalten, und er identifiziert sich derart mit seinen Erfolgen, daß er sich selbst darüber völlig vergißt. Stellt sich allerdings der Erfolg einmal nicht ein, dann läuft dieser Mischtyp Gefahr, zu kriminellen Mitteln zu greifen, um sein Ziel zu erreichen.

Er kann äußerst hart arbeiten und wird von der Außenwelt als Workaholic eingestuft. Seine Stärke und die Mißachtung der Rechte und Bedürfnisse anderer lassen diesen Typ unsympathisch erscheinen, was oft zu seiner Isolation führt. Er lebt oft alleine, da er keinerlei Einschränkungen ertragen kann.

Häufigkeit

Dieser Mischtyp kommt relativ häufig vor, besonders im modernen Geschäftsleben. Bis zu einem gewissen Grad wird er auch in unserer Gesellschaft bewundert.

4 → 5

Was verstärkt sich

Der vierte wie der fünfte Enneagramm-Typ weisen beide die Tendenz auf, sich besonders in schwierigen Situationen zurückzuziehen. Beide Enneagramm-Typen leben hauptsächlich ihre introvertierte Seite.

Der vierte und fünfte Enneagramm-Typ kämpfen beständig mit ihren Gefühlen, wobei sich das bei Typ 4 in dessen berüchtigten Launen zeigt und bei Typ 5 in dessen Rückzug, der ihn für andere unnahbar macht.

Die Stärke dieser beiden Typen liegt in der sensiblen Beobachtung ihrer Umwelt.

Was widerspricht sich

Während der vierte Enneagramm-Typ kreativ und aktiv mit seinem Wissen umgehen kann, neigt Typ 5 oftmals dazu, sein Wissen gar nicht anzuwenden und für sich zu behalten.

Meint Typ 4 etwas Besonderes und Außergewöhnliches zu sein, so hält sich Typ 5 für relativ normal und weist keinen außergewöhnlichen Hang zur Selbstdarstellung auf. Er bleibt lieber dezent im Hintergrund und wirkt eher angepaßt als außergewöhnlich.

Resultat

Mischtypen aus Typ 4 und 5 wirken oft äußerst unnahbar und rätselhaft. Sie sind derart introvertiert, daß sie häufig wenig Freunde haben und relativ einsam leben. Darunter leiden sie allerdings nicht, es sei denn, der Anteil von Typ 4 ist deutlich stärker ausgebildet. Dann beneidet man allerdings die Menschen, die leicht Kontakte knüpfen können und viele Freunde besitzen. Der Umgang mit diesem Mischtyp ist nicht einfach, da er oft überaus empfindlich und sensibel auf seine Umwelt reagiert.

Dieser Mischtyp kann äußerst kreativ sein, und wenn der Typ-4-Aspekt stark ausgebildet ist, dann kann er diese Kreativität auch im Beruf erfolgreich anwenden.

Rohr und Ebert[6] unterscheiden drei verschiedene Vierer-Typen mit einem Fünfer-Flügel:

1. Der unerlöste Mischtyp schottet sich von der Außenwelt ab;
2. Der normale Mischtyp wirkt auf seine Umwelt rätselhaft;
3. Der erlöste Mischtyp ist schöpferisch.

Fünfer-Typen mit einem Vierer-Flügel wirken als

1. erlöster Mischtyp inspiriert,
2. unerlöster Mischtyp hoffnungslos,
3. normaler Typ empfindlich.

Häufigkeit

Diesen Mischtyp finden wir häufig in kreativen Berufen und besonders im Künstlermilieu.

---

6 Richard Rohr/Andreas Ebert: Das Enneagramm, S. 215.

4 → 6

Was verstärkt sich

Typ 4 und 6 treffen sich trotz all ihrer Unterschiedlichkeit in ihrer Suche nach Sicherheit. Beide träumen von einem sicheren Leben; ihre Versuche, dies zu erreichen, sind freilich sehr verschieden.

Was widerspricht sich

Während Typ 4 sich nur schwer unterordnen kann, da er ja etwas Besonderes ist, fällt dies Typ 6 überhaupt nicht schwer: Er ist glücklich, wenn er einem anderen treu dienen kann. Typ 4 versucht dieses Dienen nur in äußerster Not und gerät dabei sogleich in Konflikt mit seinem Selbstbild. Meistens endet das in großen Aggressionen gegenüber dem anderen.

Typ 4 fällt es auch schwer, treu zu sein. Ihm machen die Nähe und das Bekannte Angst, und deswegen zeigt er Treue höchstens in einer distanzierten Beziehung.

Resultat

Dieser Mischtyp befindet sich auf der ständige Suche nach Sicherheit, die er aber nie auf Dauer erlangt; seine instabilen Gefühlen lassen eine längerfristige Sicherheit nicht aufkommen.

Oftmals schwankt dieser Mischtyp besonders in Beziehungen zwischen Nähe und Distanz, was ihn und seinen Partner nicht gerade glücklich macht. Dieser Mischtyp wird von anderen gern als »schwierige Person« charakterisiert.

Häufigkeit

Dieser Mischtyp kommt nicht so häufig vor.

4 → 7

Was verstärkt sich

Typ 4 und 7 sind sehr unterschiedlich. Dennoch treffen sich beide in ihrer Kreativität. Man könnte diese Mischung sogar als den Kreativitätspol des Enneagramms ansehen. Das Gespür für Ästhetik von Typ 4 trifft sich hier mit der magischen Inspiration von Typ 7.

Beide Enneagramm-Typen haben ihre Ideale, die sie jedoch sehr unterschiedlich leben.

Was widerspricht sich

Die Leichtigkeit des siebten Enneagramm-Typs ist Typ 4 völlig fremd. Er geht eher schwermütig durchs Leben. Und auch das Leiden, das Typ 7 wie die Pest flieht, ist ein ständiger Begleiter von Typ 4, der es akzeptiert und nicht zu verdrängen sucht.

Der oberflächliche Optimismus von Typ 7 ist Typ 4 ein Rätsel, genau wie Typ 7 der Hang zum Leiden von Typ 4 völlig unverständlich bleibt.

Resultat

Dieser Mischtyp besitzt ein ungeheures Kreativitätspotential. Wobei die Leichtigkeit von Typ 7 die Schwere von Typ 4 abmildert und dessen Tiefe die Oberflächlichkeit von Typ 7 erträglich macht. Zugleich fällt es diesem Mischtyp jedoch schwer, sich emotional zu stabilisieren, er ist eigentümlich schwankend und ungeerdet.

Als unerlöster Typ lebt er zwischen den Polen himmelhoch jauchzend – zu Tode betrübt. In seinen euphorischen Phasen bekommt er seine Kreativitätsschübe, die er durch hektische Handlungen umzusetzen sucht.

Häufigkeit

Dieser Typ ist relativ selten und wie die meisten Mischtypen, die einen Anteil von Typ 4 aufweisen, meist in Künstlerkreisen zu finden.

4 → 8

Was verstärkt sich

Typ 4 und 8 können sich meistens überhaupt nicht leiden und haben dennoch eine starke Gemeinsamkeit: Beide sind nämlich von ihrer besonderen Stellung in der Gesellschaft überzeugt. Typ 8 ist sich dessen meist gar nicht bewußt, und die von ihm bei Typ 4 abgelehnte Darstellung des Außergewöhnlichen entspricht seinem Schatten (wenn einer außergewöhnlich sein darf, dann nur er!). Typ 8 agiert unreflektiert so, als wäre er der Herrscher über alle anderen, und wenn ein anderer sich ebenfalls anmaßt, etwas Besonderes zu sein, dann muß das von ihm abgelehnt werden.

Was widerspricht sich

Es gibt fast keinen größeren Widerspruch als denjenigen zwischen dem hochsensiblen Typ 4 und dem völlig unsensiblen Typ 8: Wo Typ 4 sich schwach fühlt, da spürt Typ 8 seine Stärke. Und die Aggression, die der achte Enneagramm-Typ der Umwelt gegenüber zeigt, entspricht der Selbstaggression von Typ 4, der Aggression immer nur nach innen wendet.

Typ 8 ist für Typ 4 einfach brutal, unästhetisch und viel zu laut. Umgekehrt ist Typ 4 für Typ 8 ein sensibler Spinner, weltfremd und viel zu wehleidig.

Resultat

Die Mischung dieser beiden unterschiedlichen Kräfte erzeugt einen unstabilen, aggressiven Mischtyp, der launisch einmal aggressiv und ein andermal sensibel reagiert. Er ist ein Rätsel für seine Umwelt und wirkt unberechenbar.

Häufigkeit

Dieser Typ ist relativ selten.

4 → 9

Was verstärkt sich

Typ 4 und 9 weisen beide einen Hang zur Sinnlichkeit auf und wirken oft etwas instabil.

Sie sind friedliebend und streben ein Höchstmaß an Harmonie an, was ihnen aber häufig nicht vergönnt ist.

Was widerspricht sich

Die launische Seite von Typ 4 steht der harmonischen Seite von Typ 9 gegenüber; diesen brächten Launen viel zu sehr aus der Ruhe. Auch die Selbstaggression von Typ 4 ist Typ 9 ein Rätsel, er möchte es sich ja gutgehen lassen und mit sich selbst wie mit anderen in Frieden leben.

Resultat

Ist der neunte Enneagramm-Typ in dieser Kombination stärker ausgeprägt, so kann dieser Mischtyp zumindest zeitweise äußerst faul und träge sein Leben genießen. Er kann darüber hinaus Frieden mit sich selbst schließen; allerdings hält diese Ausgeglichenheit oft nicht lange an, da seine Emotionen sehr schwanken und leider seine Harmonie immer wieder zerstören. Darauf reagiert er häufig mit einer gewissen Bitterkeit oder Wehleidigkeit, die andere mitziehen kann.

Häufigkeit

Diese Kombination kommt nicht so häufig vor.

5 → 6

Was verstärkt sich

Der fünfte und der sechste Enneagramm-Typ sind beide nicht sehr nach außen orientiert, da sie eine Tendenz zum Mißtrauen aufweisen.

Beide Enneagramm-Typen können sehr fleißig sein.

Was widerspricht sich

Die Handlungshemmung von Typ 5 kennt der sechste Enneagramm-Typ nicht. Durch seine Gefühlsabhängigkeit hat der fünfte Enneagramm-Typ Probleme mit der Loyalität und Treue. Da seine Gefühle schwankend sind, ändert sich seine Einstellung zu anderen in Abhängigkeit von diesen Schwankungen.

Resultat

Dieser Mischtyp ist meist relativ fleißig und lebt zurückgezogen. Nicht selten prägt ihn ein Zug von Bitterkeit, der ihn unglücklich wirken läßt. Er fühlt sich zu kurz gekommen und betrachtet mißtrauisch seine Mitmenschen. In der unerlösten Form wirkt dieser Mischtyp arrogant und überheblich, was aber nur seine Unsicherheit kaschieren soll. In seiner erlösten Form kann dieser Mischtyp mit Sachverstand und Einfühlungsvermögen Probleme angehen, und er findet für sie meist eine erstaunlich ansprechende Lösung.

Häufigkeit

Dieser Mischtyp ist nicht so selten.

5 → 7

Was verstärkt sich

Typ 5 und 7 stellen zwar größere Gegensätze dar, sie verstehen sich aber dennoch meist sehr gut. Der Umfang des Wissens von Typ 5 entspricht den unterschiedlichen Wissensgebieten von Typ 7. Wenn auch das Wissen bei Typ 5 in die Tiefe und bei Typ 7 in die Breite geht, ist doch beiden ein umfangreiches Wissen gemeinsam.

Was widerspricht sich

Der große Unterschied zwischen diesen beiden Enneagramm-Typen liegt in ihrer Handlungsfähigkeit. Typ 5 ist ausgesprochen handlungsgehemmt, wohingegen Typ 7 einen handlungsorientierten Typ darstellt: Wo der siebte Enneagramm-Typ hektisch agiert, zieht sich Typ 5 in seine Passivität zurück.

Auch die Zurückhaltung von Typ 5 ist Typ 7 völlig fremd. Er stellt sich strahlend der Welt, die er mit seinem Optimismus verzaubert.

Resultat

Die erlöste Form dieses Mischtyps kann sehr kompetent handeln, da der oft blinde Aktivismus von Typ 7 durch das genaue Beobachten von Typ 5 abgeschwächt wird. Dazu kommt, daß der Typ-5-Anteil an diesem Typ gediegene Informationen zur Handlung bereitstellt, die der Typ-7-Anteil aus seinem Überblick über viele Wissensgebiete gut anwenden kann.

In der unerlösten Form verzettelt sich dieser Typ leicht in seinen Handlungen, die zu einer ziellosen Aktivität ausarten. Er ist äußerst nervös und wird häufig von Sinnkrisen heimgesucht, da er kein Ziel längerfristig verfolgen kann.

Häufigkeit

Beide Formen dieses Mischtyps sind nicht so häufig.

5 → 8

Was verstärkt sich

Typ 5 und 8 sind sehr gegensätzlich, und es gibt keine wichtigen gemeinsamen Eigenschaften beider Typen, die sich verstärken könnten.

Was widerspricht sich

Beide Enneagramm-Typen widersprechen sich in mehr oder weniger allen wichtigen Punkten:

1. Typ 5 ist zurückhaltend und still, Typ 8 vereinnahmend und laut;
2. Typ 5 ist ein objektiver Beobachter, Typ 8 nimmt seine Umwelt oft gar nicht richtig wahr;
3. Typ 5 handelt ungern, Typ 8 ist äußerst handlungsfreudig;
4. Typ 5 hat ein großes Wissen, Typ 8 statt dessen Kraft und Selbstbewußtsein.

Resultat

Im unerlösten Fall zeigt dieser seltene Mischtyp hohe Aggressionsbereitschaft und wirkt gleichzeitig grüblerisch und höchst unzufrieden bis innerlich zerrissen. Er zieht sich oft völlig zurück, um sich dann wieder aggressiv der Welt zuzuwenden.

In der erlösten Form haben wir hier einen Mischtypen vor uns, der sein enormes Wissen gut vermarkten kann.

Häufigkeit

Dieser Mischtyp kommt meines Erachtens sehr selten vor.

5 → 9

Was verstärkt sich

Beide Enneagramm-Typen 5 und 9 wirken passiv und betrachten lieber die Welt, als daß sie sich ins Geschehen einmischen würden.
  Beide Typen lieben die Harmonie und hegen selten Aggressionen.

Was widerspricht sich

Typ 5 weist nicht die Faulheit von Typ 9 auf.

Resultat

Dieser Mischtyp tritt relativ ausgeglichen in die Welt. Er ruht in sich und ist mit sich und der Welt zufrieden. Im unerlösten Zustand ist er allerdings sehr träge und tut am liebsten gar nichts.

Häufigkeit

Dieser Mischtyp kommt relativ selten vor.

6 → 7

Was verstärkt sich

Der sechste und der siebte Enneagramm-Typ können beide sehr warmherzig sein und auf andere Menschen zugehen. Das ist die Stärke dieser Typen, die sich in dieser Mischung noch steigert.

Beide Enneagramm-Typen können sich für höhere Werte einsetzen und fröhlich und munter nach außen hin wirken.

Was widerspricht sich

Typ 7 hat Probleme bei einer Sache, Person oder Aufgabe zu bleiben, während das gerade die Stärke von Typ 6 ist, die seine Treue ausmacht.

Resultat

Dieser Mischtyp ist ein unbekümmerter, freundlicher, warmherziger und meist humorvoller Mensch, der leicht durch das Leben geht und bei allen beliebt ist. Er kann sich auf andere oder eine Aufgabe einlassen, wirkt aber in Konfliktsituationen leicht hysterisch oder panisch. Das Problem dieses Typs ist seine Sucht nach Anerkennung, die ihn durchs Leben treibt.

In der unerlösten Form kann dieser Mischtyp defensiv und mürrisch sein und so andere Menschen abschrecken.

Häufigkeit

Dieser Mischtyp kommt relativ häufig vor.

6 → 8

Was verstärkt sich

Typ 6 und 8 sind sich sehr fremd. Man könnte höchstens sagen, daß es beiden um Sicherheit geht. Typ 8 sucht sie in seinem Durchsetzungsvermögen, während Typ 6 sie in seiner Fähigkeit zu Loyalität und Treue findet.

Was widerspricht sich

Typ 6 sieht den anderen und kann ihm helfen und beraten. Typ 8 dagegen sieht nur sich: Werte wie Treue und Loyalität, die Typ 6 prägen, sind für ihn nur Fremdworte. Der achte Enneagramm-Typ wird von der Durchsetzung seiner Ideen und Interessen geprägt.

Während Typ 8 ein unsensibler Ellenbogenmensch ist, vermag Typ 6 sensibel auf andere einzugehen. Die Bedürfnisse der anderen übersieht Typ 8.

Resultat

Dieser Mischtyp kann ein geschäftstüchtiger Manager sein, der seinem Konzern dient und sehr nützlich ist. Besonders in der Personalabteilung kann dieser Mischtyp sich voll entfalten, da er dort sowohl herrschen kann, aber auch seine Intuition für die Bedürfnisse anderer gut einzusetzen vermag. Trotz einer meist glänzenden Karriere bekommt dieser Typ bisweilen Angst, daß er Sicherheit verlieren und seine Stärke sich in Bedürftigkeit und Schwäche wandeln könnte.

Häufigkeit

Dieser Mischtyp kommt selten vor.

7 → 8

Was verstärkt sich

Typ 7 verbindet mit dem achten Enneagramm-Typ die Handlungsfreudigkeit. Beide Typen brauchen das Handeln, um nicht depressiv zu werden.

Beide sind auch durch ihre Selbstsicherheit miteinander verbunden.

Was widerspricht sich

Die Leichtigkeit von Typ 7 fehlt Typ 8 freilich völlig. Er wirkt angestrengt und konzentriert, wohingegen Typ 7 locker und intuitiv ist.

Typ 7 hat es nicht nötig, wie der achte Enneagramm-Typ sich mit Fäusten und Ellenbogen den Weg durchs Leben zu bahnen, bei ihm geht alles leicht und locker.

Resultat

Dieser Mischtyp ist oft äußerst geschäftstüchtig und beweglich. Er kann sich gut mit allen Mitteln durchsetzen und ist dennoch meistens wegen seiner unkomplizierten Art beliebt. Rohr und Ebert[7] sprechen hier von Führungsstärke und Großherzigkeit.

Wird dieser Mischtyp jedoch in seiner unerlösten Form ausgelebt, dann ist er habgierig und cholerisch und gar nicht mehr so unkompliziert und freundlich; er wirkt eher unfreundlich und aggressiv.

Häufigkeit

Dieser Mischtyp ist nicht so häufig vertreten.

---

[7] Richard Rohr/Andreas Ebert: Das Enneagramm, S. 215.

7 → 9

Was verstärkt sich

Typ 7 und 9 sind im Lustprinzip, dem sie beide folgen, miteinander verbunden. Beiden geht es im Leben eigentlich nur um Harmonie und Lust.

Was widerspricht sich

Typ 7 ist ganz und gar nicht faul und träge wie Typ 9, sondern er braucht seine tägliche Portion »Action«, um der »Sonnyboy« zu bleiben. Für Typ 9 wäre solch ein Leben viel zu anstrengend.

Resultat

Dieser Mischtyp ist ein Mensch, der um sich herum Harmonie erzeugen kann und meist äußerst beliebt ist. Nur im unerlösten Fall treten hier ein Desinteresse an allem und eine Art Nihilismus auf.

Häufigkeit

Dieser Typ kommt in der erlösten Form häufiger vor.

8 → 9

Was verstärkt sich

Der achte und der neunte Enneagramm-Typ haben sehr wenig gemeinsam.

Was widerspricht sich

Im Grunde unterscheiden sich diese beiden Enneagramm-Typen in allen wesentlichen Punkten:

1. Typ 8 ist aktiv, Typ 9 passiv;
2. Typ 8 ist aggressiv, Typ 9 friedliebend;
3. Typ 8 ist fleißig, Typ 9 faul.

Diese Liste könnte beliebig weitergeführt werden.

Resultat

In der erlösten Form ist dieser Mischtyp gütig und kann sich dennoch durchsetzen. Er sieht die Dinge realistisch und kann auf die Bedürfnisse anderer eingehen.

In seiner unerlösten Form ist dieser Mischtyp aggressiv, einschüchternd und kaltblütig, dazu faul und nur darauf bedacht, seinen Vorteil mit allen Mitteln zu nutzen. Oft beutet er andere Menschen aus.

Häufigkeit

Dieser Mischtyp kommt relativ häufig vor.

Enneagramm-Übungen

In diesem Kapitel möchte ich Ihnen einige Übungen vorstellen, die Ihnen helfen, sowohl sich selbst als auch zugleich das System des Enneagramms besser zu verstehen. Die meisten dieser Übungen setzen allerdings voraus, daß Sie dieses Buch bis hierher gelesen haben oder mit den neun Typen des Enneagramms vertraut sind.

Bei vielen dieser Übungen kommt es darauf an, daß Sie Ihre gewohnte Perspektive für die Dauer der Übung aufgeben und sich so weit wie möglich mit den jeweiligen anderen Enneagramm-Typen identifizieren. Es mag Ihnen dabei helfen, wenn Sie sich einen Menschen Ihrer Umgebung vorstellen, der diesem Typ entspricht. Machen Sie sich immer klar, daß für jeden Enneagramm-Typen die Welt anders aussieht. Wenn Ihnen das bewußt ist, gelingt es Ihnen besser zu verstehen, daß jeder in seiner Sicht- und Reaktionsweise begrenzt ist – genauso wie Sie selbst.

Auf der anderen Seite können Sie mit genügend Aufmerksamkeit auch die Ansätze zu allen Enneagramm-Typen in sich selbst entdecken. Wir leben im Grunde immer mehrere Enneagramm-Typen in verschiedenen Lebensbereichen, wenn auch meistens ein oder zwei Enneagramm-Typen unser Verhalten maßgeblich bestimmen.

Das Erzählen oder Aufschreiben der eigenen Biographie unter dem Aspekt verschiedener Enneagramm-Punkte

Man kann sein Leben in Form eines Märchens, Krimis, einer Kurzgeschichte oder einer anderen literarischen Form aufschreiben oder erzählen. Versuchen Sie das, und schauen Sie, welcher Enneagramm-Typ dort als Hauptperson handelt (das sind Sie). Kontrollieren Sie dabei, ob Sie in verschiedenen Episoden wie unterschiedliche Enneagramm-Typen handeln.

Stellen Sie sich folgende Fragen:

– In welchen Situationen handle ich als welcher Enneagramm-Typ?
– Welcher Enneagramm-Typ stellt die Grundstruktur meines Handelns und meiner Weltsicht dar?

Nach Frings Keyes besitzt jeder Enneagramm-Typ auch einen bestimmten Rede- und Erzählstil:[1]

Enneagramm-Typ 1 pflegt mit predigendem Ton zu belehren, und seine Geschichte macht klar, daß er schon weiß, welchen Verlauf sie nimmt; bei Enneagramm-Typ 2 werden Rat und Hilfestellungen in seiner Geschichte eine wichtige Rolle spielen (ihm würde die Figur des Dieners im englischen Roman des 19. Jahrhunderts sehr liegen); der Enneagramm-Typ 3 neigt dazu, sich als Super-Mann/-Frau darzustellen. Er wird immer der Sieger und Erfolgreiche in seiner Geschichte sein. Enneagramm-Typ 4 wird eine traurige, emotionale Geschichte erzäh-

---

1 Die Enneagramm-Typen folgen hier nach Frings Keyes der Einteilung nach Ichazo, die in einigen Punkten von der hier von mir benutzten Einteilung abweicht:
Nach meiner Einteilung würde
der erste Enneagramm-Typ eine Geschichte schreiben, in der Haushalten oder allgemein die Ökonomie eine Rolle spielt;
der zweite Enneagramm-Typ würde durch seine Geschichte glänzen und gefallen wollen;
der dritte Enneagramm-Typ würde so etwas wie Münchhausens Lügengeschichten erzählen;
beim vierten und fünften Enneagramm-Typen stimme ich mit Frings Keyes überein;
in den Geschichten des sechsten Enneagramm-Typs würden Machtphantasien eine wichtige Rolle spielen;
und bei den drei letzten Enneagramm-Typen würde ich wieder mit Frings Keyes übereinstimmen.

len, in der er sich als außergewöhnliche Persönlichkeit darstellt. Wir finden ihn dort als Künstler, Exzentriker oder besonderen Außenseiter – das sind seine Identifikationspersonen. Enneagramm-Typ 5 wird gelehrt und formvollendet eine kluge Geschichte vortragen, in der man äußerst treffende Beobachtungen finden kann; Enneagramm-Typ 6 wird dazu neigen, von Ängsten und Verfolgungen zu berichten, und seine Erzählung wird etwas langweilig und konventionell sein; Enneagramm-Typ 7 dagegen wird lustige Anekdoten oder gar Schachtelgeschichten wie in 1001 Nacht erzählen, er wird nur Positives berichten (denn er hatte immer Glück und ein schillerndes, oft bewegtes Leben); Enneagramm-Typ 8 wird vielleicht Krimis lieben oder Geschichten, in denen es nicht zimperlich zugeht – Befehle und die Durchsetzung des eigenen Willens werden bei ihm wichtig sein; Enneagramm-Typ 9 wird langsam und mit epischer Breite, vielleicht etwas lasziv vortragen, und im Gegensatz zu Enneagramm-Typ 8 kann man bei ihm wenig Handlung erwarten.

Nachdem Sie Ihren Typ gefunden haben, erzählen Sie nun abermals Ihr Leben, allerdings diesmal aus der Sichtweise des Enneagramm-Typs, der an Ihrem Entlastungspunkt steht. Nehmen Sie sich ruhig etwas Zeit dazu und arbeiten Sie diese neue Geschichte, die Sie in der entsprechenden Form des Enneagramm-Typs gestalten, im Detail aus. Sie werden merken, daß das viel Spaß machen kann und Ihnen zugleich eine andere Perspektive vermittelt, die Ihre gewohnte Sichtweise auflockert.

Da aller guten Dinge drei sind, können Sie danach Ihr Leben aus der Perspektive des Enneagramm-Typs beschreiben, der an Ihrem Streßpunkt steht.

Sie können ferner untersuchen, von welcher *Bewußtseinsstufe* des Enneagramms aus Sie Ihr Leben erzählten oder aufschrieben. Sie können auch wieder wie bei den Enneagramm-Typen die Bewußtseinsstufe der Erzählung ändern: Erzählen Sie einmal von derjenigen Bewußtseinsstufe aus, die Ihrem Entlastungspunkt entspricht und ein andermal von dem Bewußtsein aus, das Ihrem Streßpunkt entspricht.

Dauer dieser Übung:
Mindestens 30 bis 60 Minuten, teilweise auch länger, eventuell über mehrere Tage (man kann die einzelnen Geschichten an unterschiedlichen Tagen ausarbeiten).

Vorteil dieser Übung:
1. Auflockerung der eigenen Sichtweise und Auflösung des Verhaftetseins im eigenen Enneagramm-Typ
2. Tiefe Einfühlung in andere Menschen durch die Identifikation mit einem anderen Enneagramm-Typen
3. Tiefes praktisches Verständnis des Systems des Enneagramms

Nachteil dieser Übung:
1. Nur für Menschen geeignet, die Spaß am Erzählen und/oder Schreiben haben
2. großer Zeitaufwand

Erweiterung dieser Übung:
Ferner sollten Sie bei dieser Übung betrachten, welche Berufs- und Lebenswünsche Sie in Ihrer Jugendzeit hatten und welcher Enneagramm-Typ sich darin ausdrückte. Leben Sie diesen Teil von sich heute noch oder leben Sie einen anderen Enneagramm-Typ?

Welchen Enneagramm-Typ verkörperten wichtige Personen in Ihrem Leben (zum Beispiel Eltern, Partner etc.)?

Den eigenen Lebensweg in das Enneagramm einzeichnen

Wenn man seinen Lebensweg überblickt und sich die Lebensläufe anschaut, die man für verschiedene Bewerbungen geschrieben hat, wird man bemerken, daß man in verschiedenen Phasen seines Lebens und bei verschiedenen Gelegenheiten die Eigenschaften unterschiedlicher Enneagramm-Typen zeigte.

Sie können sich ein Enneagramm aufzeichnen, um dann an den einzelnen Enneagramm-Punkten den bestimmten Lebensabschnitt und die dazugehörige Zeit einzutragen. Das sieht an meinem Beispiel wie folgt aus:

- Enneagramm-Punkt 1: relativ geschäftstüchtiger Schüler, der immer kleine Jobs und Nebeneinnahmen hat (1956-1965),
- Enneagramm-Punkt 2: ehrgeiziger Student, der unterprivilegierten Menschen helfen und eine schöne Welt gestalten will (1966-1971),
- Enneagramm-Punkt 3: erfolgreicher Therapeut, der effizient seine Praxis aufbaut (1974-1980),
- Enneagramm-Punkt 4: kurzer Ausflug in das Künstler- und Hippie-Leben bei gedämpfter Grundstimmung (1973),
- Enneagramm-Punkt 5: kurze Zeit als zurückgezogener wissenschaftlicher Assistent an der Universität, der viel Wissen anhäuft, ohne es kreativ anzuwenden (1972),
- Enneagramm-Punkt 6: derjenige in mir, der mich beharrlich und selbstbestimmt eine Idee immer deutlicher ausarbeiten läßt (ab 1974),
- Enneagramm-Punkt 7: prägt weitgehend mein ganzes Leben als Unterton,
- Enneagramm-Punkt 8: wurde teilweise von mir in der Studentenbewegung ausgelebt (1968-1971),
- Enneagramm-Punkt 9: nicht besetzt.

Nachdem Sie den von Ihnen hauptsächlich gelebten Enneagramm-Typ in den verschiedenen Situationen Ihres Lebens erkannt haben, können Sie nun in anderer Farbe Ihre jeweiligen Entwicklungsstufen an die entsprechenden Enneagramm-Punkte des gleichen Enneagramms eintragen.

Zum Beispiel:

- Enneagramm-Punkt 1:
Schaffen der Voraussetzungen für das spätere Leben durch Lernen in der Schule und an der Universität (ab 1956).

- Enneagramm-Punkt 2:
Ab 1965 gezieltes Sammeln von Informationen aus Büchern und durch Gespräche mit Freunden, durch Reisen und privates Studium über das, was ich später in meinem Leben machen möchte.

- Enneagramm-Punkt 3:
Ein Psychotherapeut und eine Lehrerin treten in mein Leben und verändern meinen Lebensweg von der einseitig wissenschaftlichen Ausrichtung zur mehr künstlerischen hin. Zugleich werde ich durch eine schwere Krankheit und durch ein Nahtod-Erlebnis mir bewußt, wie wichtig meine Gefühle sind (1969-1972).

- Enneagramm-Punkt 4:
a) Meine Gefühle machen mir Angst, ich verwirre mich. Ich halte das Leben für zu schwer und sehne mich nach meinem früheren Leben. Meine Therapie läßt mich meine negativen Seiten und mein falsches Selbstbild erkennen (1972/73).
b) Ich möchte völlig anders leben und zweifle am Sinn meiner Arbeit. Ich bin launisch, instabil, beginne zu rauchen und sehne mich nach dem einfachen Leben zurück, das ich in den sechziger Jahren führte. Ich verlasse meinen Lehrer (um 1990/91).

- Enneagramm-Punkt 5:
a) als Typ 7 beschließe ich, daß ich nicht mehr weiter leiden möchte und jetzt wieder, koste es, was es wolle, mich emotional auf mein Lebensglück ausrichte (um 1974/75).
b) Große Krise durch Trennung von einer langjährigen Partnerin. Ich falle in eine depressionsartige Verstimmung, ziehe mich von allen Aktivitäten zurück und vergrabe mich in meine Studien und Übungen (1977-1982).

c) Ich begebe mich wieder in Psychotherapie, in der mir wieder klar wird, wo ich hin möchte (1991).

– Enneagramm-Punkt 6:
a) Ich treffe auf eine spirituelle Lehrerin, die mich als ihren Schüler akzeptiert und mich in Bewußtseinsübungen unterweist (ab 1966).
b) Ich treffe eine für mein Leben wichtige Frau und gleichzeitig einen Lehrer, mit dem ich arbeite und das Gefühl habe, vorwärtszukommen. Ich vergesse meine Depression und versuche, mit Disziplin und Durchhaltevermögen mein Lebensziel zu erreichen (1983-1988).
c) Ich treffe abermals einen Lehrer, dessen Lehre ich jetzt viel tiefer verstehe und die mich emotional berührt. Ich beginne zu ahnen, daß ich ein emotionaler Typ bin, der durch seine Eltern zum Intellektuellen wurde (1992).

– Enneagramm-Punkt 7:
a) Meine Gefühle sind nicht mehr schwankend, mir gelingt es immer öfter, meine negativen Gefühle zur Selbsterkenntnis zu nutzen und sie nicht auszuleben. Dadurch bin ich viel stabiler und geerdeter, und ich habe das Gefühl, das Leben zu führen, das ich leben möchte (ab 1975).
b) Ich lebe froh und glücklich und habe das Gefühl, viel Glück im Leben zu haben (1993).

– Enneagramm-Punkt 8:
Ich finde es sehr sinnvoll, meine Lebenserfahrung weiterzugeben (ab 1992).

– Enneagramm-Punkt 9:
nicht erreicht.

Wenn man sein Leben so aufschreibt und es auf das Enneagramm bezieht, hat das folgende Vorteile:

1. Wiederkehrende Strukturen werden deutlich. In unserem Beispiel sieht man sogleich die Schwierigkeiten, sich über den Bewußtseinsstand des Enneagramm-Punktes 6 hinauszubewegen. Eine genauere Betrachtung ergab, daß durch eine versteckte Ablehnung der Autorität des Lehrers beziehungsweise der Lehrerin es hier immer wieder zu Rückfällen kommt, die sich in der Schleife der Enneagramm-Punkte 4, 5, 6, 4, 5, 6 etc. bemerkbar macht. Achten Sie auf solche Wiederholungen und versuchen Sie, diese zu verstehen.
2. Sie bemerken, daß Ihrem Leben eine bestimmte Ordnung unterliegt, die Sie in vielen Ihrer Handlungen spontan bestimmt. In unserem Beispiel ist es die Hauptausrichtung auf den Enneagramm-Typ 7, die diese Person immer wieder versuchen läßt, sich ein glückliches Leben zu schaffen.
3. Sie machen sich klar, wo Sie jetzt genau stehen und wie es weitergehen könnte. In unserem Falle könnte die betreffende Person zum Beispiel in der Aufgabe aufgehen, als ein Therapeut und spiritueller Lehrer ein Zentrum aufzubauen, in dem anderen Menschen mit dem gesammelten Wissen und den eigenen Erfahrungen geholfen werden könnte. Das entspräche dem Ausbau der Aufgabe des achten Enneagramm-Punktes. Hier würden dann wieder neue Herausforderungen auftreten, mit denen diese Person den Enneagramm-Zyklus wieder neu durchläuft.

Alles in allem kann man sagen, daß diese Übung ein hohes Bewußtsein über den Verlauf des eigenen Lebens schafft.

Dauer dieser Übung:
Mindestens eine Stunde, man kann aber auch ohne weiteres mehrere Tage an ihr arbeiten.

Vorteil dieser Übung:
Sie ist ohne viel Aufwand durchführbar.

Nachteil dieser Übung:
Es besteht die Gefahr, daß man sich in bezug auf seine Biographie etwas vormacht.

Erweiterung dieser Übung:
Nach der Auswertung dieser Übung fragen Sie sich, was Sie jetzt noch erreichen wollen. Nun sehen Sie anhand der Verbindungslinien des Enneagramms nach, wie Sie dahin kommen können. Fragen Sie sich gleichzeitig, worauf Sie am wenigsten verzichten wollen.

Stellen Sie sich nur einen Aspekt des Lebens vor, wie Sie es gern idealerweise hätten. Würden Sie dann genauso wie Ihr Enneagramm-Typ reagieren?

Wichtige Menschen in meinem Leben

Zeichnen Sie ein Typen-Enneagramm auf, in das Sie all Ihre Freundinnen und Freunde am entsprechenden Enneagramm-Punkt eintragen. Achten Sie auf Häufungen und darauf, bei welchem Typ keine Eintragungen stehen.

Fragen Sie sich, in welcher Beziehung der Enneagramm-Typ, dem die meisten Ihrer Freunde angehören, zu Ihrem eigenen Enneagramm-Typ steht. Die gleiche Frage stellen Sie sich auch bei dem Enneagramm-Typ, der keine oder die wenigsten Eintragungen aufweist.

Dauer dieser Übung:
Hier kommt es sehr darauf an, wieviel Zeit man sich nimmt. Normalerweise kann man diese Übung an einem Abend durchführen.

Sie können diese Betrachtung auch auf einen bestimmten Zeitraum beschränken. Je kleiner der Zeitraum, um so schneller ist diese Übung durchführbar.

Vorteil dieser Übung:
Sie lernen hierbei die Dynamik des Enneagramms sehr gut kennen, indem Sie herausfinden, welche Typen Ihr Enneagramm-Typ anzieht und von welchen Typen Sie sich angezogen fühlen.

Bedenken Sie hierbei, daß Sie wahrscheinlich zu verschiedenen Zeitpunkten selbst auch einen unterschiedlichen Typ repräsentierten.

Nachteil dieser Übung:
Die Erinnerung an alte Freunde und Freundinnen kann sehr leicht deren Bild verzerren und, wie gesagt, auch Sie können nicht davon ausgehen, daß Sie immer derselbe Enneagramm-Typ bleiben.

Ausweitung dieser Übung:
Im Grunde müßten Sie für jeden Enneagramm-Typ, den Sie in Ihrem Leben repräsentiert haben, solch ein Enneagramm aufzeichnen. Wenn Sie viel Zeit haben, können Sie sich einmal darin versuchen; es wird Ihnen die Dynamik des Enneagramms besonders deutlich machen.

Traum-Übung

Immer wenn ich einen Traum erinnere, mache ich mir eine Liste der verschiedenen Symbole, die in diesem Traum auftraten. Da waren vielleicht eine Katze, ein Auto, ein Haus und einige Personen. All diese Traumsymbole (Personen, Tiere oder Gegenstände) stellen verschiedene Ichs des Träumers dar, die es sich zu betrachten lohnt.[2]

Fragen Sie sich, welchem Enneagramm-Typ diese Traumsymbole zutendieren. Das ist gleichzeitig die Frage danach, welche Enneagramm-Aspekte von Ihnen gelebt werden und welche sich als ungelebte Aspekte im Traum zeigen.

Das, was sich im Traum als Symbol zeigt, stellt oftmals einen ungelebten Aspekt von uns dar, der gelebt werden möchte, oder andersherum ausgedrückt: Die Enneagramm-Aspekte, die unsere Traumsymbole

---

[2] Vgl. hierzu genauer: Klausbernd Vollmar: Handbuch der Traumsymbole, Königsförde ²1993; Klausbernd Vollmar: Das Arbeitsbuch zur Traumdeutung, München 1994, Kapitel 1 über Symbole; Klausbernd Vollmar, Johannes Fiebig: Gelebte Träume sind die besten Träume, Königsförde 1993.

prägen, vernachlässigen wir oft in unserem Alltagsleben, deswegen machen sie sich im Traum bemerkbar.

Dauer der Übung:
Maximal 15 Minuten.

Vorteile der Übung:
1. Sie ist leicht durchführbar.
2. Sie läßt uns unsere Träume klarer erkennen.
3. Sie macht uns das Nichtgelebte und Nichtbeachtete deutlich, das wir sonst nur schlecht erkennen können.

Nachteile der Übung:
1. Sie ist an die Traumerinnerung gebunden.
2. Traumsymbole haben zwar die Tendenz, ungelebte und projizierte Anteile von uns im Traum in Szene zu setzen (komplementäre Funktion des Traumes), aber nicht jedes Traumsymbol stellt notwendigerweise ungelebte Anteile von uns dar.

Abend-Übung

Sie gehen abends mit geschlossenen Augen den vergangenen Tag rückwärts durch und achten darauf, welches Ich die Überhand hatte. Fragen Sie sich, welcher Typ heute ausgelebt wurde. Sie können sich zusätzlich fragen, welche alternativen Reaktionsmöglichkeiten es gegeben hätte.

Der Tag sollte deswegen rückläufig durchgegangen werden, da bei chronologischer Rückschau keine Verfremdung der Perspektive entsteht, und man so eher mechanisch den Tag überblickt, als daß man ihn sich im Detail bewußt machen würde.

Dauer der Übung:
Maximal 10 Minuten – nach einiger Übung meist sehr viel schneller.

Vorteile der Übung:
1. Sie ist leicht durchführbar.
2. Sie läßt uns täglich unsere Festlegungen, Erstarrungen und versäumten Möglichkeiten erkennen.

Nachteile der Übung:
1. Sie setzt einige Disziplin und Konzentration voraus, zum Beispiel daß man weder abschweift, noch bei ihr einschläft.
2. Um ihre volle Wirkung zu entfalten, sollte diese Übung täglich durchgeführt werden. Erst bei regelmäßiger Durchführung zeigt diese Übung ihre volle Wirkung.

Erweiterung dieser Übung:
Nachdem man den Tag rückwärts durchgegangen ist, kann man die Planung des nächsten Tages genau vorbereiten. Man kann sich den kommenden Tag genau visualisieren und sich ausmalen, wie man ihn am besten gestalten würde; ebenso kann man sich auch vorstellen, wie man als ein anderer Enneagramm-Typ den kommenden Tag angehen würde, was wieder Fixierungen und Einseitigkeiten verdeutlicht und festgefahrene Handlungsstrukturen auflöst.

Kreativ-Übung

Wenn Sie in der nächsten Zeit einen Roman lesen oder einen Film sehen, der Sie anspricht, dann machen Sie sich doch einmal die Mühe, den Aufbau des Romans beziehungsweise des Films unter dem Aspekt des Enneagramms zu betrachten.

Notieren Sie zunächst, welche Personen dort vorkommen, und versuchen Sie die verschiedenen Personen einem der Enneagramm-Typen zuzuordnen. Danach betrachten Sie die Interaktionen dieser Personen und versuchen diese unter dem Aspekt des Enneagramms zu verstehen.

Der zweite Schritt besteht darin, die Entwicklung der Hauptperson oder einer Person, mit der Sie sich identifizieren, auf das

Enneagramm nach Gurdjieff zu beziehen. Können Sie hier einige der neun Bewußtseinsschritte festmachen?

Dauer der Übung:
Zwischen 15 Minuten und einer Stunde.

Vorteile der Übung:
Diese Übung hilft einem dabei, die Dynamik des Enneagramms zu verstehen und das Enneagramm als Hilfsmittel zur Erkenntnis sozialer Strukturen und besonders sozialer Konflikte praktisch anzuwenden. Sie schärft Ihren Blick für Ihre Umwelt.

Nachteile der Übung:
Bei längeren Romanen und Filmen kann man leicht den Überblick über die Entwicklung der Personen verlieren.

Erweiterung dieser Übung:
Ich wende in meinen Workshops mit Drehbuchautoren diese Übung in folgender abgewandelter Form an: Man nimmt sich ein bereits abgeschlossenes Drehbuch und stellt fest, welche Typen hierin vorkommen und ob diese Typen auch in sich stimmig gestaltet sind. Danach betrachtet man die Interaktion dieser Typen. Es stellt sich heraus, daß, je deutlicher ein Charakter einem der Enneagramm-Typen entspricht, er desto leichter vom Betrachter erkannt werden kann. Da die Enneagramm-Typen zugleich auch archetypische Bilder darstellen, werden mit solch einer Typengestaltung die tiefen Schichten der Psyche des Betrachters angesprochen. Dabei kann man auch nachprüfen, ob die Entwicklung einer Person den Stufen des Enneagramms entspricht. Je deutlicher eine Person diese Entwicklung abbildet, um so klarer und einleuchtender stellt sich diese Person dem Zuschauer dar.

Diese Übung lehrt, das Enneagramm als Hilfsmittel für ein Drehbuch zu benutzen. Das heißt, letztendlich lernt der Drehbuchautor, ein erfolgreiches Drehbuch nach dem Modell des Enneagramms zu schreiben.

In allen kreativen Berufen kann solch eine Nutzung des Enneagramms gelernt werden.

Dauer der erweiterten Übung:
Die Dauer der Übung hängt weitgehend vom Umfang des Drehbuchs ab.

Vorteil der erweiterten Übung:
Sie ist äußerst praxisorientiert.

Nachteil dieser erweiterten Übung:
Sie bringt nur Menschen in kreativen Berufen Vorteile.

Gruppenübungen zum Enneagramm

Den eigenen Enneagramm-Typ finden

Es wird mit Kreide ein großes Enneagramm auf den Boden gemalt (man kann es auch mit farbigen Fäden auf einem Teppich ausspannen, indem man die Fäden mit Stecknadeln fixiert). Die Gruppe bekommt die Aufgabe, daß jeder einzelne zunächst so konzentriert und bewußt wie möglich schweigend die Linien des Enneagramms abgeht. Danach sollen sich die Gruppenmitglieder den einzelnen Enneagramm-Punkten zuordnen, die ihnen entsprechen. Ist diese Zuordnung geschehen und fühlt sich jeder mit seinem Punkt zufrieden, so können die Mitglieder der Gruppe, jeder von seinem Punkt aus, ein Gespräch beginnen. Will man etwas inhaltlich oder in der Art und Weise sagen, das nicht dem eigenen, sondern einem anderen Enneagramm-Punkt entspricht, so begibt man sich auf den entsprechenden Enneagramm-Punkt und spricht von dort aus.

Dauer der Übung:
Sie kann so lange wie gewünscht durchgeführt werden, mindestens aber eine halbe Stunde.

Vorteile der Übung:
1. Das Enneagramm wird durch das Bewegungszentrum aufgenommen.
2. Man wird sich des wechselnden Typs bewußt, aus dessen Perspektive man reagiert. Durch den örtlichen Positionswechsel kommt es zu einem besonders deutlichen Bewußtsein für die Änderung der Perspektive.

Nachteile der Übung:
Die Voraussetzung dieser Übung besteht darin, daß sich jedes Gruppenmitglied in der Typenlehre des Enneagramms auskennen muß.

Ein Experiment mit Enneagramm-Typen

Man findet sich in kleinen Gruppen zusammen, und zwar müssen die Gruppen aus
1. Typen und deren Streßtypen
   oder
2. Typen und deren Entlastungstypen
zusammengesetzt sein.

Diesen Gruppen gibt man nun eine kleine Aufgabe, wie zum Beispiel gemeinsam ein Bild zu malen oder zusammen ein Essen für alle Gruppenmitglieder zu kochen. Man fordert die Gruppenmitglieder zu Beginn dieser Aufgabe auf, genau auf sich anbahnende Konflikte zu achten und sich möglichst jeder Spannung bewußt zu sein.

Dauer dieser Übung:
Die Dauer der Übung hängt von der Aufgabe der Gruppe ab, sie sollte jedoch einen Tag nicht überschreiten.

Vorteil dieser Übung:
1. Sie zeigt uns genau die eigenen Schattenprojektionen, denn diese sind es, die uns am anderen stören.
2. Sie zeigt die Spannungen oder auch die Harmonie, die in der speziellen Mischung der Enneagramm-Typen nach Streß- oder Entlastungstyp liegen.
3. Sie macht direkt erfahrbar, was Streß- beziehungsweise Entlastungstyp konkret bedeutet.

Nachteile dieser Übung:
Man muß die Gruppe relativ gut kennen, um die Mitglieder sicher nach Streß- oder Entlastungstypen einteilen zu können. Das heißt, von jedem Gruppenmitglied muß die Enneagramm-Zuordnung klar sein, da man sonst keine Streß- oder Entlastungstypen bestimmen kann.

Alle aufgeführten Übungen können öfter durchgeführt werden und werden Ihnen auch immer wieder neue Erkenntnisse über sich und das Enneagramm bringen. Bis auf die Gruppenübungen kann man diese Übungen gut allein oder mit einem Partner durchführen.

Auf der Grundlage dieser Übungsbeispiele können Sie sich auch selbst Enneagramm-Übungen konstruieren, die ganz speziell auf Ihre Bedürfnisse zugeschnitten sind. Lassen Sie hierbei Ihrer Kreativität freien Raum und experimentieren Sie ein bißchen.

Die Quintessenz der Enneagramm-Arbeit

Freiheit und Entscheidung

Die große Schwierigkeit bei der Arbeit mit dem Enneagramm liegt darin, sich selbst Enneagramme für seine Bedürfnisse konstruieren zu müssen. Ich will zum Beispiel eine neue Arbeit anfangen und mir den Prozeß mit Hilfe eines Enneagramms verdeutlichen, um einen besseren Überblick über das zu bekommen, was mich erwartet. Wenn es auch bestimmte Gesetze gibt, nach denen man die einzelnen Punkte dem Enneagramm zuordnet[1], so leben wir doch in einer Welt, die nicht fremdbestimmt ist und das Risiko beinhaltet. Die Welt wird zwar von Gesetzen, die das Enneagramm symbolisiert, regiert, aber zugleich läßt sie Möglichkeiten zur Wahl und Auswahl. Wie ich also Ereignisse und Teile von Abläufen den speziellen Enneagramm-Punkten zuordne, wird zum Teil durch die innere Logik des Enneagramms bestimmt. Sie setzt zum Beispiel fest, daß die ersten beiden Enneagramm-Punkte mit den materiellen Voraussetzungen eines Prozesses oder mit seiner Vorbereitung zu tun haben. Der dritte Enneagramm-Punkt kennzeichnet einen Außenimpuls oder eine neue Qualität. Der vierte und fünfte Enneagramm-Punkt beschäftigt sich mit der Organisation der Voraussetzungen auf das erwünschte Ziel hin oder betrachtet die Ausführung der erforderlichen Arbeit. Darauf folgt wieder an Enneagramm-Punkt 6 ein Außenimpuls. Die Enneagramm-Punkte des letzten Tertials geben das Ziel oder die Verwirklichung an.
Dennoch läßt andererseits diese innere Logik des Enneagramms bestimmte Freiheiten zu. Es stellt sich in der praktischen Anwendung die Frage:

Welches Ereignis ordne ich welchem Enneagramm-Punkt zu?
oder:
Welche Typen haben sich hier vermischt?

Das Enneagramm sagt mir nicht, wie ich meinen Bedürfnissen entsprechend einen Prozeß aufzuschlüsseln habe; kurzum: Es verlangt in seiner Anwendung (besonders in der Art nach Gurdjieff) ein großes schöpferisches Potential.

Enneagramm-Punkte und deren inhaltliche Bedeutung
Enneagramm-Punkte 1 und 2   Die materiellen Voraussetzungen eines Prozesses   Die Vorbereitung des Prozesses
Enneagramm-Punkt 3   Erster, unbewußter Außenimpuls   Neue Qualität oder Ebene wird erreicht
Enneagramm-Punkte 4 und 5   Organisation der Voraussetzungen auf das Ziel hin   Die Ausführung der Arbeit
Enneagramm-Punkt 6   Zweiter, bewußter Außenimpuls   Neue Qualität oder Ebene wird erreicht
Enneagramm-Punkte 7 und 8   Das Erreichen des Ziels   Die Verwirklichung
Enneagramm-Punkt 9   Der Übergang zu einem neuen Prozeß

Das Enneagramm wird immer, wie man es auch anwendet, die Konsequenzen aus dieser Entscheidung aufzeigen und unterstützt uns gleichzeitig dabei, unser Handlungsrisiko zu vermindern und die Welt, uns selbst und den anderen realer wahrzunehmen. Es hilft uns, das Leben ungeschminkt so zu sehen, wie es sich dem Menschen zeigt und damit zugleich unsere starren Vorstellungen aufzugeben, die

---
[1] Vgl. hierzu: Klausbernd Vollmar: Das Enneagramm, S. 240f.

uns die Welt auf bequeme Weise interpretieren lassen. Arbeiten wir praktisch mit dem Enneagramm, so sehen wir jedesmal die Welt mit neuen Augen, was dem viel gepriesenen Anfängergeist im Zen entspricht.

Nie darf ein Symbol wie das Enneagramm starr angewendet werden, weil das Leben zu komplex ist und ein Symbol eben nur ein Symbol ist. Das Enneagramm hat mit Entscheidungen zu tun, und Entscheidungen werfen immer die Frage von Freiheit und Determiniertheit auf, die niemals endgültig zu beantworten ist.

Das Wesen der Enneagramm-Arbeit

Bei der Enneagramm-Arbeit geht es also um die Spannung zwischen der Bindung an kosmische Gesetze und der Freiheit der Entscheidung. Der Gurdjieff-Schüler John Godolphin Bennett macht darauf aufmerksam, daß es möglich ist, selbst dem Karma-Gesetz zu entgehen, da man jedem (statischen) Gesetz entgehen kann.[2] Bekannte Dramen wie Goethes »Faust« und Ibsens »Peer Gynt« enden immer damit, daß der Held doch letztendlich der Strafe oder Gerechtigkeit entgeht. So erinnert die Weltliteratur an unsere (relative) Entscheidungsfreiheit.

In seinem Buch über Risiko und Freiheit macht J.G. Bennett darauf aufmerksam, daß zum Beispiel die Yezidis[3], in deren Religion zoroastrische Elemente überlebt haben, glauben

»daß nämlich das Verhalten des Menschen in dieser Welt von Bedeutung ist und daß sein Einsatz auf der einen oder anderen Seite das Endergebnis beeinflussen kann.«[4]

Es steht dem Menschen frei, sich für die Kräfte des Lichts oder der Finsternis zu entscheiden. Welche der beiden Seiten sich letztlich auf der Welt durchsetzt, hängt von jeder auch noch so kleinen Entscheidung ab.

Unser Universum ist eine Struktur, welche die intelligente Mitarbeit des Menschen braucht. Der Kern von Gurdjieffs Lehre besteht darin, daß der Mensch seine eigene, seine Selbst-Verwirklichung nur durch den bewußten Dienst an der Schöpfung erreichen kann, wie auch die Schöpfung ihre Verwirklichung nur durch die Mitarbeit des bewußt handelnden Menschen erfährt – sie ist also auf die Mitarbeit des Menschen angewiesen.

Das Enneagramm macht uns deutlich, daß wir einen Teil einer größeren Einheit darstellen, ja, daß wir ein Element des Kosmos sind. Mit dieser Sichtweise unseres Kosmos hat Gurdjieff unter anderem die ökologische Fragestellung vorweggenommen. Er erkannte schon zu Beginn dieses Jahrhunderts, daß der Menschheit eine wichtige und aktive Rolle bei der Entscheidung über das zukünftige Gleichgewicht der Biosphäre zufällt. Eine ökologisch sinnvolle Verhaltensweise des Menschen kann als wichtiger Dienst an der Natur angesehen werden.

Dies stellt für mich die Quintessenz der Enneagramm-Arbeit dar. Wir sind allem verbunden, was die Linien des Enneagramms verdeutlichen, und zugleich spiegeln sich die makrokosmischen Gesetze im Mikrokosmos des Menschen wider. Nur deswegen können wir das Enneagramm auf den Menschen, auf die Planeten, auf Lichtphänomene wie die Farben, auf Töne und letztlich auf alle Abläu-

---

2 Vgl. hierzu: John Godolphin Bennett: Risiko und Freiheit (Hasard), Südergellersen 1983, besonders S. 24 ff.
3 Die Yezidis, oder auch Yaziden genannt, sind die Anhänger einer nach Stämmen organisierten Glaubensrichtung der Kurden, die nach dem Umayyaden-Kalifen Yazid I. (680-683) benannt wurden. Da sie den Namen des Teufels nie aussprachen, wurden sie von anderen Muslimen als Teufelsanbeter bezeichnet und als Schismatiker verfolgt.
4 John Godolphin Bennett: Risiko und Freiheit, S. 29.

fe auf der Erde beziehen. All das unterliegt den gleichen Gesetzen, die das Enneagramm symbolisiert. Und dennoch ist uns die Freiheit gegeben, mit diesen Gesetzen frei umzugehen. Wir sind allerdings weitgehend von den Konsequenzen unseres Handelns abhängig, auch wenn wir uns ihnen manchmal entziehen können.

Das intelligente Enneagramm – eine synthetische Sicht des Enneagramms

Ich möchte in diesem letzten Abschnitt des Arbeitsbuches zum Enneagramm meine synthetische Sicht des Enneagramms vorstellen, die die beiden »feindlichen Brüder« Typenlehre und Prozeßmodell verbindet. Der deutsche Autor Rainer Lange schlägt für diese Sicht des Enneagramms den Begriff »Vollmargramm« vor[5], da es sich hierbei um eine eigenständige Weiterentwicklung der Lehren Ichazos und auch Gurdjieffs handelt. Diese synthetische Sicht des Enneagramms verbindet auf der psychologischen Ebene eine Charakterkunde – die Typenlehre – mit einem Therapiemodell – der dynamischen, prozeßorientierten Sicht des Enneagramms. Das so verstandene »intelligente Enneagramm« stellt zugleich, wie in diesem Buch gezeigt, ein erstaunlich exaktes Weltdeutungsmodell dar und löst die bisherige Enneagramm-Forschung und deren Anwendung aus ihrer Starrheit. In den letzten Jahren wurde zu Recht immer mehr Kritik an der Typenlehre des Enneagramms laut, da es bei der starren Typenlehre gar nicht mehr um die Realität geht, sondern, wie in der entfremdeten wissenschaftlichen (positivistischen) Psychologie, um die Fiktion des Mittelwertes. In der Realität kann jeder Mensch leicht sehen, daß sich – wie hier dargestellt – die neun Typen, die das Enneagramm annimmt, auf vielfältige Weise mischen. Die Schwächen der starren Typenlehre des Enneagramms, wie sie aus Amerika zu uns gekommen ist, sind »Kinderkrankheiten« der Enneagramm-Arbeit, die aufgrund jahrelanger Erfahrung mit der praktischen Anwendung des Enneagramms heute behoben werden können. Ich möchte komprimiert zusammenfassen, wie das hier vorgestellte Enneagramm eine Synthese der verschiedenen Anwendungen und Überlegungen zum Enneagramm bietet.

Das Dreieck des Enneagramms gibt die allgemeinen Gesetze eines jeden Prozesses wieder, das Sechseck dagegen die individuelle Struktur dieses Prozesses. Bezieht man diese beiden Grundaussagen des Enneagramms auf die Typenlehre, so kann man sagen, daß den Dreieckspunkten die grundlegenden archetypischen Strukturen entsprechen und die Sechseckspunkte den archetypischen Bildern vergleichbar sind. Das heißt, im Sinne C.G. Jungs stellen die Dreieckspunkte grundlegende Wahrnehmungsstrukturen dar, die Sechseckspunkte wiederum die aus diesen grundlegenden Strukturen abgeleiteten Bilder. Die Dreieckspunkte erfassen also die Typen auf einer tieferen Ebene als die Sechseckspunkte, die die erste abgeleitete Ebene darstellen.

Gehört man einem Typen zu einer bestimmten Zeit und zu einer bestimmten Situation an – sagen wir beispielsweise dem Enneagramm-Typ 1 –, so kommt es darauf an, im Sinne der Selbstvervollkommnung (Individuation) sich zunächst zum Enneagramm-Punkt 7 hinzubewegen, um größere Vollständigkeit zu bekommen. Das ist die Richtung der Entlastung. Vom siebten Enneagramm-Punkt bewegt man sich dann in Entlastungsrichtung weiter zum fünften, von dort zum achten und über den zweiten zum vierten Enneagramm-Punkt. Genau das ist der Weg der Individuation, verstanden als der Weg der Vollständigkeit.

Auf die gleiche Weise gelangen alle anderen fünf Typen des Sechsecks (die Enneagramm-Typen 2, 4, 5, 7 und 8) über fünf Schritte zur Vollständigkeit. Dieser Weg durch das Enneagramm schafft Bewußtsein,

---

5 Rainer Lange: Der Einstieg in die Typenlehre. In: Esotera 2/94, Freiburg 1994, S. 60-64.

indem er den Blickpunkt des Suchenden erweitert, indem er ihm hilft, mehr Perspektiven als zuvor wahrnehmen zu können. Das ist die Beweglichkeit, auch den Blickwinkel der anderen Enneagramm-Typen einnehmen zu können. So ist es nicht das Ziel, in einem Typ zu erstarren, sondern einen beweglichen Standpunkt zu erreichen. Bewußtseinsentwicklung bedeutet, sich im Enneagramm fortzuentwickeln und so seine Möglichkeiten und Freiheitsgrade zu erweitern.

Betrachtet man einen der drei Dreieckspunkte, so geht beispielsweise die Entwicklung zur Vollständigkeit für den dritten Enneagramm-Punkt über nur zwei Schritte: Er muß seine Typ-3-Perspektive mit der Typ-6- und Typ-9-Perspektive anreichern, um Vollständigkeit zu erlangen.

Die verschiedenen Ebenen zwischen dem Sechseck und dem Dreieck liegen darin, daß die »Sechseck-Typen« sich über fünf Schritte vervollkommnen, die »Dreieck-Typen« sich dagegen über nur zwei Schritte zur Vollständigkeit entwickeln, da sie die grundlegendere Ebene der Persönlichkeitsstruktur wiedergeben.

Wie ein Enneagramm-Typ im Individuationsprozeß um die Eigenschaften der anderen Typen reicher wird und so größere Freiheit gewinnt, so ändert sich auch die Reaktionsweise eines Enneagramm-Typs von Situation zu Situation. Die Dynamik entsteht nicht nur dadurch, daß man im Individuationsprozeß die Sichtweise der Enneagramm-Typen erweitert, sondern daß man auf verschiedenen Ebenen ein unterschiedlicher Typ sein kann. Das kommt daher, daß man in verschiedenen Situationen unterschiedliche Bewußtseinszustände zeigt. Therapieformen der humanistischen Psychologie wissen schon lange, daß in manchen Situationen aus uns das Kind, in anderen zum Beispiel die Eltern sprechen. Im Sinne Gurdjieffs würde man sagen, daß der Mensch aus drei Zentren heraus lebt – dem intellektuellen, dem emotionalen und dem Bewegungszentrum. Meiner Beobachtung nach kann man auf der Ebene des Bewegungszentrums zum Beispiel als ein ganz anderer Typ reagieren als auf der Ebene des intellektuellen oder emotionalen Zentrums. Deswegen betonen alle Weisheitslehren, daß man sich auf allen drei Ebenen harmonisch entwickeln sollte. Im Yoga findet man das darin ausgedrückt, daß man seine Energien gleichmäßig in den drei »Yoga-Nerven« Ida (weiblicher Weg), Pingala (männlicher Weg) und Sushumna (neutraler Weg) aufsteigen lassen sollte.[6] Genauso sollte man sein Bewußtsein körperlich, intellektuell und emotional gleichmäßig entwickeln. Leider verläuft unsere Entwicklung in dieser Hinsicht ungleichmäßig, was sich eben darin zeigt, daß wir in verschiedenen Situationen wie verschiedene Enneagramm-Typen reagieren. Der Individuationsweg muß auf allen drei Ebenen durchlaufen werden, damit man zu einer gleichmäßigen Entwicklung und zu einer Harmonie von Körper, Geist und Seele gelangt.

Ich kenne zum Beispiel ein Kind, das körperlich aktiv und hoch leistungsmotiviert reagiert wie Typ 3. Es bezieht sein Selbstbewußtsein aus seinen körperlichen Leistungen. Auf der intellektuellen Ebene ähnelt dieses Kind jedoch Typ 9: Es ist eher faul und weist eine Tendenz zur geistigen Trägheit auf.

Tendenzen zu solch unterschiedlichem Verhalten auf verschiedenen Ebenen haben wir alle, und deswegen müssen wir auf jeder Ebene unseren eigenen Entwicklungsweg gehen. An dieser Stelle zeigt sich deutlich die Verbindung zwischen starrer Typenlehre und dem dynamischen, prozeßorientierten Modell des Enneagramms: Im Enneagramm als prozeßorientiertem Modell schreiten wir von Punkt zu Punkt bei der Bewältigung einer Situation voran. Das bedeutet, wir erweitern schrittweise unser Bewußtsein. In

---

6 Vgl. dazu genauer: Klausbernd Vollmar: Fahrplan durch die Chakren, S. 57 ff.; Klausbernd Vollmar: Chakren-Arbeit, München 1994.

diesem Prozeß des zunehmenden Verständnisses einer Situation ändert sich unser Enneagramm-Typ. Es ist sofort einsichtig, daß sich in einem fortlaufenden Prozeß der Enneagramm-Typ wandeln muß, da der Enneagramm-Typ durch bestimmte Sichtweisen, Problemlösungsstrategien und Reaktionsweisen festgelegt ist. Um eine Situation anders oder produktiver sehen und lösen zu können, muß ich die enge und starre Sichtweise meines ursprünglichen Enneagramm-Typs auflockern und um diejenige eines anderen Enneagramm-Typs erweitern.

Betrachten wir diese Situation aus einer anderen Perspektive: Ich erkenne in mir durch die Beschäftigung mit der Typenlehre die Fixierungen und Einseitigkeiten eines bestimmten Enneagramm-Typs. Das Prozeßmodell des Enneagramms gibt mir den Hinweis, wie ich mich öffnen kann, um größere Freiheit zu gewinnen; dabei stünde die Erkenntnis der Reaktionsweisen des Typs, den ich jetzt verkörpere, an Enneagramm-Punkt 1 im Prozeßmodell. Die Auflockerung meiner festgelegten Sicht- und Reaktionsweise wäre das Ziel am neunten Enneagramm-Punkt des Prozeßmodells – dort gewinne ich die Sichtweise eines anderen Enneagramm-Typs dazu.

So erklärt das Prozeßmodell, wie man seinen Enneagramm-Typen verändert und von Enneagramm-Typ zu Enneagramm-Typ vorwärtsschreitet und dabei sein Bewußtsein erweitert.

Bin ich in meinen früheren Veröffentlichungen zum Enneagramm eher als Kritiker des starren Enneagramm-Gebrauchs aufgetreten, so sehe ich heute zudem die Gefahr, daß nicht nur die Charakterkunde des Enneagramms (die Typenlehre) sondern auch seine prozeßorientierte Seite zu einem schematischen Gebrauch verleiten kann. Was man starr handhaben kann, ist leichter nachzuvollziehen und anzuwenden, aber entspricht deswegen noch lange nicht der Wirklichkeit. Ich beginne zu verstehen, welche Weisheit darin liegt, daß das Enneagramm nur mündlich von Lehrer zu Schüler weitergegeben wurde. Den dynamischen, »intelligenten« Gebrauch des Enneagramms kann man letztlich nur persönlich vermitteln, indem man in der konkreten Anwendung seinen Schülern zeigt, daß weder der Typ noch der Entwicklungspunkt im Enneagramm starr festgelegt ist. Die dynamische Sicht der einzelnen Entwicklungspunkte des Enneagramms zeigt sich im alltäglichen Leben darin, daß es unterschiedliche Sicht- und Verhaltensweisen in bezug auf eine Situation gibt. Es hängt von unserer Kreativität und unserem Erkenntnisinteresse ab, wie wir einen Prozeß in neun Enneagramm-Punkte – das heißt in neun Entwicklungsschritte – unterteilen. Es gibt stets unterschiedliche Möglichkeiten, einen Prozeß im Enneagramm zu verstehen. Sehen wir uns dazu an, wie ich meine Sichtweise durch die Sichtweise eines anderen Enneagramm-Typs erweitere.

Die erste Möglichkeit diesen Prozeß im Enneagramm zu verstehen:

Die Sicht- und Handlungsweise des jetzigen Enneagramm-Typs entspricht dem ersten Enneagramm-Punkt, während das wachsende Unbehagen an dieser engen Sichtweise dem zweiten Enneagramm-Punkt entspricht. An Enneagramm-Punkt 3 tritt ein Außenimpuls auf, der uns unsere Starrheit unmißverständlich als Mangel zeigt. An den Enneagramm-Punkten 4 und 5 leidet man an der Erkenntnis seiner Beschränktheit, weiß aber noch nicht, wie diese konkret zu ändern ist. Es baut sich im Inneren eine Spannung auf, die den Ausstieg aus der Einseitigkeit (oder seinen Charakterpanzer, nach Wilhelm Reich) vorbereitet. Am zweiten Schockpunkt, Enneagramm-Punkt 6, ist es oft ein Lehrer, ein Kurs oder ein Buch wie dieses hier, die den konkreten Weg zeigen, um aus unserer Einseitigkeit herauszutreten. An Enneagramm-Punkt 7 hat man dann eine neue Sicht der Welt hinzugewonnen, die am achten Enneagramm-Punkt handelnd umgesetzt werden kann. Am neunten Enneagramm-Punkt werden wir dazu übergehen, diese neue Sichtweise abermals zu erweitern.

Die zweite Möglichkeit, diesen Prozeß im Enneagramm zu verstehen:

Wieder entspricht die Sicht- und Handlungsweise des jetzigen Enneagramm-Typs dem ersten Enneagramm-Punkt. Der zweite Enneagramm-Punkt macht uns deutlich, wie starr und einseitig wir uns verhalten, und dieser Schock läßt uns am dritten Enneagramm-Punkt eine Erweiterung unserer Sicht- und Handlungsweise einnehmen: Wir verlassen die Enge unserer ursprünglichen Sichtweise und reichern diese um die Sichtweise eines anderen Enneagramm-Typs an. Am vierten Enneagramm-Punkt stellen sich sofort Schwierigkeiten mit dieser neuen Sichtweise ein, um uns am fünften Enneagramm-Punkt vor Augen zu führen, daß selbst diese neue Sichtweise noch zu beschränkt ist. Am sechsten Enneagramm-Punkt ändern wir abermals unseren Standpunkt, um am achten Enneagramm-Punkt einzusehen, daß auch diese neue Sichtweise des siebten Enneagramm-Punkts zu begrenzt ist und daß wir unseren Horizont zu erweitern haben. Am neunten Enneagramm-Punkt reichern wir unsere Sichtweise um die eines weiteren Enneagramm-Typs an.

Beide Möglichkeiten zum Verständnis des Individuationsprozesses sind gültig; sie betonen lediglich unterschiedliche Aspekte dieses Prozesses.

Jeder kennt die Situation, daß er einen Prozeß zu dessen Beginn anders betrachtet, als wenn er ihn mit dem neuen Bewußtseinsstand von seinem Ziel her sieht. Wenn ich meinen Bewußtseinsstand verändere, sehe ich oft neue Einteilungsmöglichkeiten eines Prozesses. Je mehr Einteilungsmöglichkeiten ich sehe, um so bewußter bin ich mir dieses Prozesses und um so leichter kann ich ihn kreativ und produktiv einsetzen. Sehen wir uns dazu die Stellung unseres Körpers im Enneagramm an:

Die körperlichen Aspekte können im Enneagramm dem ersten Tertial (Enneagramm-Punkte 1 und 2) zugeordnet werden, womit betont wird, daß die körperlichen Bedürfnisse die grundlegenden Bedürfnisse sind, auf denen alle anderen aufbauen. Dabei neigt man allerdings dazu, den Körper als minderwertig einzustufen. Zum anderen können wir den Körper dem dritten Tertial (Enneagramm-Punkte 7 und 8) zuordnen und betonen damit, daß höhere Bewußtseinsbildung nur im Einklang mit dem Körper möglich ist.

Beide Ansätze sind »richtig«, denn man gelangt in die eigene Welt des Inneren nur über seinen Körper, der zugleich die Grundlage aller Bedürfnisse darstellt.

Zu guter Letzt möchte ich betonen, daß natürlich auch die Benutzung des Enneagramms selbst unter dem Blickwinkel des Enneagramms zu betrachten ist. Die höchste Stufe der Anwendung des Enneagramms, die auch ich nur erahnen kann und auf die mir mein Lehrer manchmal einen ganz kurzen Ausblick gewährt, stellt Enneagramm-Punkt 9 dar. Mit diesem Punkt verläßt man das System des Enneagramms. Hier hat man eine Bewußtseinsstufe erreicht, auf der einem klar wird, daß ein Modell nur ein Modell ist. Das Enneagramm stellt eine Karte unseres Bewußtseins dar, die wie eine Landkarte nicht die Wirklichkeit selbst ist. Das Modell des Enneagramms hilft uns, die komplexe Wirklichkeit, in der wir leben, bewußter wahrzunehmen. Wenn diese Erkenntnis genutzt wurde, sollte das Modell wieder aufgegeben werden. Denn nicht nur die unterste Stufe des Enneagramms, seine Benutzung als Typenlehre, sondern auch das dynamische Enneagramm würde uns letztlich wieder Beweglichkeit rauben, wenn wir an ihm festhalten würden. Auf der Ebene der Bewußtseinsarbeit entspricht das der Erkenntnis, daß man einen Lehrer und ein System nach einer gewissen Zeit wieder aufgeben muß, um sich weiterentwickeln zu können. So sagt Henri

Tracol, der Bildhauer und Präsident der Gurdjieff-Gesellschaft in Paris:

»Da es nichts in uns oder außerhalb uns gibt, das sich nicht verändert, ist es absurd, diese Bewegung in starre Konzepte fassen zu wollen.«[7]

Das Enneagramm lehrt uns, jede unserer Handlungen in einem größeren Zusammenhang zu sehen. Es zeigt uns, daß wir ein wichtiges Rädchen im Kosmos sind. Deswegen ist es für uns so praktisch, ein Hilfsmittel wie das Enneagramm zur Hand zu haben, mit dem wir die Resultate unserer Handlungen bestimmen können.

Das Enneagramm kann als ein Wegweiser zur Freiheit angesehen werden, aber wir müssen uns in acht nehmen, daß dieser Wegweiser uns nicht den Blick auf die Freiheit verstellt. Wenn sich das Enneagramm verselbständigt und als starre Form den Menschen beherrscht, dann macht es aus uns wieder die mechanischen Maschinen-Menschen, die es eigentlich erlösen wollte. Sieht man das Enneagramm einseitig als ein rigides Modell einer Typenlehre an, so benutzt man es entgegen seinem ursprünglichen Sinn.

Die Quintessenz der Enneagramm-Arbeit liegt für mich in der Verbindung der Typenlehre mit der Betrachtung und Analyse von Prozessen und sozialen Abläufen. Dieser Aspekt der Enneagramm-Arbeit wird erstaunlich wenig betont. Ich hoffe, mit diesem Arbeitsbuch zum Enneagramm den Blick besonders für diesen Aspekt des Enneagramms geöffnet zu haben.

---

7 Henri Tracol: The Taste for Things That Are True. Essays and talks by a pupil of G. I. Gurdjieff, Shaftesbury 1994, S. 14.

Literatur

Die umfangreichste und mehr oder weniger vollständige Bibliographie zum Enneagramm findet der interessierte Leser in dem hier aufgeführten Enneagramm-Buch von Klausbernd Vollmar (Goldmann Verlag 1993).

Maria Beesing/Robert J. Nogosek/Patrick H. O'Leary: The enneagram – a journey of self discovery, Denville/New Jersey (USA) 1984 (Dimension Books Inc.).
[Eine knappe und übersichtliche Darstellung des Enneagramms aus christlicher Sicht. Es geht hier einzig um die Typenlehre nach Ichazo.]

Anthony Blake: Das intelligente Enneagramm Gurdjieffs, Südergellersen 1994 (Verlag Bruno Martin).
[Hier wird das Enneagramm als prozeßorientiertes Modell und »selbstreferentielles kybernetisches System« beschrieben. Ein äußerst kluges Buch zum Enneagramm, das Ideen von Gurdjieff, Ouspensky und Bennett weiterdenkt. Dieses Buch ist mathematisch-physikalisch ausgerichtet.]

Andreas Ebert/Richard Rohr u.a.: Erfahrungen mit dem Enneagramm. Sich selbst und Gott begegnen, München 1991 (Claudius Verlag).
[Eine christliche Darstellung der Arbeit mit dem Enneagramm als Typenlehre. Weitgehend wird hier der Einsatz des Enneagramms in der Gemeindearbeit dargestellt.]

Eliane Ganem: Blüten der Erkenntnis. Die Kraft der Bachblüten selbst erschließen durch das Enneagramm, Wessobrunn 1993 (Integral Verlag).
[Ein Buch, das die Typenlehre des Enneagramms und die Typeneinteilung Edward Bachs aufeinander bezieht und damit zu einer einleuchtenden Zuordnung von Bachblüten und Enneagramm-Typen kommt.]

Kathleen V. Hurley/Theodore E. Dobson: Wer bin ich? Persönlichkeitsfindung mit dem Enneagramm, München 1993 (Pattloch Verlag).
[Eine etwas oberflächliche Darstellung der Typenlehre des Enneagramms.]

Eli Jaxon-Bear: Die neun Zahlen des Lebens. Das Enneagramm – Charakterfixierung und spirituelles Wachstum, München 1989 (Droemer Knaur Verlag).
[Eine flott geschriebene und psychologisch reflektierte Darstellung der Typenlehre des Enneagramms.]

Magaret Frings Keyes: Transformiere deinen Schatten. Die Psychologie des Enneagramms, Reinbek 1992 (Rowohlt Taschenbuch Verlag).
[Eine differenzierte Darstellung der Typenlehre des Enneagramms aus der Sicht der modernen Psychologie, die von C.G. Jung und der Transaktionsanalyse ausgeht.]

Magaret Frings Keyes: Enneagramm und Partnerschaft. Ein Arbeitsbuch für Einzelne, Gruppen und Paare, München 1993 (Claudius Verlag).
[Ein Arbeitsbuch, das die verschiedenen Enneagramm-Typen durch unterschiedliche Fragestellungen und Übungen erkennen läßt. Dieses Buch setzt zumindest eine gewisse Kenntnis der Enneagramm-Typen voraus und ist atemberaubend amerikanisch gestaltet.]

Waltraut Kirschke: Enneagramms Tierleben, München 1993 (Claudius Verlag).
[Ein relativ oberflächliches und von der christlichen Ideologie geprägtes Enneagramm-Buch, das die Typenlehre des Enneagramms durch Tiergeschichten zu verdeutlichen sucht.]

Bruno Martin: Das Enneagramm. In: Bruno Martin (Hrsg.): Handbuch der spirituellen Wege. Eine Entdeckungsreise, Basel 1993, S. 96 – 112 (Sphinx Verlag).
[Dieses kurze Kapitel führt fundiert und knapp in die Gurdjieffsche Sicht des Enneagramms ein, das hier als ein prozeßorientiertes Modell vorgestellt wird.]

Bruno Martin: Gurdjieff – das »Werk« und die Schule des Augenblicks. In: Bruno Martin (Hrsg.): Handbuch der spirituellen Wege. Eine Entdeckungsreise, Basel 1993, S. 190 – 205 (Sphinx Verlag).
[Eine leicht lesbare, gut informierte Darstellung, die Gurdjieff in einem Zusammenhang mit den Schulen der Sufis stellt.]

Helen Palmer: Das Enneagramm – sich selbst und andere verstehen lernen, München 1991 (Droemer Knaur Verlag).
[Eines der differenziertesten psychologischen Enneagramm-Bücher, das die Typenlehre nach Ichazo darstellt. Ferner geht Helen Palmer auch kurz auf Gurdjieffs Gebrauch des Enneagramms ein.]

Don Richard Riso: Die neun Typen der Persönlichkeit und das Enneagramm, München 1989 (Droemer Knaur Verlag).

Literatur

[Ein absolut trocken geschriebenes Enneagramm-Buch, das versucht, das Enneagramm auf die Klassiker der modernen Psychologie wie Freud, Jung und Horney zu beziehen. Dieses ganze Unterfangen wirkt nicht nur sehr gezwungen, sondern arbeitet teilweise auch mit erheblichen Verzerrungen.]

Don Richard Riso: Discovering Your Personality Type. The Enneagram Questionnaire, Boston, New York, London 1992 (Houghton Mifflin Comp.).
[Ein Fragebogen zum Enneagramm, mit dessen Hilfe man Enneagramm-Typen bestimmen kann.]

Don Richard Riso: Das Enneagramm-Handbuch, München 1993 (Droemer Knaur Verlag).
[Ein zu bemüht wissenschaftliches Buch über das Enneagramm, das sehr der psychologischen Testtheorie verpflichtet ist. Dieses Buch verfehlt im Bemühen um Wissenschaftlichkeit wie alle Bücher Risos das wahre Wesen des Enneagramms.]

Richard Rohr/Andreas Ebert: Das Enneagramm – Die neun Gesichter der Seele, München 1989 (Claudius Verlag).
[Das erste deutsche Buch, das das Enneagramm aus christlicher Sicht darstellte und das die christliche Bemühung um das Enneagramm in Deutschland maßgeblich beeinflußte.]

Charles Tart: Hellwach und bewußt leben. Aus der Trance des Alltagsbewußtseins erwachen und zur spirituellen Wachheit finden, München 1991 (Heyne Verlag).
[Ein hervorragendes Buch des führenden amerikanischen Bewußtseinsforschers zur Arbeit nach dem System Gurdjieffs. Dieses Buch stellt ein Programm dar, wie volle Bewußtheit im Alltag zu verwirklichen ist.]

Klausbernd Vollmar: Das Enneagramm. Praktische Lebensbewältigung mit Gurdjieffs Typenlehre, München 1993 (Goldmann Verlag).
[Das erste deutsche Buch, das den dynamischen Aspekt des Enneagramms betont und seine Prozeßorientierung beschreibt. Dieses Buch ist eine ausführliche Einführung in das ursprüngliche Enneagramm nach Gurdjieff.]

KLAUSBERND VOLLMAR, Diplompsychologe und Heilpraktiker, geboren am 22. 11. 1946 in Remscheid. Nach dem Abitur abgeschlossenes Studium der Germanistik, Linguistik und Philosophie. Lektor des Goethe-Institutes in Finnland, Stipendiat des Canada Council. Anschließend Studium der Psychologie mit Ausbildung in tiefenpsychologischen Techniken nach C.G. Jung. Leiter einer Jugendberatungsstelle in Amsterdam und Solingen. Längere Aufenthalte in Findhorn. Schüler von Freifrau Dr. Olga von Ungern-Sternberg und dem Schamanen Black Horse Chavers, langjähriges Mitglied einer englischen Gurdjieff-Gruppe. Seit 1980 freiberuflich tätig als Buchautor, Seminarleiter und Psychotherapeut. Er lebt in England und hält seit Jahren regelmäßig Vorträge und Seminare über das Enneagramm, Traumdeutung und Chakrenarbeit in Europa und Nordamerika.

KLAUSBERND VOLLMAR ist der Autor folgender Bücher:

Das Enneagramm. Praktische Lebensbewältigung mit Gurdjieffs Typenlehre

Handbuch der Traumsymbole

Dream-Power, Handbuch für Träumer

Gelebte Träume sind die besten Träume (zusammen mit Johannes Fiebig)

Das Arbeitsbuch zur Traumdeutung

Fahrplan durch die Chakren

Chakren, Lebenskraft und Lebensfreude aus der eigenen Mitte

Chakren-Arbeit

Farben – ihre natürliche Heilkraft

Schwarz-Weiß. Bedeutung und Symbolik der beiden gegensätzlichsten Farben – Ihre innere Heilkraft

Das Geheimnis der Farbe Rot. Ein Lese- und Übungsbuch zur Symbolik und Psychologie einer starken Farbe

Magisch Reisen: England

Der letzte Schrei aus dem Jenseits. Das Channeling-Buch

Autogenes Training für Kinder

Wenn Sie sich für Seminare, Workshops, Kurse und Vorträge zum Thema Enneagramm interessieren, wenden Sie sich bitte an folgende Adresse:

KLAUSBERND VOLLMAR
Cobblestones
Cley next the Sea
Holt
Norfolk NR 25 7 RE
Great Britain
Tel. und Fax: (0044) – 263 – 740304
ab 16. 4. 1995: (0044) – 1263 – 740304

Das Enneagramm im Überblick

Das Prozeßmodell

I. Die Veränderung wird vorbereitet, der Prozeß beginnt
Enneagramm-Punkt 1: der Punkt des Neubeginns
Der Anfang: Materielle Voraussetzungen werden betrachtet, die eigene Situation wird als negativ angesehen, ein Veränderungswunsch tritt auf.
Enneagramm-Punkt 2: erste Planung, das Ziel zu erreichen
Erste Aktivitäten auf der Grundlage der Voraussetzungen finden statt, der Kontakt mit der Aufgabe wird hergestellt, erste wenn auch oberflächliche Einsichten in die eigene Situation und Aufkommen eines immer stärker werdenden Veränderungswunsches.
Enneagramm-Punkt 3 (1. oder mechanischer Schockpunkt): der Punkt des energetischen Außenimpulses
Ein Außenimpuls tritt auf, der den Prozeß beschleunigt. Man sieht eine neue Ebene des Prozesses.
II. Die Ausführung des Prozesses
Enneagramm-Punkt 4: der Krisenpunkt
Das Bemühen, die Aufgabe genau zu verstehen und sich auf sie – trotz aller Widerstände – einzulassen.
Enneagramm-Punkt 5: der Punkt des wichtigsten Fortschritts
Das Ringen, alles auf das erwünschte Ziel hin zu organisieren; man leidet daran, daß das Ziel trotz seiner Sichtbarkeit noch so fern ist.
Enneagramm-Punkt 6 (2. oder bewußter Schockpunkt): der Punkt des bewußten Außenimpulses
Ein Außenimpuls tritt auf, der den Prozeß auf sein Ziel hinführt. Man sieht eine neue Ebene des Prozesses.
III. Zweck und Ziel der Arbeit
Enneagramm-Punkt 7: erste Stufe des Ziels
Die ersten Ergebnisse präsentieren sich; es ist der Moment der Wahrheit, da man mit dem Ergebnis an die Öffentlichkeit tritt.
Enneagramm-Punkt 8: zweite Stufe des Ziels
Der Prozeß ist vollendet und man geht völlig im Ergebnis dieses Prozesses auf.
Enneagramm-Punkt 9:
Der Übergang zu einem neuen Zyklus findet statt.

Die Typenlehre

I. Der mechanische Mensch
Enneagramm-Typ 1: DER UNTERNEHMER (der Anfänger) Primat des Materiellen, Organisationstalent, Pedanterie
Enneagramm-Typ 2: DER PLANER (der Gestalter) Tatkraft, Schönheit, Hilfsbereitschaft
Enneagramm-Typ 3: DER MAGIER (der Macher) Karriere, Erfolgsorientiertheit, Manipulation
II. Der gefühlsabhängige Mensch
Enneagramm-Typ 4: DER BEMÜHTE (der Betroffene) Sensibilität, emotionale Schwankungen und Launen, Neid
Enneagramm-Typ 5: DER BEOBACHTER (der Leidende) Ansammlung von Wissen, objektiver Beobachter, Handlungsunfähigkeit
Enneagramm-Typ 6: DER HELD Treue, Sicherheit, der Aufgabe dienen
III. Der geistige Mensch
Enneagramm-Typ 7: DER OPTIMIST (der Generalist) Schnelligkeit, Entscheidungsfreude, Lustbetonung
Enneagramm-Typ 8: DER VERMITTLER (der Boß) Selbstbewußtsein, Stärke, Aggression
Enneagramm-Typ 9: DER LIEBENDE Faulheit, Harmonie, Passivität